学生部結成50周年記念指導集

正義の先陣

学生部指導集編纂委員会編

聖教新聞社

池田名誉会長・香峯子夫人

敢然《かんぜん》と
創価と広布の
指揮《しき》とれや
若き指導者
完勝《かんしょう》 目指《めざ》して

広宣《こうせん》の
偉大《いだい》な使命《しめい》に
走《はし》りゆく
秀才《おとめ》の貴女《きみ》を
諸仏《しょぶつ》よ護《まも》れや

全国代表協議会で学生部の代表を激励する池田名誉会長（2006.6.27　東京・信濃町の創価文化会館）

女子部・教育本部・学術部の合同研修会で女子学生部と池田名誉会長（2004.8.3　軽井沢の長野研修道場）

首都圏男子学生部幹部会で結成 50 周年へ出発（2006.9.16　東京戸田記念講堂）

記念勤行会に集った首都圏女子学生部（2006.6.30　東京・信濃町の創価女子会館）

創価大学のキャンパス（2006 年　東京・八王子）

創価大学で授業参観に訪れた池田名誉会長（2004.1.8　東京・八王子）

東京・八王子の創価大学で第36回入学式・第22回創価女子短期大学入学式（2006.4.3）

アメリカ創価大学のオレンジ郡キャンパス（2004年　アメリカ・カリフォルニア）

池田名誉会長に200番目の名誉学術称号——中国・北京師範大学からの名誉教授称号授与式、葛建平副学長から学位記が贈られた（2006.10.7　東京・八王子の創価大学）

発刊にあたって

二〇〇六年末、学生部結成五十周年の幕開けに際して、池田先生は、結成前夜の恩師《おんし》との語らいの模様を教えてくださった。

——ある時、戸田先生は私に、意見を求められた。

「大作、そろそろ学生部を結成してもいいだろうか」

私は、即座《そくざ》に「はい」とお答えした。

恩師は「学生部は、前々から設置したかったんだ」と言われていた。

私も、まったく同じ思いであった——と。

過去五十年の資料を改《あらた》めて精査《せいさ》していくなかで、池田先生が学生部結成のはるか以前から、一切の責任を持って準備を整《ととの》え、恩師の念願である学生部を築かれた事実が一段と明確になった。まさしく学生部は、師弟不二《していふに》の「池田大学」ともいうべき組織である。その歴史と伝統を残してくださった池田先生に心から感謝申し上げ、半世紀にわたるご指導の数々を、学生部として独自に編纂《へんさん》し、新たに上梓《じょうし》させていただく運びとなった。

「新しき世紀を担《にな》う秀才の集《つど》いたる学生部結成大会、おめでとう。戸田先生のもとに、勇《いさ》んで巣立《すだ》ちゆけ」と、池田先生は、一九五七年（昭和三十二年）六月三十日、結成大会に祝電を贈《おく》ってくださった。以来、五十年。

「次の五十年」は、私たち学生部が「正義の先陣」となることを深くお誓《ちか》いして、「発刊にあたって」とさせていただく。

二〇〇七年六月三十日

学生部結成五十周年の日に

学生部指導集編纂委員会

■目次

発刊にあたって……1

第一章　結成前夜（一九五七年六月三十日以前）

先駆《せんく》の誇《ほこ》りをもて（第一回打ち合わせ会　一九五六・九・一八）……15

わが栄光《えいこう》の歴史（学生部総部員会　一九五七・六・一〇）……16

「学生部五十年の歩み」①――結成前夜　17

第二章　黎明《れいめい》の光《ひかり》（一九五七年〜一九六〇年）

創価の太陽に（学生部総部員会　一九五七・九・一六）……21
信心と学問で最高の指導者に（第一回学生部総会　一九五八・六・二九）……22
広布の重責《じゅうせき》を担《にな》い立て（第二回学生部総会　一九五九・六・二八）……23
青年らしく開拓《かいたく》の道を（学生部懇談会　一九五九・八・一九）……25
雄弁《ゆうべん》に正義を語《かた》れ（全日本学生弁論大会　一九五九・一〇・一五）……28
文芸復興《ぶんげいふっこう》の夜明《よあ》け（第一回学生祭　一九五九・一一・二三）……30
「学生部五十年の歩み」②――結成大会　32

第三章　人材育成の城《しろ》（一九六〇年〜一九六八年）

師《し》の構想《こうそう》を実現せよ（第三回学生部総会　一九六〇・六・二六）……35

民衆による平和の革命を（第四回学生部総会　一九六一・六・二〇）……37
学生部に与《あた》う（寄稿）（「大白蓮華」一九六二年四月号）……40
「学生部五十年の歩み」③――結成のその時　44
全人類の大仏法（第五回学生部総会　一九六二・七・二二）……45
宗教革命に前進（第六回学生部総会　一九六三・七・一四）……49
創価大学の設立構想《せつりつこうそう》（第七回学生部総会　一九六四・六・三〇）……52
「学生部五十年の歩み」④――御書講義の伝統　54

第四章　社会変革《へんかく》の潮流《ちょうりゅう》（一九六八年～一九七八年）

日中友好の未来を託《たく》す（第十一回学生部総会　一九六八・九・八）……57
「学生部五十年の歩み」⑤――日中国交正常化提言　73

学生問題に思う（寄稿）（「主婦の友」一九六九年二月号）……74
大学革命について（寄稿）（「潮」一九六九年七月号）……81

「学生部五十年の歩み」⑥――学生運動　87

民衆勝利の旗《はた》を振《ふ》れ（メッセージ）（第十三回学生部総会　一九七一・九・五）……88
「生きた学問」に挑《いど》みゆけ（第十四回学生部総会　一九七三・三・一一）……91
民衆の凱歌《がいか》へ君よ立て（メッセージ）（学生部結成十六周年に寄《よ》せて　一九七三・六・二九）……95
正義の後継者《こうけいしゃ》たれ（第十五回学生部総会　一九七四・三・三）……103
「福智《ふくち》」輝《かがや》く人に（女子部学生局の代表との懇談　一九七四・一一・五）……112
自《みず》ら選んだ苦難《くなん》の道を（メッセージ）（二部学生大会　一九七五・八・二六）……114

「学生部五十年の歩み」⑦――二部学生の集い　116

教学第一・福運《ふくうん》第一の人生を（第三回女子大学会総会　一九七六・一〇・九）……117
後継の人材《じんざい》の宝庫《ほうこ》に（第一回学生部最高会議　一九七七・二・二八）……119

偉大《いだい》なる誓願《せいがん》の人生を（第二回学生部最高会議　一九七七・三・三一）……122
不退《ふたい》と持続《じぞく》が信仰の本義《ほんぎ》（第四回女子大学会総会　一九七七・一〇・二九）……127
「学生部五十年の歩み」⑧――大学会　129

第五章　広布に走れ（一九七八年〜二〇〇〇年）

君よ　二十一世紀を頼《たの》む（学生部結成二十一周年記念幹部会　一九七八・六・三〇）……133
「学生部五十年の歩み」⑨――学生部歌「広布に走れ」　137
わが人間革命の坂を登《のぼ》りゆけ（第二十回学生部総会　一九七八・八・三一）……138
信心を深め、学問を探究《たんきゅう》（学生部代表懇談会　一九七八・一一・二七、二八）……142
「最高の青春」を誇《ほこ》り高く（関西女子学生大会　一九八三・九・二三）……146
「学生部五十年の歩み」⑩――女子学生部の愛唱歌「緑の栄冠」　149

第七章　随　筆

第八章　和歌・句・指針

第九章　長編詩

装幀デザイン　ペイジワン・田頭　由紀子

一、本書は、『池田大作全集』をはじめ各種の著作および「聖教新聞」に掲載されたスピーチ等のなかから、学生部に関する指導、随筆、和歌・句・指針、長編詩等を収録しました。

一、本文については、要約した場合は（要旨）、抜粋した場合は（抜粋）と末尾に表記しました。

一、第一章から第六章までの各編冒頭の年月日については、各種会合は会合開催日、メッセージは執筆日・会合開催日、寄稿は収録された月刊誌をもとに記しました。

一、御書の引用は、『新編　日蓮大聖人御書全集』（創価学会版）を、（御書　ページ）と表記しました。

一、法華経の引用は、『妙法蓮華経並開結』（創価学会版）を、（法華経　ページ）と表記しました。

一、仏教用語の読み方は、『仏教哲学大辞典』（第三版）を参考にしました。

一、役職、時節等については、当時のままにしました。

一、引用文のなかで、新字体、現代かなづかい等に改めたものもあります。また、編集部による注は、（＝　）と記しました。

第一章　結成前夜

（一九五七年六月三十日以前）

先駆《せんく》の誇《ほこ》りをもて

第一回打ち合わせ会　一九五六・九・一八

皆さんは、戸田先生のもと、学生部長を中心に団結《だんけつ》し、連帯《れんたい》を広げて、次代の日本、そして世界を背負《せお》って立つ学生部を築《きず》いていただきたい。

今は建設期である。先駆の戦いには困難《こんなん》がある。しかし、広宣流布のために戦った分、功徳《くどく》は大きく、歓喜《かんき》の大境涯《だいきょうがい》を開いていけるのである。

どうか、誇り高く、学生部の建設者として、いかなる大学にも負《ま》けない〝教室《きょうしつ》なき大学〟〝創価大学〟を構築《こうちく》してほしい。

そして、信心を根本《こんぽん》に、組織《そしき》のあり方も皆でよく検討《けんとう》し合って、偉大《いだい》なる学生部の建設に励《はげ》んでもらいたい。

（要旨）

わが栄光《えいこう》の歴史

学生部総部員会　一九五七・六・一〇

来《きた》る結成大会は、たとえ部員の数は少なくとも、学会の発展史上《はってんしじょう》に永久《えいきゅう》に刻印《こくいん》される、重要《じゅうよう》な意義《いぎ》をもった大会である。

これに参加できるということは、諸君一人一人の人生の歴史においても、大きく輝《かがや》きわたるものと確信する。

どうか、結成大会までの間、存分《ぞんぶん》に戦って、集《つど》っていただきたい。そして、堂々《どうどう》と出発する、立派《りっぱ》な大会を開いていただきたい。

（要旨）

「学生部五十年の歩み」①──結成前夜

学生部結成の淵源は、1953年（昭和28年）4月18日、戸田第二代会長が東京大学の学生を対象に開始した「法華経」の講義にさかのぼる。

75万世帯への怒濤の広布拡大のなか、戸田会長は約2年半、26回の講義を行っている。

最後の講義となった55年9月27日、戸田会長は受講生に告げた。

「これから先、何か分からないことがあれば、大作に聞きなさい」

翌56年4月、学生部の設置が発表。「学生部は校舎なき総合大学であり、将来のために学会精神みなぎる人材を養成していきたい」と戸田会長は展望していた。

9月18日、池田名誉会長は学生部の第1回打ち合わせ会に出席。これを境に、学生部建設への機運は一気に高まっていく。

この後も名誉会長は、結成に向けた討議、部員会等に出席。学生たちの激励も重ねている。

57年5月7日の日記には、戸田会長の指導を受けた上で出席した学生部の総部員会について記されている。

「三点について指導。

一、学会先駆の自覚を

一、学業と学会活動とに関する具体的方針

一、広布と学生の将来」（『若き日の日記　3』聖教ワイド文庫）

6月2日の日記には、こう綴られている。

「学会も、第二の、建設期でなくてはならぬ。新しき人材、新しき組織、新しき息吹が、必要なり」（同）

師の構想を受けた遠大な展望の下、約1カ月後の6月30日、学生部は結成された。

〈池田名誉会長の指導から〉

東京の麻布公会堂で行われた学生部の結成大会の日、戸田先生は言われた。

「うれしいね。学生部は、私が、どうしても創りたかった組織だよ」

創価学会は、折伏の使命を果たし抜く人々によって築かれてきた。いよいよ、社会で先頭に立つ学会人を育て始めよう！──そのための学生部の誕生であった。ゆえに先生は、「うれしいね」とおっしゃったのである。あの笑顔を私は忘れない。

（2006年12月7日、新時代第2回本部幹部会でのスピーチ）

第二章　黎明《れいめい》の光《ひかり》

（一九五七年～一九六〇年）

創価の太陽に

学生部総部員会　一九五七・九・一六

日蓮大聖人の仏法は、太陽の仏法である。

私たちは、部なり、グループなりを運営《うんえい》するにあたって、さまざまな悩《なや》みを持つ。しかし、太陽のような情熱《じょうねつ》と生命力を持ち、信心に燃《も》え立《た》てば、その人の心は、あらゆる人の心を動かしていく。

学会の中にあっても、学生部は太陽の存在《そんざい》であってほしい。

学会には、青年部、教学部、文化部など、多くの部がある。しかし、広宣流布への闘争《とうそう》のなか誕生《たんじょう》した、最《もっと》も新しい部である学生部こそ、広宣流布への先駆《せんく》を行くべき部であると思う。

学生部のご健闘《けんとう》を祈《いの》りたい。

（要旨）

信心と学問で最高の指導者に

第一回学生部総会　一九五八・六・二九

御本尊を信じる基盤《きばん》に立ち、学問に挑戦《ちょうせん》し抜《ぬ》いた者こそが、新時代の最高の指導者である。

諸君が、青年部のリーダーに、そして各地の中心リーダーに躍《おど》り出《で》た時こそ、広宣流布の爛《らん》熟期《じゅくき》が到来《とうらい》する。

（要旨）

広布の重責《じゅうせき》を担《にな》い立て

第二回学生部総会　一九五九・六・二八

立派《りっぱ》な総会、まことにおめでとう。

きょうは、皆さんからさまざま教えていただいた。戸田先生がおられたならば、希望に燃《も》えきった学生部の姿《すがた》を、どんなにか喜《よろこ》んでくださるであろうと、心新《こころあら》たに、しみじみ感じた次第《しだい》である。

諸君の成長は、「日本の希望」である。そして、諸君は「学会の宝《たから》」である。

先輩《せんぱい》の皆さんも、学生部の諸君に、さまざまなことを期待《きたい》し、希望を寄《よ》せている。きょうは、その先輩の期待の一端《いったん》を、そのままお伝《つた》えしておきたい。

第一番目に、情熱《じょうねつ》をもって信心に取り組み、学業《がくぎょう》に進み抜《ぬ》いていただきたいということである。

次に、目的観をもって進んでもらいたい。また、大志《たいし》を抱《いだ》いて、人生を生ききってもらいたい。

最後に期待《きたい》することは、偉大《いだい》なる人材《じんざい》へと、すくすく育《そだ》っていただきたいということである。学生部の皆さんは、学会内でも重要《じゅうよう》なリーダーとして活躍《かつやく》してもらいたい。あらゆる分野で、伸《の》び伸びと、広宣流布の重責《じゅうせき》を担《にな》い立つ人材になっていただきたい。

日蓮大聖人の御金言《ごきんげん》に「蔵《くら》の財《たから》よりも身《み》の財すぐれたり身の財より心の財第一なり」（御書一一七三㌻）との仰《おお》せがある。

「蔵の財」とは、名誉《めいよ》や財産《ざいさん》にあたる。それは、自分自身の外《そと》にあるものであり、限《かぎ》りのあるものである。

「身の財」とは、たとえば、知識の蓄積《ちくせき》です。これは、勝利の人生を開く、一つの基盤《きばん》になる。

「心の財」とは、つきつめていえば、信心である。信心が根本《こんぽん》でなければ、真実《しんじつ》の幸福を実現することはできない。

信心を根本にしながら、身の財を蓄《たくわ》えていったときに、幸福と勝利への道が開かれていく。

どうか、「信心第一」を合言葉《あいことば》に、来年の総会まで、しっかりと頑張っていただきたい。

（要旨）

青年らしく開拓《かいたく》の道を

学生部懇談会　一九五九・八・一九

学生部の諸君は、気宇壮大《きうそうだい》に、希望に燃《も》え、人間的にも、社会的にも、偉《えら》くなりなさい。社会のため、日本のため、人類《じんるい》のために、偉くなってほしい。

◇

（ここで、女子学生が質問《しつもん》。「『二兎《と》を追《お》う者は一兎をも得《え》ず』と言います。女子部や学生部での活動以外にも、学校の自治会《じちかい》の役員《やくいん》や、コーラスなどにも取り組んでいますが、あまりに忙《いそが》しくて、どれに本腰《ほんごし》を入《い》れればいいか、分《わ》からなくなってしまいます」と）

たしかに、「二兎を追う者は一兎をも得ず」と言われる。しかし、力《ちから》があれば、百兎でも千兎でも追いなさい。

豊臣秀吉《とよとみひでよし》は、農民出身《のうみんしゅっしん》だから、名誉《めいよ》も地位《ちい》もなかった。家柄《いえがら》が重視《じゅうし》される時代に、大変に不利《ふり》な状況《じょうきょう》だった。また、経済力や武力《ぶりょく》がなければ出世《しゅっせ》できない。彼は、これらもなかった。体力があればまだしも、それも恵《めぐ》まれなかった。

そこで秀吉が見いだした哲学《てつがく》は、〝自分の置かれた境遇《きょうぐう》で忠実《ちゅうじつ》に生きる〟ことだった。これだけは誰《だれ》でもできる。偉《えら》くなる人は、それ相当《そうとう》の、人生に対する研究と努力を怠《おこた》っていない。

皆さんも、今いる立場で、自分自身の課題《かだい》に挑戦《ちょうせん》していきなさい。そして、一つ一つ、着実《ちゃくじつ》に乗《の》り越《こ》えていきなさい。焦《あせ》る必要はない。

ただ、一番大事なのは、〝信心の一途〟である。信心を貫《つらぬ》いていけば、生活のあらゆることも、道が大きく開けてくる。

思い切って信心に取り組み、勉強にも活動にも、縦横《じゅうおう》に挑戦して、最高の青春を送っていただきたい。

（また、別の男子学生が「なんとかして、一日も早く御本尊の偉大《いだい》さが分《わ》かりたいんですが、なかなか分かりません」と質問《しつもん》）

その気持ちは大事だが、すぐには分かりっこない。仏法は、深遠《しんえん》な、世界最高の哲学である。「仏法の根本《こんぽん》は信を以《もっ》て源《みなもと》とす」（御書一二四四ジベー）と仰《おお》せのように、仏《ほとけ》の偉大な智慧《ちえ》・境涯《きょうがい》を体得《たいとく》するには、ただ〝信ずる〟〝信じきること〟以外にはない。私と一緒《いっしょ》に、まずは十年間、御本仏の仰《おお》せ通りに実践《じっせん》してみなさい。

だいたい、初《はじ》めから理解《りかい》できたら、つまらない。分《わ》からないところを探究《たんきゅう》し、開拓《かいたく》するところに、青年の生《い》き甲斐《がい》もある。経文《きょうもん》の上から、哲学《てつがく》の上から、仏法観、科学観の上からも、探究を深めていただきたい。

そのうえで、信心は、素直《すなお》にやることである。わがままであれば、幸福への道を閉《と》ざしてしまう。素直な人は、御本尊の偉大《いだい》さを知ることができる。信心は、全身《ぜんしん》でつかみ取っていくものである。

（要旨）

雄弁《ゆうべん》に正義を語《かた》れ

全日本学生弁論大会　一九五九・一〇・一五

真実《しんじつ》の雄弁には、あくまでも正義感と、信念《しんねん》と、そして哲理《てつり》を含《ふく》んでいなければならない。そして大事なことは慈悲《じひ》である。慈悲がなければ、社会をリードすることも、人々を救《すく》うこともできない。

かつて、イタリアのある常勝将軍《じょうしょうしょうぐん》が、祖国《そこく》が滅《ほろ》びんとする時、決然《けつぜん》と演説《えんぜつ》を行《おこな》った。時間はわずか二分。しかし、この二分の正義感あふれる言葉で、国民は結束《けっそく》した。彼の演説が、祖国を救ったといわれている。

雄弁とは、長く話すことではない。大事なときに、勇気をもって叫《さけ》ぶことこそ、真の雄弁なのである。

また、書くことも大事である。

仏法には「自体顕照《じたいけんしよう》」という考え方がある。わが生命を光り輝《かがや》かせ、自分の良《よ》さを最高に発《はっ》揮《き》していくのが、信仰者の生き方である。自分の幸福のため、法《ほう》のため、そしてまた人々のため、自分自身の特性《とくせい》に応《おう》じて、自分らしく行動していくことである。

釈尊《しやくそん》の弟子《でし》たちも、舎利弗《しやりほつ》は智慧《ちえ》第一、目連《もくれん》は神通《じんつう》第一、迦葉《かしよう》は頭陀《ずだ》第一、羅睺羅《らごら》は密行《みつぎよう》第一、そして富楼那《ふるな》は弁舌《べんぜつ》第一と、それぞれの長所《ちようしよ》を発揮して、法を実践《じつせん》している。また、織田信長《おだのぶなが》の家臣《かしん》たちも、木下藤吉郎《きのしたとうきちろう》は智略《ちりやく》第一、柴田勝家《しばたかついえ》は豪勇《ごうゆう》第一、そして明智光《あけちみつ》秀《ひで》は理論第一、学識《がくしき》第一、前田利家《まえだとしいえ》は温厚《おんこう》第一と言われた。各分野に秀《ひい》でた将軍《しようぐん》を大事にし、活躍《かつやく》させた。

学会も、そのように、あらゆる分野に優《すぐ》れた人材《じんざい》が躍《おど》り出《で》ていかなくてはならない。皆さん方が今後、あるいは会社で社長になり、あるいは学者になり、社会の指導的立場に立った場合にも、そうしたことをよく考えていただきたい。

皆さん方は、過去《かこ》でも、現在でもなく、未来に生きる人々である。どうか、しっかり勉強し、信心に励《はげ》み、体を鍛《きた》えて、社会のため、法のために尽《つ》くしていただきたい。　（要旨）

文芸復興《ぶんげいふっこう》の夜明《よあ》け

第一回学生祭　一九五九・一一・二三

学生部の諸君は、〝信心、折伏《しゃくぶく》、そして教学は、誰《だれ》にも負《ま》けない〟といえるようになっていただきたい。

先ほどの劇《げき》（吉田松陰《よしだしょういん》と弟子《でし》たちを描《えが》いた、学生部員の創作劇《そうさくげき》）を拝見《はいけん》しても感じたが、指導者の偉《えら》さとは、どれだけ大勢《おおぜい》の弟子を訓育《くんいく》したかで決まる。国のため、大衆《たいしゅう》のため、そして社会のために働《はたら》く偉大《いだい》な人材《じんざい》を、どれだけ輩出《はいしゅつ》したかによって、師匠《ししょう》と弟子の偉大さは決まるのである。

皆さん方は、より一層《いっそう》、仏道修行《ぶつどうしゅぎょう》と勉強に挑戦《ちょうせん》し、きら星《ほし》のごとく、あらゆる方面で、師匠を宣揚《せんよう》する生き方をしていっていただきたい。

いくら師匠のことを立派《りっぱ》に語《かた》っても、いくら頭では尊敬《そんけい》していても、師の分身《ぶんしん》として、社会に、また法《ほう》のために尽《つ》くしていけないならば、その人は、単なる〝おうむ〟のような存在《そんざい》にすぎない。どうか、皆さんは、師《し》の教えを実践《じっせん》する人になっていただきたい。

きょうの催《もよお》しは、学生部として初《はじ》めての試《こころ》みであったが、非常《ひじょう》に立派《りっぱ》な、そして有意義《ゆういぎ》な学生祭だった。来年も、再来年《さらいねん》も、より以上発展《はってん》させていこうではありませんか。

まことの〝文芸復興《ぶんげいふっこう》〟というものは、民衆から、民衆の要望《ようぼう》によって、自然発生的《しぜんはっせいてき》にわき起《お》こるものである。

◇

きょうの学生祭は、ささやかなものであったかもしれない。しかし、この催しこそ、中世《ちゅうせい》のルネサンス、文芸復興以上の、色心不二《しきしんふに》の哲学《てつがく》を根底《こんてい》とした大文明、文芸復興の夜明《よあ》けとなるであろうと、私は叫《さけ》んでおきたい。

（要旨）

「学生部五十年の歩み」②——結成大会

学生部結成大会（1957.6.30　東京・麻布公会堂）

学生部の結成大会は、1957年（昭和32年）6月30日の午後1時から、東京・港区の麻布公会堂で行われた。約500人の男女学生が集った。

池田名誉会長は、学会弾圧の権力との闘争を繰り広げていた夕張の地から、祝福の電報を送った。かなで約70字という、長文だった。電報は、学生による体験発表の直後に読み上げられた。

この日、朝は雨だったが、昼から晴れた。

大会では、〝全員が教学力をつける〟〝弘教・拡大に先駆〟〝言論戦の推進〟などの活動方針も示された。

登壇した戸田第二代会長は、開口一番、語った。

「ただ、うれしいという言葉以外にない」

戸田会長の逝去9カ月前のこと。学生部は、戸田会長が構想し、池田名誉会長とともに結成した、最後の部となった。

〈池田名誉会長の指導から〉

戸田先生は、学生部結成大会で言われた。

「この中から、半分は重役に、半分は博士に」

一人ももれなく、次代の指導者にと期待された。

この一言を、私は真剣に受けとめた。

「人を育てよう！」

「無数の博士を必ず、断じて出してみせる！」

そう祈りに祈った。

身を挺して、人材を育てた。

(2000年6月29日、第47回本部幹部会でのスピーチ)

第三章

人材育成の城《しろ》

（一九六〇年～一九六八年）

師《し》の構想《こうそう》を実現せよ

第三回学生部総会　一九六〇・六・二六

私は、学生部の皆さんにお会いすると、希望がわいてくる。また、私は、皆さんを信頼《しんらい》し、尊敬《そんけい》している。

私の青春時代は、貧《まず》しく、そのうえ病弱《びょうじゃく》で、いつ死《し》ぬかわからぬ体《からだ》であり、十分《じゅうぶん》に勉強することもできなかった。

しかし、恩師《おんし》・戸田城聖先生と巡《めぐ》りあい、訓練《くんれん》を受け、信心を全《まっと》うし抜《ぬ》いてきたために、今は、「私は日本一の幸福者である」と確信をもっている。

その先生のご恩《おん》に報《むく》いるためにも、先生の示《しめ》された広宣流布の構想は、全身全霊《ぜんしんぜんれい》を打《う》ち込《こ》んで、命をかけて実現していく決心《けっしん》である。

私は、皆さん方に、何かを教えようという気持ちはない。むしろ、皆さん方から私は、さまざまな学問を教えていただきたいのである。しかし、ただ一つ〝御本尊は絶対である〟〝恩《おん》師《し》・戸田城聖先生の思想《しそう》は、あらゆる指導者の思想の中で最高である〟ということだけは、断《だん》言《げん》しきっておきたい。これだけを教えきっていきたい。

◇

偉大《いだい》なる文学《ぶんがく》には、偉大なる哲学《てつがく》を要《よう》す。偉大なる哲学は、偉大なる宗教によらなくてはならない。偉大なる宗教には、燃《も》え上《あ》がる信仰が必要である——こうした意味の言葉を残《のこ》した文《ぶん》豪《ごう》がいる。

三大秘《さんだいひ》法《ほう》の仏法は、政治、経済、科学、事業、学問など、あらゆる世界をリードする最高の哲学である。私たちは、情熱《じょうねつ》あふれる信仰で、一切の文化建設に、自分自身の生活の勝利に、全力をあげていきたい。それが、正しい人生観であると、私は信じるものである。

人の何倍《なんばい》も勉強し、人の何倍も信行学《しんぎょうがく》を実践《じっせん》した人が、大勢《おおぜい》の人を指導する実力《じつりょく》を身《み》につけられる。人よりも多く勉強し、人よりも多く実践した人が、偉大な指導者となっていけるのである。今は、その実践期である。一日も悔《く》いのないよう、御本尊を根本《こんぽん》として、日蓮大聖人の仰《おお》せを根底《こんてい》にして進んでいただきたい。そして、皆さん自身が幸福になるとともに、人々を幸福にしていく社会のリーダーになっていただきたいのである。

（要旨）

民衆による平和の革命を

第四回学生部総会　一九六一・六・二〇

今まで、歴史上、さまざまな革命があった。それらは、一部の階層《かいそう》によってなされることが多かった。ある革命は、労働者《ろうどうしゃ》だけで行われた。また、ある革命は、軍部《ぐんぶ》だけで行われた。また、ある革命は、学閥《がくばつ》によって行われた。

今、私どもが実現しようとする、真実《しんじつ》の宗教革命は、一部の階層でなすべきものではない。あらゆる人々と連帯《れんたい》し、平和のうちに、無血《むけつ》の革命をもって、最高の文化を築《きず》き上《あ》げるのが、私どもが行おうとする広宣流布なのである。

◇

諸君にお願《ねが》いしておきたいことは、語学を磨《みが》き、世界にたくさんの友人をつくっていただきたいということである。

日蓮大聖人の仏法、大哲学《だいてつがく》が、全世界に流布されていくことは、歴史の必然《ひつぜん》である。ゆえに、海外にあっては、焦《あせ》って、布教《ふきょう》をする必要はない。それよりも、世界に大勢《おおぜい》の友人をつくり、皆さんが、人間同士《どうし》の信頼《しんらい》を築《きず》いていくことである。

皆さんが、世界の人々と深い友情で結《むす》ばれ、そのなかで、友人が皆さんの生き方に共感《きょうかん》していけば、自然と仏法への理解《りかい》も深まっていく。その交流《こうりゅう》は、広宣流布に通《つう》じ、創価学会の素晴《すば》らしさを広めていく直道《じきどう》になると思う。

この課題《かだい》を担《にな》うのは、語学をしっかり学んでいる人でなければ難《むずか》しい。したがって、特《とく》に、学生部の皆さんに、世界の方《ほう》は、一つよろしくお願《ねが》いしたい。

大聖人は「開目抄《かいもくしょう》」で「種種《しゅじゅ》の大難《だいなん》・出来《しゅったい》すとも智者《ちしゃ》に我義《わがぎ》やぶられずば用《もち》いじとなり、其《そ》の外《ほか》の大難・風の前の塵《ちり》なるべし」（御書二三二ジペー）と仰《おお》せである。

もしも、大聖人よりも偉大《いだい》な聖人が現《あらわ》れ、より力《ちから》のある宗教があったならば、信じてもいい。だが、大聖人の仏法よりも低い哲学、思想《しそう》であった場合には、絶対に用いてはならない。

また、大聖人は「我《われ》日本の柱《はしら》とならむ我日本の眼目《がんもく》とならむ我日本の大船《たいせん》とならむ等とちかいし願《ねがい》やぶるべからず」（同）と仰せである。

末法《まっぽう》の御本仏としての、大確信の御《お》言葉《ことば》である。民衆を救《すく》うという誓願《せいがん》を断《だん》じて破《やぶ》らないと、御本仏が仰《おお》せなのである。永遠《えいえん》に破《やぶ》られない大仏法の哲学《てつがく》なのである。

この御文《ごもん》について、日寛上人《にちかんしょうにん》は、「一《ひと》たびこの文を拝《はい》せば涙数々降《なみだしばしばくだ》る。後代《こうだい》の弟子《でし》等、当《まさ》に心腑《しんぷ》に染《そ》むべきなり」(『日寛上人文段集《もんだんしゅう》』)と仰せになっておられる。

今、諸君に強《し》いて申し上げたいことは、私たちが実践《じっせん》している仏法だけが、末法《まっぽう》の御本仏である日蓮大聖人の大精神《だいせいしん》を受《う》け継《つ》いだ正統《せいとう》な仏法であるということである。

福運《ふくうん》あって、私たちはこの御本尊を受持《じゅじ》することができた。どんなに研究しても、なかなか到達《とうたつ》できない仏法を、私たちは容易《ようい》に受持することができた。

学生の皆さんは、批判《ひはん》をしたいこともあるだろう。愚痴《ぐち》をこぼしたくなることもあるかもしれない。しかし、その前に、大聖哲《だいせいてつ》であられる日蓮大聖人の仰せ通りに、素直《すなお》に、勇敢《ゆうかん》に、大御本尊と取《と》っ組《く》んでごらんなさい。また、真剣《しんけん》に、まじめに、大聖人の仏法を研究しきっていただきたい。これが私の願《ねが》いである。

そして、大仏法の偉大《いだい》さを、また大聖人の大哲学を、この生命で体験し、体得《たいとく》して、一切の哲学、思想《しそう》と相対《そうたい》させていただきたい。こう念願《ねんがん》申し上げ、諸君のますますのご健闘《けんとう》とご健康を祈《いの》り、私の話としたい。

(要旨)

学生部に与《あた》う（寄稿）

「大白蓮華」一九六二年四月号

全学会青年の行《ゆ》く手《て》は、青年訓《くん》、国士訓《こくしくん》に明確である。青年のなかにあって、とくに学生部は、その先駆《せんく》をきるべき責任《せきにん》と自覚《じかく》をもつべきである。

近代《きんだい》の歴史をかえりみるに、政界《せいかい》、財界《ざいかい》、科学界、言論界、教育界、法曹界《ほうそうかい》等、あらゆる分野にわたって、その時代を築《きず》き推進《すいしん》した指導者階級《かいきゅう》は、すべて最高学府《がくふ》を出た陣営《じんえい》であった。

しかるに、現在の学生の状態《じょうたい》はどうか。かつての、新しい時代を建設しようとする気概《きがい》、民衆の幸福を担《にな》って立つという信念《しんねん》が、はなはだ乏《とぼ》しくなっている。一つには教育に欠陥《けっかん》があるとはいえ、利己《りこ》主義に走り、刹那《せつな》主義に流れ、ただ卒業免状《めんじょう》だけをもっていこうとする学生に、多くがなりさがってしまったことは、まことに残念《ざんねん》である。

このような風潮《ふうちょう》のなかにあって、わが学生部こそ、日蓮大聖人の大仏法を根底《こんてい》として、世《よ》の大指導者に育《そだ》つべき使命《しめい》を担《にな》う、たった一つの希望であることを知らねばならぬ。諸君の成長を、私は心から祈《いの》っている。

恩師《おんし》のいわく、

「今まで人間は、宗教と科学は相反《あいはん》するものであると考えていた。しかし、これは低級宗教《ていきゅう》のことである。仏法は堂々《どうどう》たる科学であり、学問である。

今の科学を分析《ぶんせき》すると、法律学、経済学等は社会を対象《たいしょう》とした学問であり、心理学《しんりがく》、哲学《てつがく》等は、心の状態《じょうたい》を対象とした学問であり、化学、物理、数学等は、物質《ぶっしつ》を対象とした学問である。この三部門によって、科学は分科的《ぶんかてき》に研究されている。そして、この三つの部門は、互《たが》いに衝突《しょうとつ》はしないのである。相互《そうご》に助けあって、いまの科学ができている。科学の世界内には、闘争《とうそう》はないのである。

宗教は、我々の生命、宇宙《うちゅう》を対象として研究するのである。我々の生活条件《じょうけん》を、そのまま追求《ついきゅう》していくのが宗教である。科学と宗教は、決して相反《あいはん》するものではない。

人間を幸福にするには、どうしたら良《よ》いかを探究《たんきゅう》した、生命哲学の最高峰《さいこうほう》の大定理《だいていり》がある。これを、生活にどう活用《かつよう》して、いかに宿命《しゅくめい》を打破《だは》するか、それが御本尊様である。

最後に、政治、経済と、諸君の立場についていう。共産《きょうさん》主義か、資本《しほん》主義かという問題がある。私からいえば、どちらでも自由である。これらは、一分科に過《す》ぎない。これらは政治と経済の面からのみ、人類《じんるい》に幸福を与《あた》えるだけである。根本《こんぽん》の哲学《てつがく》は、生命哲学である。我々《われわれ》は、これらより一歩《いっぽ》上《うえ》の大哲学によって、世界を指導するのである。我々の哲学は、共産《きょうさん》主義や資《し》本《ほん》主義と相並《あいなら》ぶ、同格《どうかく》の哲学ではない。これら、世界の一切の科学を指導する、最高哲学である。諸君は、世界的指導者なのだ」と。

「御義口伝《おんぎくでん》」には「釈《しゃく》に云《いわ》く随縁不変《ずいえんふへん》・一念寂照《いちねんじゃくしょう》と、又帰《またき》とは我等《われら》が色法《しきほう》なり命《みょう》とは我等が心法《しんぼう》なり色心不二《しきしんふに》なるを一極《いちごく》と云《い》うなり」（御書七〇八ページ）と仰《おお》せである。

ここに述べられている通り、日蓮大聖人の大仏法こそ、世界を指導する一切の根源《こんげん》である。諸君は、自己《じこ》の使命《しめい》に目覚《めざ》め、信心強盛《ごうじょう》に、今の学業《がくぎょう》こそ、おのおのの生活であると励《はげ》んで、将来《しょうらい》の固《かた》い基礎《きそ》をつくることが、広宣流布に通《つう》ずることを確信されたい。

学問は知識の蓄積《ちくせき》であり、知恵《ちえ》に入る道程《どうてい》である。仏法は知恵であり、生活の原理《げんり》である。一切の知識は、仏法の知恵によって、初《はじ》めて社会のために最高に生かされることを知らねばならない。

御書にいわく「玄義《げんぎ》の五に云く恵《え》能《よ》く惑《わく》を破《は》し理を顕《あらわ》す・理は惑を破すこと能《あた》わず、理若《も》し惑を破せば一切衆生《いっさいしゅじょう》・悉《ことごと》く理性《りしょう》を具す何が故《ゆえ》ぞ破せざる、若し此《こ》の恵を得れば則《すなわ》ち能く惑を破す故に智《ち》を用《も》つて乗体《じょうたい》と為《な》す文」（御書六八九ページ）と。

「恵」とは仏法の知恵であり、「理」とは学問の知識である。

ここに明らかなように、真《しん》に人々の幸福と、世界の平和を築《きず》く原理《げんり》を知って進んでいるものは、わが創価学会である。なかんずく、青年として、とくに学生として恵《めぐ》まれた立場にある諸君は、その大使命《だいしめい》に奮《ふる》い立《た》つべきである。青年部の諸君は、ともに次代を担《にな》うべき地涌《じゆ》の菩薩《ぼさつ》であるが、学問を身《み》につけて世《よ》に出る諸君は、いわゆる知識階級《かいきゅう》の指導者としての使命を担っているのである。

諸君よ、願《ねが》わくは次の学会の骨髄《こつずい》となり、日本の大指導者となって、世界に貢献《こうけん》しうる大人《だいじん》材《ざい》と育《そだ》たれんことを。

「学生部五十年の歩み」③――結成のその時

学生部が結成された時、池田名誉会長は、障魔との戦いの渦中にあった。

1957年（昭和32年）6月29日、名誉会長は北海道の夕張へ。北の大地で、発展する学会を妬んだ労働組合が、学会員を不当に人権弾圧するという事件が起きていた。

「夕張炭労事件」である。

この時、名誉会長には、無実の選挙違反容疑がかけられていた。2カ月前の参院大阪地方区の補欠選挙で、最高責任者であった名誉会長が、選挙違反を指示した云々との、全く事実無根の容疑であった。

「大阪事件」と呼ばれる冤罪事件である。

学生部の結成大会に電報を送った6月30日――大阪府警本部が、名誉会長を不当逮捕するため、刑事2人を上京させている。

北海道警察本部の刑事は、名誉会長の宿泊先を訪れ、大阪府警への出頭を命じている。

7月1日の札幌での大会、2日の夕張での大会を大成功させ、学会の正義を満天下に示した後、7月3日、名誉会長は大阪府警に出頭した。

逮捕は、その奇しくも12年前、軍部政府の弾圧と戦い抜いた戸田第二代会長が出獄した日である7月3日。しかも、ほぼ同時刻であった。

まさに、迫害と闘争の渦中、学生部は誕生したのである。

なお、大阪事件の公判は、4年3カ月、84回にわたった。62年1月25日、無罪判決が下り、無罪は確定している。

〈池田名誉会長の指導から〉

大きな組織権力の横暴から、民衆を、信教の自由を、人びとの人権を守らんとする戦いの渦中に誕生したのが学生部であった。それは、次代の社会のリーダーとなって、民衆を守りゆく学生部の使命を物語るものである。

（小説『新・人間革命』第2巻）

結成大会から3日後の7月3日、関西の大阪の地にあって、私は無実の罪で逮捕された。戸田先生と学会と同志を守る以外ない。ならば、牢獄に入っても、青年らしく戦おう――そういう心情であった。

（2001年5月21日、第6回本部幹部会でのスピーチ）

全人類の大仏法

第五回学生部総会　一九六二・七・二二

学生部の成長は、即《そく》、創価学会の成長に通《つう》じる。

学生部の前進は、広宣流布の前進であり、日本、そして世界の民衆の幸福と平和に直結《ちょっけつ》している。

この絶対の確信をもって、進んでいっていただきたい。

皆さん方の期待《きたい》にそえない、未熟《みじゅく》な私であるかもしれない。しかし、会長という最高責任者《せきにんしゃ》として、なんとしても皆さん方を見守《みまも》り、大指導者に育《そだ》て上《あ》げなければならないという自覚《じかく》はもっている。

学生部は、恩師《おんし》・戸田先生が結成された最後の部である。本来《ほんらい》ならば、戸田先生が、皆さん方の将来《しょうらい》に対して、日夜《にちや》、心を砕《くだ》いて薫陶《くんとう》してくださるはずであった。

私は、その先生の後を継《つ》いだ。未熟《みじゅく》ではあるが、できるかぎり、皆さん方が大指導者に育《そだ》つまで、ともに勉強していくつもりである。皆さんも、体当《たいあ》たりでぶつかってきていただきたい。

◇

現在、一部のマスコミは、無認識《むにんしき》と偏見《へんけん》に基《もと》づいて、創価学会を中傷《ちゅうしょう》している。日本の各界《かっかい》の指導者の中には、こうした報道《ほうどう》を信じ、学会を批判的《ひはんてき》に見ている人々がいる。三障四魔《さんしょうしま》、三《さん》類《るい》の強敵《ごうてき》は当然のことであるが、まことに残念《ざんねん》なことである。

学生部の皆さん方は、どうか、学会の真実《しんじつ》と正義を叫《さけ》んでいただきたい。満天下《まんてんか》に示《しめ》していただきたい。たとえば、〝学会は日蓮正宗を国教《こっきょう》にするのではないか〟という憶測《おくそく》が流されている。我々《われわれ》に、このような考えがないことは、これまでも述べてきた通りである。

そもそも、日蓮大聖人の教えは、一閻浮提《いちえんぶだい》の大仏法である。御書にも「一閻浮提第一の本尊」（御書二五四ジペー）と仰《おお》せである。一閻浮提とは、全世界である。

個人の幸福、そして日本の平和という、足元《あしもと》を大事にすることは当然である。しかし、大聖人の仏法は、あくまでも全世界の宗教である。御書のどこにも〝国教にしなさい〟などという御《お》言葉《ことば》はない。学会でも、そんなことは言っていない。全《まった》く的外《まとはず》れな批判である。

真実の宗教は、人々の生活に根《ね》ざし、直結《ちょっけつ》して、民衆の中に広まり、民衆の中から発展《はってん》していくものである。

もしも、国の法律で、大聖人の仏法を国教《こっきょう》にし、権力の力《ちから》で人々に信心をさせるようになってしまったら、かえって法《ほう》を下《さ》げることになってしまう。

それに、そうなってしまえば、折伏《しゃくぶく》もできなくなってしまう。すると、宿業《しゅくごう》の転換《てんかん》も、人間革命も難《むずか》しくなってしまう。

世界の、全人類《ぜんじんるい》の大仏法である。末法万年尽未来際《まっぽうまんねんじんみらいさい》の仏法である。そして、民衆の仏法である。それを、一国だけのものにしてしまえば、世界の広宣流布の道を閉《と》ざしてしまうことにもなる。

我々は、民衆救済《きゅうさい》の大精神《だいせいしん》を掲《かか》げ、全人類に妙法を広めるため、悠々《ゆうゆう》と、楽しく、団結《だんけつ》をして、大前進してまいりたい。それこそが、大聖人の御心《おこころ》であり、創価学会の魂《たましい》である。

大聖人は「浅《あさ》きを去《さ》つて深きに就《つ》くは丈夫《じょうぶ》の心なり」（御書五〇九ジ）と仰《おお》せである。

将来《しょうらい》、指導者になっていくべき皆さんである。私は、学生部の諸君には、日蓮大聖人の仏法と、実存《じつぞん》主義やマルクス主義といった思想《しそう》・哲学《てつがく》と、どちらが偉大《いだい》であるのかを、徹底的《てっていてき》に究《きゅう》明《めい》していっていただきたい。

どちらが人間の生命の全体像《ぜんたいぞう》を正しく把握《はあく》しているのか。人間の苦悩《くのう》を根本《こんぽん》から解決《かいけつ》し得《う》るのか。現実生活の上ではどうなのか。教義《きょうぎ》の面ではどうなのか。現証《げんしょう》の面からはどうなのか――。

こうした点について、大胆《だいたん》に、冷静《れいせい》に、我見《がけん》や独断《どくだん》に走ることなく、学生らしく比較《ひかく》研究していってもらいたい。

そして、〝世界最高の哲学《てつがく》は、確《たし》かにこれしかない〟と確信したならば、その信念《しんねん》に従《したが》い、仏法の大哲理《だいてつり》を胸《むね》に、民衆の味方《みかた》となり、不幸な人々を救《すく》うために、一生涯《いっしょうがい》、立派《りっぱ》に、有意義《ゆういぎ》に生《い》き抜《ぬ》いていただきたい。

（要旨）

宗教革命に前進

第六回学生部総会　一九六三・七・一四

元気あふれる学生部の総会、まことにおめでとう。

どうか、信心を根本《こんぽん》に、生命力豊かに、骨《ほね》のある、頭の切れる青年として、最高に有意義《ゆういぎ》に、悔《く》いなく、一生の土台《どだい》を作りきっていただきたいことを、心から祈《いの》りたい。

私はこれまで、約一年にわたり、「御義口伝《おんぎくでん》」の講義《こうぎ》を通して、諸君の代表のメンバーを指導、訓練《くんれん》してきた。また先日より、東大《とうだい》の法華経研究会の有志《ゆうし》を核《かく》として、「観心本尊抄《かんじんのほんぞんしょう》」の研鑽《けんさん》を開始した。一方、関西では、京大生《きょうだいせい》を中心に「百六箇抄《ひゃくろつかしょう》」を講義し、仏法の大生命哲学《てつがく》を学び、互《たが》いに激励《げきれい》しあい、成長していくことを決めた。

学生部の諸君の中から、私が育成《いくせい》しているメンバーの中から、将来《しょうらい》の学会の後継者《こうけいしゃ》を、そしてまた、日本、世界の大指導者を必《かなら》ず見つけ出し、育《そだ》ててみせる——これが、私の決心《けっしん》である。

どうか、諸君も、そのつもりで、しっかりと頑張りきっていただきたい。

ところで、日本の学識者《がくしきしゃ》の間では、〝宗教は科学に反《はん》する〟とか、〝宗教は必要ない〟といった考え方があるが、それは間違《まちが》いである。

科学者のアインシュタインも、宗教の必要性を叫《さけ》んでいる。文豪《ぶんごう》トルストイも、こう語《かた》っている。

「最《もっと》も野蛮《やばん》な迷信《めいしん》の一つは、人間は信仰無《な》しに生き得《う》るものだという独断《どくだん》に対する、現代のいわゆる学者の大多数《だいたすう》の迷信である」（トルストイ著『一日一章 人生読本 1～3月』原久一郎訳、社会思想社）

また、十九世紀のアメリカの作家ウィリアム・アダムズは、信仰は理性《りせい》の延長《えんちょう》であると述べている。

冷静《れいせい》に、真摯《しんし》に、人生を、社会現象《げんしょう》を見極《みきわ》め、人生の苦悩《くのう》をいかにして解決《かいけつ》していくのか、生命とは何か、宇宙《うちゅう》の本源《ほんげん》の力《ちから》とは何かを突《つ》き詰《つ》めていくならば、宗教に至《いた》らざるをえない。

こうした思想家《しそうか》、科学者が、真実《しんじつ》の大仏法、三大秘法《さんだいひほう》の御本尊を知ったならば、驚嘆《きょうたん》し、頭《こうべ》を垂《た》れ、また、感涙《かんるい》にむせんだにちがいないと、私は信ずるものである。

その世界最高の大宗教である、日蓮大聖人の生命哲学《てつがく》を持った私どもは、宗教革命、人間革命を機軸《きじく》に、文化、社会、政治、経済など、あらゆる分野の改革《かいかく》に立ち上がり、まず二十年先を目指《めざ》して前進してまいりたいと思う。

ただ、私一人が何を叫《さけ》んでも、何もできるわけではない。

私は、諸君が真実《しんじつ》の日蓮仏法の実践者《じつせんしゃ》として、そしてまた、時代の先駆者《せんくしゃ》として立ち、名実《めいじつ》ともに立派《りっぱ》な大指導者に育《そだ》っていったならば、いつ死《し》んでもよい。後は全部託《たく》したい。

社会には、利己《りこ》主義の指導者が多い。頭も固《かた》く、ずるく、傲慢《ごうまん》な人間もいる。青年を愛する人などは一人もいない。

ゆえに、新しい日本を、また、新しい世界の平和を築《きず》いていこうとするならば、青年が立つ以外にない。その先駆である学生が立ち上がる以外にないと、私は訴《うった》えたいのである。

私は、それだけを期待《きたい》している。諸君が後に続くことを信じて、命の限《かぎ》り、力《ちから》の限り、道を切り開いていく。

信仰を全《まっと》うしていくということは至難《しなん》である。これから先、同志《どうし》を裏切《うらぎ》り、信心をやめていく人もいるかもしれない。

しかし、〝仏法は勝負《しょうぶ》〟である。大聖人の仰《おお》せ通りに実践し抜《ぬ》いた人と、学会をバカにして去《さ》っていった人が、十年、二十年、三十年先に、どうなっているか――おのおのが、その証明《しょうめい》者《しゃ》、体験者として、よく見極《みきわ》めていただきたいのである。

（要旨）

創価大学の設立構想《せつりつこうそう》

第七回学生部総会　一九六四・六・三〇

よく戸田先生は「後生畏《こうせいおそ》る可《べ》し」と申しました。師匠《ししょう》より必《かなら》ず弟子《でし》は偉《えら》くなっていってもらいたい。偉くなるのである。偉大《いだい》なる後継《あとつ》ぎになって、社会に、世界に、貢献《こうけん》をしていくべきである、との原理《げんり》であると思います。

今、私は妙法のもと、諸君を同志《どうし》であると思っております。諸君を信頼《しんらい》し尊敬《そんけい》しております。日蓮大聖人の弟子として、絶対に日本の安泰《あんたい》と民衆の幸福と、世界の平和のために、ともどもに守り合って、ともどもに戦い進んでいただきたいのであります。

◇

仮称《かしょう》「創価大学」または仮称「富士文化大学」を設置《せっち》したい。その大学で、世界の平和に寄《き》与《よ》すべき大人材《だいじんざい》をつくりあげたい。

そのときに、諸君の中から、大仏法を根底《こんてい》とし、各専門《かくせんもん》分野における大教授が出て教壇《きょうだん》に立っていただきたい。

その目的達成《たっせい》、すなわち世界の大指導者に育《そだ》て上《あ》げるために、その大学で頑張っていただきたいと、お願《ねが》い申し上げたいのであります。

（要旨）

「学生部五十年の歩み」④――御書講義の伝統

御義口伝講義（1962.8.31、聖教新聞社で）

8月31日は「学生部の日」。1962年（昭和37年）、池田名誉会長が、学生部の代表に「御義口伝」の講義を開始した日である。

講義は、毎月1回、約5年間続いた。さらに、その間、名誉会長は、63年9月から、京都大学の学生を対象に「百六箇抄」の講義、64年11月から、関西と関西以西の学生部の代表に「御義口伝」講義を。さらに同年12月には、中部学生部に「諸法実相抄」の講義を実施している。

激務の中、名誉会長は、優先して学生部への講義に臨んだ。

この名誉会長の御書講義は、67年に「大学別御書講義」として拡充される。大学ごとに、主にその大学の出身者である幹部が担当して行う講義は、学生部の伝統となり、前進の原動力となっている。

〈池田名誉会長の指導から〉

山本伸一は、学生部の首脳から大学別講義の構想を聞くと、最高幹部の会議の折に、こう訴えたのである。

「皆さんは、日々の活動に多忙を極めているかもしれないが、学生部から講義の要請があったならば、最優先して担当していただきたい。

私もこれまで、『御義口伝』や『百六箇抄』の講義など、全力を尽くして学生部の講義を担当してきました。次代のリーダーを育成するには、思想、哲学を生命の奥深く打ち込むことが、最も大事だからです。

（中略）

大学別講義は、未来の広宣流布のための、大事な、大事な布石です。

忙しいからといって、幹部が当面のことだけしか考えなければ、やがて広宣流布も、学会も、行き詰まってしまう。

だからこそ、よろしく頼みます」

（小説『新・人間革命』第13巻）

第四章　社会変革《へんかく》の潮流《ちょうりゅう》

（一九六八年〜一九七八年）

日中友好の未来を託《たく》す

第十一回学生部総会　一九六八・九・八

本日、九月八日は、昭和三十二年に横浜《よこはま》の三ツ沢競技場で、恩師《おんし》戸田前会長が原水爆《げんすいばく》に対する画期的《かっきてき》な声明《せいめい》を発表《はっぴょう》した、忘《わす》れもしない歴史的な記念の日である。私は、英知《えいち》と情熱《じょうねつ》あふるる、妙法の自由と平和の戦士《せんし》たる諸君とともに、この恩師の遺訓《いくん》を、再《ふたた》び胸《むね》に刻《きざ》んで前進したい。

恩師は、その声明のなかで「世界の民衆は、生存《せいぞん》の権利をもっております。その権利をおびやかすものは、これ魔《ま》ものであり、サタンであり、怪物《かいぶつ》であります」と喝破《かっぱ》され、「たとえ、ある国が原子《げんし》爆弾《ばくだん》を用《もち》いて世界を征服《せいふく》しようとも、その民族《みんぞく》、それを使用したものは悪魔《あくま》であり、魔ものであるという思想《しそう》を全世界に広めることこそ、全日本青年男女の使命《しめい》である」と叫《さけ》ばれたのである。

日本には、利害《りがい》にとらわれ、人気取《にんきと》りと口先《くちさき》だけの平和論を叫ぶ小利口《こりこう》な指導者や政治家がたくさん動いている。そのなかにあって、真実《しんじつ》の世界平和の大宣言《だいせんげん》ともいうべきこの声明《せいめい》は、まさに問題の根源《こんげん》を断《た》ち切《き》った大利剣《だいりけん》であるとともに、我々《われわれ》創価学会員の永遠《えいえん》の根本精神《こんぽんせいしん》であり、世界人類《じんるい》への不滅《ふめつ》の指針《ししん》なのである。私は、世界から〝悲惨《ひさん》〟の二字をなくすまで、諸君とともに、全生命、全生涯《ぜんしょうがい》をかけて、この恩師《おんし》の精神を訴《うった》え続け、横暴《おうぼう》と増上慢《ぞうじょうまん》の権力者たちと、断固《だんこ》戦い抜《ぬ》いていく決意である。

◇

時代は人間の尊厳《そんげん》を目指《めざ》して大きく動いている。私は、この時代の潮流《ちょうりゅう》の本質《ほんしつ》を、生命の世紀への黎明《れいめい》としてとらえ、機会《きかい》あるごとにそのことを申し述べてきた。ここでは、この生命の世紀の輝《かがや》かしい開幕《かいまく》を決定づける本流《ほんりゅう》こそ、我《わ》が創価学会のたくましき前進であり、日蓮大聖人の生命哲学《てつがく》の興隆《こうりゅう》であることを強調《きょうちょう》しておきたいのである。

今まで多くの人々が、物質《ぶっしつ》文明の進歩《しんぽ》に対する精神文明の甚《はなは》だしい遅滞《ちたい》を、〝おうむ〟のように繰《く》り返《かえ》し指摘《してき》してきたが、私はこの点について、決して悲観《ひかん》的に考えてはいない。なぜならば、現代の指導者たちの考えよりも、世界の現実の回転《かいてん》のほうが、はるかに進んでしまっているからである。指導者たちは、その頑迷《がんめい》さのゆえに、そのことを気づこうとしない。そこに現代の悲劇《ひげき》が生《しょう》じているだけだ、と私は考えるのである。

言論の自由のために、膨大《ぼうだい》な武力《ぶりょく》を目前《もくぜん》にして少しもたじろぐことなく、生命を賭《と》しても悔《く》いない民衆が、世界の各地に散在《さんざい》し、拡大《かくだい》しつつあるという昨今《さっこん》の事実――これは十年前には見られなかったことであった。人間性が最《もっと》も大事であり、その人間が人間らしく生きるための自由と権利を希求《ききゅう》する、これこそ人間の尊厳《そんげん》に目覚《めざ》めた人々の、新しい勇気ある戦いではないだろうか。

この新しい突風《とっぷう》が東西の両陣営《りょうじんえい》にわたって、今や地球の全地表《ぜんちひょう》に吹《ふ》き始《はじ》めていることを、いったい、何人の指導者が気づいているであろうか。生命の尊厳を真に知る私たちだけが、敏感《びんかん》にその動向《どうこう》を察知《さっち》し、新しい世紀の夜明《よあ》けの機運《きうん》が、すでに熟《じゅく》していることを知るのである。

今や、狂暴《きょうぼう》な武力は、所詮《しょせん》、無力《むりょく》と化《か》しつつある。第三文明は、まさに開幕《かいまく》せんとしている。わが若き同志《どうし》諸君よ、我々《われわれ》は一丸《いちがん》となってその先駆者《せんくしゃ》となり、限《かぎ》りなき自負《じふ》と誇《ほこ》りとをもって全世界を舞台《ぶたい》に躍《おど》り出《で》てまいろうではないか。

もとより、人間の尊厳を要求《ようきゅう》する民衆の行《ゆ》く手《て》、時代の潮流《ちょうりゅう》に対して、なお古《ふる》き権力の牙城《がじょう》が牢固《ろうこ》としてそびえ、さえぎっていることは事実である。であればこそ、かのフランスの学生、労働者《ろうどうしゃ》による五月危機《きき》も、結局《けつきょく》、総選挙《そうせんきょ》の結果、不発《ふはつ》に終わってしまった。チェコの自由化も今度の武力介入《かいにゅう》で、いかに前途《ぜんと》が多難《たなん》であるかということを、まざまざと感じさせた。べトナム戦争の終結《しゅうけつ》も、パリ会談が相変《あいか》わらず停滞《ていたい》し難航《なんこう》を続けている。

これらは、いずれも民衆の熱望《ねつぼう》に反《はん》して、古《ふる》き権力がいかに強いかを物語《ものがた》っている事実である。この牙城《がじょう》を打《う》ち破《やぶ》って、真実《しんじつ》の人間性の世界を開くためには、どうしても生命の尊厳《そんげん》を裏《うら》づける、確固《かっこ》たる哲学《てつがく》を根底《こんてい》とした、全《まった》く新しい第三勢力《せいりょく》が、全世界の民衆の力《ちから》を結集《けつしゅう》して、台頭《たいとう》しなければならない。

かくして、日蓮大聖人の大生命哲学をもった私どもの実践《じっせん》と闘争《とうそう》こそ、この既存《きそん》の権力主義の牙城を、完膚《かんぷ》なきまでに打破《だは》し、過去《かこ》数千年にわたる悪夢《あくむ》の連続《れんぞく》の歴史に終止符《しゅうしふ》を打つ、真実の生命の世紀への本流《ほんりゅう》である。我《われ》らはこのことを、強く自覚《じかく》して進んでまいろうではないか。

ここで私は、中国問題について触《ふ》れておきたい。中国問題については、かねてから、ベトナム戦争が終結すれば、次の焦点《しょうてん》は中国であるといわれてきた。しかし、今、ベトナムそしてチエコの情勢《じょうせい》から、ここで、中国問題を論ずるのは時宜《じぎ》を得《え》ていないという人もいるかもしれない。だが、日本の置かれている立場からいっても、遅《おそ》かれ早《はや》かれ、中国問題を避《さ》けることは絶対にできなくなるのである。また、我々の世界民族《みんぞく》主義の理念《りねん》のうえからも、どうしても触れなければならない第一の根本《こんぽん》問題なのである。

ゆえに私はあくまでも、そうした立場にある日本人の一人として、また、未来の平和を願《ねが》う一青年として、諸君とともに、この問題を考えておきたい。

いうまでもなく、中国問題は現在の世界情勢《じょうせい》において、平和実現への進路《しんろ》のうえで非常《ひじょう》に重《じゅう》大《だい》な隘路《あいろ》になっている。第二次大戦後、今日《こんにち》にいたる二十数年間の歴史をみても、東西二大陣《じん》営《えい》が、軍事的《ぐんじてき》に真《ま》っ向《こう》から衝突《しょうとつ》し、悲惨《ひさん》な戦争を引《ひ》き起《お》こしたのは、ほとんどアジアの地であった。周知《しゅうち》のように、その一つは朝鮮《ちょうせん》戦争であり、もう一つは現在も続いているベトナム戦争である。

これらの戦乱《せんらん》に関係している自由主義陣営の旗頭《はたがしら》はアメリカであり、共産《きょうさん》主義側《がわ》の後《うし》ろだてはソ連《れん》よりもむしろ中国なのである。しかるに、その中国の国際《こくさい》社会における立場は、国連《こくれん》にも参加せず、諸外国《しょがいこく》とも極《きわ》めて不安定な外交《がいこう》関係しか結《むす》んでいない。〝竹《たけ》のカーテン〟に包《つつ》まれて、お互《たが》いの実情《じつじょう》が漠然《ばくぜん》としか、分《わ》からないというありさまである。このいわば国際社会の異端児《いたんじ》のような中国を、他の国と同じように、平等《びょうどう》に公正《こうせい》に交際《こうさい》していくような状態《じょうたい》にもっていかなければ、アジア、世界の平和は、いつまでたっても実現できない。そのことを私は非常に憂《うれ》えるのである。そして、これこそが韓国《かんこく》や台湾《たいわん》、ベトナム、タイ、ラオス等のアジアにおける国々の政治的安定と、経済的繁栄《はんえい》を可能《かのう》ならしめる絶対条件《じょうけん》であると確信したい。

それでは、そのために必要なことは何か。その一つは、中国政府の存在《そんざい》を正式《せいしき》に認《みと》めること。第二は、国連《こくれん》における正当《せいとう》な席を用意《ようい》し、国際的《こくさいてき》な討議《とうぎ》の場に登場《とうじょう》してもらうこと。第三には、広く経済的、文化的な交流《こうりゅう》を推進《すいしん》することである。

現在、かたくななまでに閉《と》ざされた中国に対して、それを開かせる最《もっと》も有力《ゆうりょく》な鍵《かぎ》を握《にぎ》っているのは、歴史的な伝統《でんとう》、地理的な位置《いち》、民族的《みんぞくてき》な親近性《しんきんせい》からいっても、我《わ》が日本をおいては絶対にないのである。ところが、現在の日本は中国が最も嫌《きら》っているアメリカの核《かく》のカサに入り、中国政府を承認《しょうにん》もしなければ、国交《こっこう》を回復《かいふく》しようともしない。あまつさえ、わずかの貿易《ぼうえき》ルートすら、年々減少《げんしょう》している状態《じょうたい》である。

かつて、恩師《おんし》戸田前会長の詠《よ》まれた歌に「アジアの民《たみ》に日《ひかり》をぞ送《おく》らん」との一句《いっく》がある。私どもの提唱《ていしょう》する日本の進路《しんろ》は、あくまでも中道主義《ちゅうどう》であり、右でもなければ左でもない。「日をぞ送らん」とは、もとより大仏法の東洋《とうよう》広布である。日本がアジアの一国である以上、アジアの民衆の幸福を最も重視《じゅうし》し、最も優先《ゆうせん》させることは当然の道理《どうり》であり、また義務《ぎむ》であると思う。

日中両国の間には、未《いま》だに、あの戦争の傷跡《きずあと》は消《き》えていない。しかし、戦後すでに二十三年、きょうここに集まった諸君たちのほとんどは、あの戦争には直接《ちょくせつ》関係のない世代《せだい》である。中国の青少年も、やはり戦争とは無関係であろう。そういう両国の前途《ぜんと》を担《にな》う未来の諸君たちにまで、かつての戦争の傷《きず》を重荷《おもに》として残《のこ》すようなことがあっては、断《だん》じてならない。

やがて諸君たちが、社会の中核《ちゆうかく》となったときには、日本の青年も、中国の青年も、ともに手を取り合い、明るい世界の建設に、笑《え》みを交《か》わしながら働《はたら》いていけるようでなくてはならない。この日本、中国を軸《じく》として、アジアのあらゆる民衆が互《たが》いに助《たす》け合《あ》い、守りあっていくようになったときこそ、今日《こんにち》アジアを覆《おお》う戦争の残虐《ざんぎやく》と貧困《ひんこん》の暗雲《あんうん》が吹《ふ》き払《はら》われ、希望と幸《しあわ》せの陽光《ようこう》が、燦々《さんさん》と降《ふ》り注《そそ》ぐ時代である、と私はいいたいのである。

私は、決して共産主義《きようさんしゆぎ》の礼賛者《らいさんしや》ではない。また、善良《ぜんりよう》な日本の多くの人々が、中国の出方《でかた》を心配《しんぱい》し、警戒《けいかい》している心理《しんり》も、よく感じ、知っているつもりである。ただ国際《こくさい》社会の動向《どうこう》のうえから、アジアはもとより、世界の平和のためには、いかなる国とも仲良《なかよ》くしていかなくてはならないということを訴《うつた》えたいのである。

核《かく》時代の今日、人類《じんるい》を破滅《はめつ》から救《すく》うか否《いな》かは、この国境《こつきよう》を越《こ》えた友情を確立《かくりつ》できるか否かにかかっているといっても過言《かごん》ではない。ここで中国問題をあえて論《ろん》ずるのも、この一点に私の発想《はつそう》があったためであることを、知っていただきたいのである。

見方《みかた》が甘《あま》い、研究が足《た》りないといわれるかもしれない。しかし、この中国問題の解決《かいけつ》なくして、真に戦後は終わったとはいえない。

◇

まず第一に、日中国交《こっこう》の正常化《せいじょうか》について話しておきたい。これについては、一九五二年（昭和二十七年）に台湾《たいわん》の国民政府との間に日華条約《にっかじょうやく》が結《むす》ばれており、我《わ》が日本政府は、これによって、すでに日中講和《こうわ》問題は解決《かいけつ》されている、という立場をとっている。だが、これは大陸・中国の七億一千万民衆をまるで存在《そんざい》しないかのごとく無視《むし》した観念論《かんねんろん》にすぎない。

およそ国交の正常化とは、相互《そうご》の国民同士《どうし》が互《たが》いに理解《りかい》しあい交流《こうりゅう》しあって相互の利益《りえき》を増《ぞう》進《しん》し、ひいては世界平和の推進《すいしん》に貢献《こうけん》することができて、初《はじ》めて意義《いぎ》をもつものである。したがって、日中国交についても、その対象《たいしょう》の実体《じったい》は、中国七億一千万の民衆にあるわけである。それを無視して単なる条約上の〝大義名分《たいぎめいぶん》〟にこだわり、いかに筋《すじ》を通したと称《しょう》しても、それはナンセンスであるといわざるをえない。

現《げん》に、周恩来《しゅうおんらい》（ジョウ・エンライ）をはじめ、中国の首脳《しゅのう》は、一貫《いっかん》して中国と日本との戦争関係はまだ終結《しゅうけつ》をみていないとの見解《けんかい》をとっている。このままの状態《じょうたい》では、いくら日本が戦争は終結したといっても、円満《えんまん》な国交関係が実現するわけがない。したがって、なんとしてでも、日本政府は北京《ペキン》の政府と話し合うべきであると思うのである。

しかも、その国交正常化のためには、それに付随《ふずい》して解決されなければならない問題がたくさんある。第二次大戦中、日本が中国に与《あた》えた損害《そんがい》に対する賠償《ばいしょう》問題、また、主《しゅ》として満州《まんしゅう》における在外資産《ざいがいしさん》の請求権《せいきゅうけん》の問題等々である。これらは、いずれも複雑《ふくざつ》で困難《こんなん》な問題であり、日中両国の相互理解《そうごりかい》と深い信頼《しんらい》、また、何よりも、平和への共通《きょうつう》の願望《がんぼう》なくしては解決《かいけつ》できない問題である。

こうした日中間の解決については、これまでの小手先《こてさき》の外交《がいこう》や、細《こま》かい問題を解決して最後に国交回復《こっこうかいふく》にもっていくという、いわゆる帰納法的《きのうほうてき》な行《い》き方《かた》では、いくら努力しても失敗《しっぱい》するであろう。私は、むしろ、まず初《はじ》めから両国の首相《しゅしょう》、最高責任者《せきにんしゃ》が話し合って、基本的な平和への共通の意思《いし》を確認《かくにん》し、大局観《たいきょくかん》、基本線から固《かた》めていく。そしてそれから細かい問題に及《およ》んでいく。この演繹的《えんえきてき》な方法でいくことが、問題解決の直道《じきどう》であると、主張《しゅちょう》しておきたいのである。

日中両国の首脳《しゅのう》が粘《ねば》り強く何回も何回も前向きの交渉《こうしょう》を繰《く》り返《かえ》していくならば、いかに困難のようであっても、必《かなら》ずや解決の光明《こうみょう》が見いだせることは間違《まちが》いない。

◇

次に中国の国連《こくれん》参加問題について意見を述べたい。これは、一般《いっぱん》には代表権問題といわれるように、国連における中国の名札《なふだ》のある席に、北京《ペキン》の政府と台湾《たいわん》の政府とどちらの代表がすわるかという問題である。常識的《じょうしきてき》には、大陸の中華人民共和国《ちゅうかじんみんきょうわこく》と中華民国《ちゅうかみんこく》と、新《あら》たに席を設《もう》けて、両方が並《なら》んですわれば、それでよしとする意見もあるが、それではどちらも承知《しょうち》しない。いずれも「自分が全中国の代表である」というのである。

◇

日本も独立国《どくりつこく》である以上、独自《どくじ》の信念《しんねん》をもち、自主的《じしゅてき》な外交政策《がいこうせいさく》を進めていくのは当然の権利である。まして、過去《かこ》二千年の中国との深い関係に思いをいたし、現在の国際《こくさい》社会における日本の位置《いち》を自覚《じかく》し、さらに未来のアジアと世界平和の理想《りそう》を考えるならば、いつまでも、このままの姿《すがた》であってよいわけがない。

時代は刻々《こっこく》と動いている。未来に焦点《しょうてん》を合わせて活躍《かつやく》していくのは、青年の特権《とっけん》である。また、青年たちをそうさせていくのが、為政者《いせいしゃ》、そして、指導者の責任《せきにん》ではないだろうか。

昭和四十三年（一九六八年）秋、また第二十三回の国連《こくれん》総会が開かれるが、日本はこれまでのように、アメリカの重要事項指定方式《じゅうようじこうしていほうしき》に加担《かたん》するのでなく、北京《ペキン》の国連での代表権を積極的《せっきょくてき》に推進《すいしん》すべきである。

およそ、地球全人口の四分の一を占《し》める中国が、実質的《じっしつてき》に国連から排斥《はいせき》されているこの現状《げんじょう》は、誰人《たれびと》が考えても国連の重要な欠陥《けっかん》といわねばならない。これを解決《かいけつ》することこそ真実《しんじつ》の国連中心主義であり、世界平和への偉大《いだい》な寄与《きよ》であると思う。

◇

また、すでに述べたように、世界の平和にとって最《もつと》も不安定で、深刻《しんこく》な危機《きき》をはらんでいるのが、悲《かな》しくもアジア地域である。そのアジアの不安定の根本的《こんぽんてき》な原因《げんいん》は、アジアの貧困《ひんこん》であり、自由圏《じゆうけん》のアジアと共産圏《きょうさんけん》のアジアとの隔絶《かくぜつ》と、不信《ふしん》と、対立《たいりつ》にあるということも明瞭《めいりょう》な事実である。このアジアの貧困を根底《こんてい》から癒《いや》すためには、日本が、アジアの半分に背《せ》を向けてきたこれまでの姿勢《しせい》を改《あらた》め、積極的《せっきょくてき》にアジアの繁栄《はんえい》のために尽《つ》くしていくことが、どうしても必要である。また、日本が率先《そっせん》して中国との友好関係を樹立《じゅりつ》することは、アジアのなかにある東西の対立を緩和《かんわ》し、やがては、見事《みごと》に解消《かいしょう》するに至《いた》ることも、必《かなら》ずやできると、私は訴《うった》えたいのである。

確《たし》かに、現状《げんじょう》はさまざまの不安定な要素《ようそ》をはらんでいる。目前《もくぜん》の利益《りえき》、日本一国の高度成長のみを考えるならば、現在の外交路線《がいこうろせん》が安全であるように見えるかもしれない。だが、このままではますます戦争の危機を深め、やがて日本の繁栄も夢《ゆめ》となってしまうことも十分《じゅうぶん》考えられる。それを、私は心より心配《しんぱい》するのである。

現在、日本は、自由圏で第二位の国民総生産《そうせいさん》に達《たっ》し、かつてない繁栄を誇《ほこ》っている。しかしこれは、低所得《ていしょとく》の国民大衆《たいしゅう》と、アジア民衆の貧困《ひんこん》のうえに立った砂上《さじょう》の楼閣《ろうかく》にすぎない。あるフランスの経済学者は、日本の繁栄《はんえい》を「魂《たましい》のない繁栄」と呼《よ》び、ある社会学者にいたっては「豊かだが、去勢《きょせい》された国民である」とさえ評《ひょう》しているのである。国家、民族《みんぞく》は、国際社会《こくさい》のなかで、かつてのように利益《りえき》のみを追求《ついきゅう》する集団《しゅうだん》であってはならない。広く国際的視野《しや》に立って、平和のため、繁栄のため、文化の発展《はってん》・進歩《しんぽ》のために、進んで貢献《こうけん》していってこそ、新しい世紀の価値《かち》ある民族といえるのである。

私は、今こそ日本は、この世界的な視野に立って、アジアの繁栄と世界の平和のため、その最《もっと》も重要《じゅうよう》な要《かなめ》として、中国との国交正常化《こっこうせいじょうか》、国連《こくれん》参加、貿易促進《ぼうえきそくしん》に、全力を傾注《けいちゅう》していくべきであることを、重《かさ》ねて訴《うった》えるものである。

なお、私のこの中国観に対しては、もちろん種々《しゅじゅ》の議論《ぎろん》があるでしょう。あとは一切、賢明《けんめい》な諸君の判断《はんだん》に任《まか》せます。ただ、私の信念《しんねん》として、今後の世界を考えるにあたって、どうしても日本が、そして諸君ら青年たちが経《へ》なければならない問題として、あえて申し述べたわけであり、これを一つの参考としていただければ、望外《ぼうがい》な喜《よろこ》びなのである。

また、このように日中の友好を提唱《ていしょう》すると、往々《おうおう》にして〝左寄《ひだりよ》り〟であるかのように曲解《きょっかい》されます。しかし、これこそ、全《まった》く浅薄《せんぱく》な見方《みかた》であるといわざるをえない。なぜならば、我々《われわれ》が仏法という立場にあって、人間性を根幹《こんかん》に、世界民族主義の次元《じげん》に立って、世界平和と日本の安泰《あんたい》を願《ねが》っていくことは当然である。そして、その本質《ほんしつ》をとらえていくならば、右でもなければ、左でもないことは、明瞭《めいりょう》に理解《りかい》できると思う。現象面《げんしょうめん》だけを見て、右とか左とか、性急《せいきゅう》な論断《ろんだん》を下《くだ》すことは大きい誤《あやま》りである。所詮《しょせん》、右、左といっても、その思考《しこう》の基点《きてん》は何かということが大事である。それを無視《むし》して論議《ろんぎ》しても無意味である。この基点こそ色心不二《しきしんふに》の大哲理《だいてつり》であり、それをしっかりとふまえた行き方が、中道主義《ちゅうどう》ではないだろうか。

ここで、学生部の偉大《いだい》な発展《はってん》と成長のために、今後の指針《ししん》を一言、申し上げておきたい。

第一に「ひとたび妙法に生きた学徒《がくと》は、未来に雄飛《ゆうひ》する革命児であることを疑《うたが》ってはならない」。

その実証《じっしょう》には、十年、二十年の歳月《さいげつ》を必要とするかもしれない。しかし、皆さん方は、すでに一人も残《のこ》らず、末法万年《まっぽうまんねん》の救世主《きゅうせいしゅ》・日蓮大聖人から授記《じゅき》をうけていることを自覚《じかく》して、人生の前進をしていっていただきたい。結局《けつきょく》、この自覚の強弱《きょうじゃく》が諸君の未来を大きく決定するであろうと、私は強く申し上げておきたい。

第二に「妙法を実践《じっせん》する学徒は、今、どれほどの困難《こんなん》にあろうとも、断《だん》じてひるんではならない。恐《おそ》れてはならない」。

蓮《はす》の華《はな》は泥沼《どろぬま》が深ければ深いほど、見事《みごと》に大きく咲《さ》くのである。御書の「如蓮華在水《にょれんげざいすい》」の原《げん》理《り》は、諸君のためにこそあると思索《しさく》していっていただきたい。花は、堅《かた》いアスファルトには咲《さ》けない。苦労《くろう》して耕《たがや》した土壌《どじょう》のうえにこそ、美しい花が実《み》を結《むす》ぶのである。峻厳《しゅんげん》な尾根《おね》を登《のぼ》らずして、真の山の味《あじ》は決してわからない。

と同様《どうよう》に、青春時代の、経済的な困窮《こんきゅう》も、苦悩《くのう》もすべてが新社会の指導者として育《そだ》つ人間革命のために、必須《ひっす》な条件《じょうけん》であることを知っていただきたい。決して困難《こんなん》を避《さ》けてはならない。むしろ、それらを偉大《いだい》な成長の糧《かて》として感謝《かんしゃ》していくぐらいでなくてはならない。また、たとえ中傷《ちゅうしょう》、批判《ひはん》があったとしても、一切紛動《ふんどう》される必要はない。すべて偉大なる未来のための試《し》練《れん》であると自覚《じかく》して、師子《しし》王《おう》のごとく戦っていただきたいのである。

第三に「人類《じんるい》数千年の文化遺産《いさん》は、ことごとく諸君のために用意《ようい》されている。したがって、知識に対しては貪欲《どんよく》でなければならない」。

いうまでもなく、智恵《ちえ》の根源《こんげん》は妙法にある。したがって、妙法を実践《じっせん》する学徒《がくと》でなければ、過去《かこ》の文化遺産を正しく継承《けいしょう》し、そして大きく生かしていくことは不可能《ふかのう》であると断言《だんげん》するのである。

また、未来の真の文化を創造《そうぞう》するのは、諸君をおいてないと思うからこそ申し上げるのである。智恵が大きく顕現《けんげん》するときは、常に知識の衣《ころも》をまとっているものである。知識に対して貪欲でなかったならば、せっかくの智恵は機能《きのう》を失《うしな》ってしまうであろう。

第四に「新しき生命の世紀の動向《どうこう》は、すべて諸君の掌中《しょうちゅう》にあることを知るべきである」。今、世界の数千万の学徒《がくと》のなかで、だれが真剣《しんけん》に生命の哲理《てつり》を把握《はあく》しているであろうか。諸君をおいて、いずこの国にいるであろうか。

諸君の仏法の真髄《しんずい》の研鑽《けんさん》と努力とが、輝《かがや》くばかりの生命の世紀の扉《とびら》を開く原動力《げんどうりょく》であることを、私は申し上げておきたいのである。

第五に「喜々《きき》として妙法を信じ、行《ぎょう》じ、学び、真摯《しんし》な学徒として行動するならば、輝く知性《ちせい》と鉄の意志《いし》と、頑健《がんけん》な身体は、諸君の生涯《しょうがい》のものとなろう」。

二十一世紀への新しき世界的胎動《たいどう》はすでに開始されている。やがては怒濤《どとう》となっていくことであろう。その怒濤のなかで悠々《ゆうゆう》と抜《ぬ》き手《て》をきって、世界の民衆を、青年を、幸福の彼岸《ひがん》に運《はこ》ぶためには、妙法に照《て》らされた知性と意志と体力とをもつ諸君の出現《しゅつげん》が、絶対の要請《ようせい》となってくることを確信したいのである。

「御義口伝《おんぎくでん》」にいわく「此《こ》の法華経を閻浮提《えんぶだい》に行ずることは普賢菩薩《ふげんぼさつ》の威神の力《ちから》に依《よ》るなり、此の経《きょう》の広宣流布することは普賢菩薩の守護《しゅご》なるべきなり」（御書七八〇ジペー）と。普賢菩薩とは学生部の諸君のことである。諸君こそ、世界の広宣流布の主体者《しゅたいしゃ》であり、中心人物たれとの御文《ごもん》なのである。

どうか、諸君はしっかり語学をマスターし、いつでも世界の広宣流布の舞台《ぶたい》に躍《おど》り出《で》ていける力《ちから》を、この学生時代に養《やしな》っていただきたいことを、重《かさ》ねて強調《きょうちょう》するものである。

私は、諸君にバトンタッチをするため、全力をあげて戦い、道を切り開き、舞台《ぶたい》を整《ととの》えておく。諸君はその舞台のうえに、どうか新時代の旗手《きしゅ》、自由と平和の戦士《せんし》として、伸《の》び伸びと、自由自在《じざい》に乱舞《らんぶ》していっていただきたい。

「観心本尊抄《かんじんのほんぞんしょう》」にいわく「天晴《てんは》れぬれば地明《ちあきら》かなり法華《ほっけ》を識《し》る者は世法《せほう》を得可《うべ》きか」(御書二五四ジペー)、また「報恩抄《ほうおんしょう》」にいわく「根《ね》ふかければ枝《えだ》しげし源遠《みなもととお》ければ流《なが》ながし」(御書三二九ジペー)と。諸君はこの御金言《ごきんげん》の体現者《たいげんしゃ》として、たくましく育《そだ》っていただきたい。

最後に、来賓《らいひん》の方々に、学生部一同に代《か》わって深く御礼申し上げるとともに〝戦う学生部に、栄光《えいこう》の未来に進む諸君に栄冠《えいかん》あれ〟と念《ねん》じつつ、私の話を終わらせていただきます。

(要旨)

「学生部五十年の歩み」⑤——日中国交正常化提言

第11回学生部総会で日中国交正常化への提言（東京・日大講堂）

1968年（昭和43年）9月8日、池田名誉会長は第11回学生部総会で、1万数千人の若人を前に「日中国交正常化提言」を行った。

冷戦下、日本政府は、中国への敵視政策をとっていた。中国は、国連加盟も認められず、国内での文化大革命の影響もあり、国際的に孤立していた。

国交正常化を語れば、〝左寄り〟と見なされる時代だった。日中の友好関係の復元に努めた政党の委員長が、凶刃に倒れる事件も起きている。

名誉会長の提言も〝宗教団体の指導者が、赤いネクタイを締めた〟〝提言は政府の外交の障害になる〟などと批判された。脅迫の電話や手紙、街宣車による攻撃も行われた。

しかし提言は、実現の方向へ。翌69年、アメリカでニクソンが大統領に就任し、中国との国交正常化を念頭にした政策を発表。72年2月には、電撃的な米中接近が実現している。

日本政府も、方針を大きく転換。同年9月、日本は中国と国交正常化を果たした。

名誉会長は、社会への提言を学生部総会でたびたび行ってきた。「創価大学の設立」「学生運動」「ベトナム停戦」「沖縄の即時返還」など、テーマは多岐に。こうした提言は現在、「ＳＧＩの日」記念提言などの形で行われている。

〈池田名誉会長の指導から〉

私は、仏法者としての信念のうえから、あえて提言に踏み切る決意をした。命を賭しても、新しき世論を形成し、新しき時流をつくろうと。

また、学生部の諸君が、私に続いて、友誼の大道を走りゆくことを信じて。

（「随筆　新・人間革命」、『池田大作全集 第129巻』収録）

学生問題に思う（寄稿）

「主婦の友」一九六九年二月号

ご承知《しょうち》のように、私の日常《にちじょう》は多くの青年と親《した》しく接《せっ》している。それも東京だけではない。全国各層《かくそう》にわたっての青年たちとである。学生もいれば、会社員、工員、農漁村《のうぎょそん》の青年たちもいる。また事務員や女子大学生、中小企業《ちゅうしょうきぎょう》の女子工員といったように、現代の青年男女のあらゆる階層《かいそう》の人たちと話を交《か》わしているつもりだ。時に相談《そうだん》に乗り、また人生や社会や生活について忌憚《きたん》なく語《かた》りあっている。

私も不惑《ふわく》を越《こ》えたところだが、青年特有《とくゆう》の正邪《せいじゃ》に対する鋭敏《えいびん》にして純粋《じゅんすい》な感覚《かんかく》というものを、誰よりも尊重《そんちょう》しているつもりである。そして、私は青年を絶対に信頼《しんらい》する。次代を担《にな》う青年を信頼することなくして、民族《みんぞく》の未来もなければ、世界の将来《しょうらい》も築《きず》くことはできないからだ。

学園紛争《ふんそう》は、まだまだ、とどまることを知らぬようである。日本全国はおろか、全世界の大学に波及《はきゅう》している事実、しかもその破壊的《はかいてき》な様相《ようそう》は、かなり重大《じゅうだい》問題と化《か》してきた。その根《ね》の深い重大さを、為政者《いせいしゃ》はどの程度《ていど》に理解《りかい》しているか。ほとんど無策《むさく》であることを思えば、さらに事《こと》は重大である。学生を、破壊的な抵抗《ていこう》運動に走らせたものは、現代の大学社会に瀰漫《びまん》する積年《せきねん》の病弊《びょうへい》と、矛盾《むじゅん》にあることは誰《だれ》の目にも明《あき》らかである。さらに、もう一歩、深く思いをいたすとき、彼らには今、心から信頼《しんらい》するに足《た》る思想《しそう》や理念《りねん》がないということが、さらに彼らをゲバルト（暴力《ぼうりょく》による闘争《とうそう》）に駆《か》りたてている、と私には思えるのである。

過去《かこ》の革命は、たとえどんなに破壊的であっても、その後に建設すべき不動《ふどう》の理念をもっていた。ところが今、学生活動家には、命に代《か》えてもという、明確《めいかく》な高い理念がないのではなかろうか。あれだけの行動をするからには、信ずるに足るものが全《まった》くないとは思わぬが、彼らが信じているという、その理念について、果《は》たして心の底《そこ》から信じて悔《く》いない確信があるかを疑《ぎ》問《もん》とするのである。彼らの確信が、もし本物《ほんもの》であるならば、そのことによって、多くの民衆が動かないはずはない。今、社会の大衆《たいしゅう》は、青年の純粋《じゅんすい》さに共感《きょうかん》しながらも、その行動を納得《なっとく》していないのである。

私自身、現代社会の不合理《ふごうり》は、身《み》につまされて知っているし、私は、私なりに、この不合理と病根《びょうこん》との戦いを続けてきたつもりだ。いな、生涯《しょうがい》、この青年の気概《きがい》で、その理想《りそう》を貫《つらぬ》きたいと強く念願《ねんがん》している一人でもある。

◇

私自身の、体験に照《て》らしてもいえることだが、青年を真心《まごころ》から愛し、信頼《しんらい》していったときは、必《かなら》ず強い絆《きずな》ができあがるものである。今の指導者たちも、また、大学の教授や管理者たちも、所詮《しょせん》は、学生への愛情《あいじょう》と信頼がなかったところに、紛争《ふんそう》がかくまで手のつけようのないものとなった根本原因《こんぽんげんいん》があったのではないかと思う。

それは、まず青年を青年として愛するということである。まじめで、おとなしいから大事にし、反抗《はんこう》するから嫌《きら》うとか、左翼思想《さよくしそう》にかぶれているから排斥《はいせき》するとか、レッテルを張《は》って差《さ》別《べつ》をしたり、一つの枠《わく》に押《お》しこめようとするのは、自分本位《ほんい》のエゴイズムであって、真実《しんじつ》の愛情であるはずはない。

まじめだとか、反抗的だとか、ということは人間性のもつ、ごく枝葉《しよう》の産物《さんぶつ》といえまいか。右翼《うよく》思想とか、左翼思想というのも、生命というものに比《くら》べた場合には、些細《ささい》な問題にすぎない。教育の目的は、人間を育《そだ》てることである。些細な、枝葉末節《まっせつ》にこだわって、人間教育を忘《わす》れては、もはや教育者は失格《しっかく》である。

根本の生命観に立ち、大きく人間教育を考えていくならば、思想の問題や、個々《ここ》の性格の相《そう》違《い》は、とるに足《た》りない些事《さじ》として、根本的に人間の尊厳《そんげん》と、自由とが太《ふと》く貫《つらぬ》かれるにちがいない。

人間を愛する――青年を青年として愛する、という言い方は、いかにも素朴《そぼく》で、複雑《ふくざつ》にこみいった紛争解決《ふんそうかいけつ》から縁遠《えんどお》いように感じられるかもしれない。しかし、道に迷《まよ》ったときには出発点に戻《もど》れという故事《こじ》もある。また、初心《しょしん》に帰《かえ》る、ということは、全《すべ》てに通《つう》ずる大切な戒《いまし》めでもある。教育界も、この素朴な、人間本来《ほんらい》の精神《せいしん》に立ちかえって、抜本的《ばっぽんてき》にすべてを考え直《なお》すべきではないだろうか。

◇

大学によって、事情《じじょう》は若干違《じゃっかんちが》うであろうが、紛争を起《お》こして、社会不安《ふあん》を高めること自体《じたい》を目的とするような〝問答無用《もんどうむよう》〟の破壊《はかい》主義者は、ごく少数《しょうすう》にすぎない。彼らが、一般《いっぱん》学生を動《どう》員《いん》し、今日《こんにち》の騒《さわ》ぎを起こすことができたのは、それなりの欠陥《けっかん》と、不合理《ふごうり》が現実にあるからである。したがって、解決の糸口《いとぐち》は、まず、この欠陥なり、矛盾《むじゅん》なりを是正《ぜせい》して、病源《びょうげん》を取《と》り除《のぞ》くことが急務《きゅうむ》だ。いわゆる破壊主義者を孤立《こりつ》させ、反省《はんせい》させる道は、これ以外にないだろう。

しかも、これらの破壊主義的な〝問答無用〟派の意図《いと》は、少数であっても、彼らの行動が起《き》爆剤《ばくざい》となって、広範《こうはん》な革命運動を誘発《ゆうはつ》し、既存《きそん》の秩序《ちつじょ》を乱《みだ》し、ただいたずらに崩壊《ほうかい》のための崩壊に終わるということである。してみると、その意図を消《け》しゆくものは、彼らの激《はげ》しい行動にもかかわらず、社会全体、学園全体の秩序《ちつじょ》は変わりなく動いているという厳然《げんぜん》たる事実を示《しめ》すしかないと思う。たとえば、すでに卒業期を目前《もくぜん》にして、うちつづく授業中断《ちゅうだん》から、卒業延期《えんき》——したがって新規《しんき》入学者の試験中止という事態《じたい》が、幾《いく》つかの大学で起《お》こっている。これ自《じ》体《たい》、既存《きそん》の秩序の混乱《こんらん》を目的とするものにとっては、見事《みごと》に目標《もくひょう》を達《たっ》したことを意味するだろう。

私は、なにも政府の全学連対策《ぜんがくれんたいさく》を助《たす》けるつもりは毛頭《もうとう》ない。ただ、こうした事態によって、迷惑《めいわく》するのは、一般《いっぱん》学生であり、新規入学の希望者である。貧《まず》しいなかを懸命《けんめい》に働《はたら》きながら勉強してきた人も、数多くいるにちがいない。彼らの学業《がくぎょう》を妨《さまた》げ、人生計画を狂《くる》わせる権利は、何人《なんぴと》にもないはずである。

革命を呼号《こごう》する活動家学生にとっても、こうした人権蹂躙《じゅうりん》は、自己《じこ》の理想《りそう》への反逆《はんぎゃく》になってしまうだろう。大学および政府当局《とうきょく》としても、こうした大多数《だいたすう》の学生の権利擁護《ようご》のため、最善《さいぜん》の努力を尽《つ》くすことが、その使命《しめい》であるといいたい。

◇

次に学生諸君自身について考えたい。冒頭《ぼうとう》に述べたように、私は、目的観と、心情《しんじょう》においては、現代の学生諸君と、共通《きょうつう》の側《がわ》に立つものであるし、したがって、その気持ちは充分《じゅうぶん》に理解《りかい》しているつもりである。しかし、現在のような破壊的手段《はかいてきしゅだん》のみでは、理想《りそう》はかえって遠のき、到底《とうてい》、実現することはできないであろう。

　現実に、国民大衆《たいしゅう》の大多数《だいたすう》が、学園での暴力《ぼうりょく》主義に眉《まゆ》をひそめ、学外《がくがい》での過激《かげき》な活動に憤《いきどお》りさえ感じている。それでは、革命的大衆を立ち上がらせるための起爆剤《きばくざい》という目的が、次第《しだい》に失《うしな》われていってしまうであろう。

　少なくとも、革命を呼号《こごう》する以上、大衆を敵《てき》にまわしては、いかなる革命もあり得《え》ないことを知らねばならない。しかも、すでに高度に発達《はったつ》した複雑《ふくざつ》な機構《きこう》をもっているわが国の社会では、安直《あんちょく》な破壊は許《ゆる》されないし、また、できるものではないと思う。

　かつてロシアの社会や、フランスのアンシャン・レジーム（旧体制《きゅうたいせい》）は、単純《たんじゅん》社会のうえに、一握《ひとにぎ》りの支配者《しはいしゃ》が栄華《えいが》を貪《むさぼ》っているだけであった。しかし、高度に発達し、多元化《たげんか》した現代社会にあっては、既存秩序《きそんちつじょ》の安定のうえに、繁栄《はんえい》を楽しむ人々が、圧倒的《あっとうてき》多数を占《し》めていまいか。――幾多《いくた》の矛盾《むじゅん》と不合理《ふごうり》から、不満《ふまん》が社会全般《ぜんぱん》を覆《おお》っているとはいえ、細《こま》かく事情《じじょう》をみると、それらは複雑に絡《から》みあっている。

　単純な、暴力革命の図式《ずしき》は、現代社会には到底、あてはまらないし、人間尊重《そんちょう》の精神《せいしん》からいって、断《だん》じて暴力行為《こうい》は許されるべきではない。むしろ、事情の異《こと》なった、雑多《ざった》な不満が複雑に絡みあっている現代において、そこに一つの共通項《きょうつうこう》、あるいは淵源《えんげん》ともいえるものを求めるとすれば、それはとりもなおさず、人間尊重《そんちょう》、生命の尊厳《そんげん》を確立《かくりつ》していくことに尽《つ》きるのではなかろうか――。

これからの時代の革命は、この人間尊重の精神《せいしん》を基調《きちょう》とした高い理念《りねん》と、思想《しそう》による個々《ここ》の人間の精神革命でなくてはならないと私は思っている。一人の人間を、心より納得《なっとく》させ、変革《へんかく》できないで、どうして社会全体を変えることができようか。暴力《ぼうりょく》による破壊《はかい》は、相手《あいて》の理性《りせい》に訴《うった》え、納得させる理念と、思想とをもたない、人間失格者《しっかくしゃ》の用《もち》いる手段《しゅだん》といわれてもしかたあるまい。それが、私は残念《ざんねん》でならないのだ。

時代は刻々《こっこく》と変わっていく。時代は急速《きゅうそく》に流転《るてん》してゆくであろう。今の頑迷《がんめい》な指導者たちも、やがて皆、姿《すがた》を消し、その同じ席に、今の学生諸君が着《つ》かねばならぬ時代が、必《かなら》ず来る。今は、真剣《しんけん》に学び、力《ちから》を養《やしな》い、人格《じんかく》を磨《みが》いていくことが最《もっと》も大切ではないだろうか。少々《しょうしょう》、忍耐《にんたい》をすることだ。そして、現代の青年らしい純粋《じゅんすい》さ、邪悪《じゃあく》と不合理《ふごうり》に対する怒《いか》り、正義への情熱《じょうねつ》、これを一生忘《わす》れることなく、自《みずか》ら檜舞台《ひのきぶたい》に立ったときこそ、思《おも》う存分《ぞんぶん》に力を発揮《はっき》していただきたいのだ。

それこそが、学生諸君の理想《りそう》を実現し、新しい光輝《こうき》に満《み》ちた新社会を建設する最も間違《まちが》いのない道であり、諸君の人生を、最も充実《じゅうじつ》した人生たらしめる唯一《ゆいいつ》の方途《ほうと》である、と私は確信する。

（抜粋）

大学革命について（寄稿）

「潮」一九六九年七月号

大学は、かつて文化建設の揺籃《ようらん》であり、擁護者《ようごしゃ》であった。だが、現在にいたっては、破壊《はかい》の修羅場《しゅらば》と化《か》し、自《みずか》らをして破産《はさん》を通告《つうこく》しようとしている。

遠く、十二世紀に、北イタリアにボローニャ大学ができて以来、フランスにはパリ大学、イギリスにはオックスフォード、ケンブリッジ等、幾多《いくた》の優秀《ゆうしゅう》な大学が生まれ、今日《こんにち》に至《いた》る長く輝《かがや》かしい歴史を綴《つづ》ってきた。この数百年の間、現在のような大学における騒然《そうぜん》とした事態《じたい》が生《しょう》じたことは一度もなかったといってよい。

まさに大学は、その発生《はっせい》以来の大転換《だいてんかん》を迫《せま》られているといえよう。

現在の大学革命は、大学と政治権力、または教会《きょうかい》権力との対決《たいけつ》などというものではない。大学を含《ふく》めた社会の管理機構《かんりきこう》と、それに対する青年の不満《ふまん》との激突《げきとつ》であり、ひいては既存《きそん》の社会、文化、価値観《かちかん》に対して、それを受《う》け継《つ》ぐべき世代《せだい》が継承《けいしょう》を激《はげ》しく拒否《きょひ》し、破壊《はかい》しようとしているのである。ここに世代の断絶《だんぜつ》、転換《てんかん》を迫《せま》られる文明の実態《じったい》が鮮明《せんめい》に浮《う》かび上《あ》がってくる。

青年は純粋《じゅんすい》である。曇《くも》りのないレンズのように、くっきりと被写体《ひしゃたい》の実相《じっそう》を受け止めるものだ。歪《ゆが》みは歪みとして正直《しょうじき》に映《うつ》し出《だ》して容赦《ようしゃ》しない。潔癖《けっぺき》で清《きよ》らかな青年の心情《しんじょう》は、腐爛《ふらん》した偽《いつわ》りの繁栄《はんえい》のなかに〝昭和元禄《げんろく》〟だの〝豊かな社会〟だのと、うそぶく大人の図々《ずうずう》しさに我慢《がまん》がならないのであろう。私は、今日《こんにち》のスチューデント・パワー、大学革命の本源《ほんげん》はここにあるとみている。

もとより、彼らの行動には狡猾《こうかつ》な政治家たちの策謀《さくぼう》に踊《おど》らされている面もあるかもしれない。また、その手段《しゅだん》も、礼儀《れいぎ》や常識《じょうしき》を無視《むし》した粗暴《そぼう》さ、自分たちの意思《いし》さえ通せばよいといったわがままな一面など、非難《ひなん》されても致《いた》し方《かた》ない点もあろう。

しかし、それも、よく考えてみると、大人のずる賢《がしこ》さのゆえであり、あるいは、大学に入る以前の教育に起因《きいん》しているとも考えられる。

結局《けつきょく》、そうした教育を施《ほどこ》したり、教育を利用しようとしたのは、大人自身なのだから、大人たちは、自《みずか》らの行為《こうい》の報《むく》いとして、今、学生たちのゲバルトに苦《くる》しめられていることになる。

それは、ちょうど原水爆《げんすいばく》を作って、その恐《おそ》るべき威力《いりょく》に縮《ちぢ》み上がり、また機械文明を築《きず》き上げて、その重圧下《じゅうあつか》にあえいでいるのと同じではないだろうか。

現代文明の危機《きき》というものも、冷静《れいせい》な英知《えいち》の目から見れば、皮肉《ひにく》な戯画《ぎが》の題材《だいざい》になりかねない。頭上《ずじょう》に吊《つ》り下《さ》がっている核兵器《かくへいき》のダモクレスの剣や、足もとに押《お》し寄《よ》せる戦争の危機、そして、うわべの豊かさに反《はん》して、心の中にぽっかりとあいた空洞《くうどう》等々——。

もとより、現代の人々にも、これらが見えていないわけではない。見えてはいるが、凝視《ぎょうし》することを忘《わす》れているのではなかろうか。音楽を聴《き》きながら勉強に耽《ふけ》る受験生《じゅけんせい》のように、現代人は、たいして気にもとめず、目前《もくぜん》の楽しみを追《お》うのに汲々《きゅうきゅう》としているといったほうが適切《てきせつ》であろうか。やがて、この世界を受《う》け継《つ》いでいくのは青年たちである。どうせ、後は任《まか》せるのだから、という安易《あんい》な気持ちでいるとすれば、あまりにも無責任《むせきにん》である。

少なくとも、この社会の矛盾《むじゅん》をできうる限《かぎ》り解決《かいけつ》し、正常《せいじょう》なものにして、次代に譲《ゆず》るよう賢明《けんめい》な努力をすることが、大人の義務《ぎむ》ではあるまいか。しかるに、そうした青年たちの不満《ふまん》や憤《いきどお》りを権力で抑圧《よくあつ》するなどとは、卑劣《ひれつ》とも、愚《おろ》かとも言いようがない。

私は、なにも運動家学生にお世辞《せじ》を使うわけではない。私自身、社会の矛盾と不安《ふあん》に対しては、不断《ふだん》の戦いを続けてきたし、権力の横暴《おうぼう》にも真《ま》っ向《こう》から挑戦《ちょうせん》してきた一人である。青年たちの憤りと決意が、痛《いた》いほど私の生命に共鳴《きょうめい》するがゆえに、私は心から同情《どうじょう》せずにはいられないのである。

しかしながら、廃墟《はいきょ》と化《か》した大学を、このまま放置《ほうち》しておくことはできない。それはもはや、単なる大学の問題ではなく、一国の文化の興廃《こうはい》を意味するからである。しかも、大学本来《ほんらい》の使命《しめい》を考えるならば、今、古《ふる》き文化の崩壊《ほうかい》が、大学をその集約点《しゅうやくてん》として起《お》きているように、新しい文化の建設もまた、大学の再建《さいけん》を起点《きてん》としていることは、自然《しぜん》の成《な》り行《ゆ》きであろう。

だが、今、破壊《はかい》のためのゲバルトを振《ふ》るっている学生たちも、呆然自失《ぼうぜんじしつ》してなす術《すべ》を知らぬ教授たちも、破壊の次に、いかなる建設をなすべきかのビジョンをもっていないことは事実である。新しい大学建設の理念《りねん》とビジョンは、そのまま新しい文化、新しい社会建設の縮図《しゅくず》であり、源泉《げんせん》であるはずだ。

では、その理念は、いったいどのようなものであろうか。

なによりも、それは、人間存在《そんざい》そのものについて、明快《めいかい》な解決《かいけつ》を与《あた》える理念でなくてはならないと、私は思う。

なぜなら、大学それ自体《じたい》、究極的《きゅうきょくてき》には人間を作る場であるからである。しかもまた、現在および未来の社会が、最《もっと》も切実《せつじつ》に求めているものも、ほかならぬ人間の問題に対する明確《めいかく》な教示《きょうじ》なのである。

これまで、この人間の問題について、解決を与えていると、少なくとも信じられてきたのが、キリスト教であった。それゆえにこそ、従来《じゅうらい》の大学は、中世《ちゅうせい》ヨーロッパの神学《しんがく》研究から出発し、キリスト教への信念《しんねん》によって支《ささ》えられてきたのである。

ところが、その伝統《でんとう》に立つ欧米《おうべい》の大学において、旧来《きゅうらい》のキリスト教思想《しそう》に対する真《ま》っ向《こう》からの反逆《はんぎゃく》が、学生たちによって起《お》こされている。その顕著《けんちょ》な表《あらわ》れが、アメリカの場合、八割近くが経験しているといわれる大学生のヒッピー化《か》である。

周知《しゅうち》のごとく、ヒッピー族《ぞく》の拠《よ》りどころとしているものは、そのほとんどが、ヒンズー教や仏教なのである。キリスト教に対する無信仰化の傾向《けいこう》は、ヨーロッパの方《ほう》が、さらに強い。最近のある調査《ちょうさ》によると、神《かみ》の存在《そんざい》を信じないという人は、アメリカでは三割という数であるのに対し、フランスでは七割にも達《たっ》しているという。

一方《いっぽう》、わが国の大学の場合、こうした理念《りねん》の存在を認《みと》めることは困難《こんなん》であるが、強《し》いて言えば、西欧的《せいおうてき》民主主義がそれに当《あ》たろうか。いずれにせよ、その淵源《えんげん》をたどっていくと、すべて欧米からの輸入《ゆにゅう》であり、その亜流《ありゅう》とみることができる。

今、新しい大学の建設にあたって、私は、かつての神の哲学《てつがく》に代《か》わって「生命の哲学」を求めよと訴《うった》えたい。

人間を尊厳《そんげん》ならしめるために、超越的《ちょうえつてき》な〝天なる神〟を求める時代は終わった。それは、わが生命の内《うち》なる尊極《そんごく》の当体《とうたい》を開きあらわしていくことによって、初《はじ》めて達成《たっせい》されるのである。

この哲理《てつり》を、深い思索《しさく》と科学的実証性《かがくてきじっしょうせい》をもって説《と》き明《あ》かした生命の哲学こそ、二十一世紀への偉大《いだい》なる文化創造《そうぞう》の源泉《げんせん》となることを確信してやまない。

最後に、大学、ひいては教育の再建《さいけん》のために、政治と教育のあり方について、一言、申し述べたい。

それは、現在の政界《せいかい》の一部には、政治権力の介入《かいにゅう》によって大学の再建を図《はか》ろうとする動きがあるようだが、それでは、さらに火《ひ》に油《あぶら》を注《そそ》ぐことにしかなるまい。真の解決策《かいけつさく》は、むしろ教育の尊厳《そんげん》を認《みと》め、政治から独立《どくりつ》することに求めなければならないと思う。

本来《ほんらい》、教育は、次代の人間と文化を創《つく》る厳粛《げんしゅく》な事業《じぎょう》である。したがって、時の政治権力によって左右《さゆう》されることのない、確固《かっこ》たる自立性《じりつせい》をもつべきである。その意味から、私は、これまでの立法《りっぽう》、司法《しほう》、行政《ぎょうせい》の三権に、教育を加《くわ》え、四権分立案《ぶんりつあん》を提唱《ていしょう》しておきたい。

「学生部五十年の歩み」⑥――学生運動

1969年(昭和44年)5月3日の本部総会の席上、池田名誉会長は、当時、過激化し、迷走していた学生運動について、人間主義の運動へ「第三の道」を開いていくよう学生部員に提案している。

またこの頃、名誉会長は、「学生問題に思う」(婦人雑誌「主婦の友」、69年2月号)、「大学革命について」(月刊誌「潮」、同年7月号)など、月刊誌で次々と筆を執っている。

名誉会長は、これらの中で、暴力革命では真の社会改革はできないこと、人間革命を根本とした無血革命こそ、社会の矛盾を乗り越える道であること、などを強調。

また、立法、司法、行政の三権に教育権を加えた「四権分立」の構想も提唱している。

全国の学生部員は、これらの主張を学び、仏法の視座から、紛争解決の方途を探りつつ、思想闘争への情熱を燃やしていった。

名誉会長も、学生部への応援を惜しまなかった。学生たちが、大学の自治を奪う「大学立法」に反対する抗議集会を行うと聞けば、名誉会長は、自らデモの先頭にも立った。

仏法の「人間主義」を根幹として社会変革を目指した学生部の運動は、やがて、新学生同盟(新学同)の結成へと発展していく。

これは、後の青年部の難民救援運動や反戦出版など、学会の平和・文化・教育の運動を本格的に推進しゆく先駆的試みとなった。

〈池田名誉会長の指導から〉

学生と大学側が衝突し、学長や学生部長が糾弾される事件も多々あった。

なぜ、この〝怒れる学生たち〟が生まれたのか。

私は直観していた。

「本来、大学は、学生を主体とすべきなのに、そうなっていないからだ」

一番大事なのは学生である。今は無名の学生であっても、将来、社会のため、人類のために貢献する主役は彼らではないか。

教員も、職員も、学生のためにいる。

(「わが忘れ得ぬ同志」第4回「創価大学の初代学生部長　篠原誠さん」)

民衆勝利の旗《はた》を振《ふ》れ（メッセージ）

第十三回学生部総会　一九七一・九・五

今、創価学会は、宿命的《しゆくめいてき》ともいうべき人類未聞《じんるいみもん》の平和革命に、たゆみなき法戦《ほうせん》を繰《く》り返《かえ》しております。それは申すまでもなく広宣流布という総体《そうたい》革命であります。

革命には、常に反《はん》革命勢力《せいりよく》が存在《そんざい》する。そして、その反革命勢力が、顕在化《けんざいか》しゆくことは歴史の示《しめ》すところであります。生命哲学《てつがく》という不変的理念《ふへんてきりねん》を原点《げんてん》とする総体革命であってみれば、我《われ》らの新しく鋭《するど》い前進には、すでに日蓮大聖人が指摘《してき》されたごとく、反勢力は魔軍《まぐん》となって、狂《くる》わしい形《かたち》で顕在化してくるのも、当然なことであります。

しかし創価学会は、断《だん》じて逡巡《しゆんじゆん》などはしない。また、してもならない。むしろその嵐《あらし》に莞爾《かんじ》として挑《いど》みゆく――「難来《なんきた》るを以《もつ》て安楽《あんらく》と意得《こころうべ》可きなり」（御書七五〇ジペー）の革命的闘争《とうそう》が、学会精神《せいしん》であったのであります。我らは権力にも媚《こ》びない。財力《ざいりよく》にも屈《くつ》しない。ひたすら庶民《しよみん》という、無冠《むかん》の友と友とが、心より握手《あくしゅ》していく尊《とうと》い作業を進めているのであります。

諸君は、目覚《めざ》めた偉大《いだい》なリーダーとして、多角的《たかくてき》な意見をもっていることと思いますが、現《げん》段階《だんかい》においては、未聞《みもん》の革命が、人間主義に徹《てっ》して、幾多《いくた》の困難《こんなん》を克服《こくふく》しながら前進せねばならぬ今日《こんにち》――枝葉《しよう》の疑問《ぎもん》を大きく包容《ほうよう》し、批判《ひはん》するまえに堂々《どうどう》と乗《の》り越《こ》え、戦い進んでいっていただきたいのであります。

私は信ずる。また我々《われわれ》は信じたい。厳正《げんせい》なるいつの日かの歴史が、我らのこの人間愛の憤激《ふんげき》と、血《ち》と汗《あせ》の正義の怒号《どごう》が、いかに必要であったか、そして人類救済《じんるいきゅうさい》の尊《とうと》い苦闘《くとう》であったかを、実証《じっしょう》するにちがいないということを。未来にあって必《かなら》ずやその歴史は、現時点《げんじてん》の疑惑《ぎわく》と軽侮《けいぶ》の妬《ねた》みを一転《いってん》させ、正当《せいとう》と畏敬《いけい》の審判《しんぱん》を下《くだ》すことでありましょう。

幾万《いくまん》の英知《えいち》の諸君！

そして幾万の若き革命児諸君！

民衆は君たちを待っている。もはや民衆は、既存《きそん》の指導者を信じない。名もなきまじめな民衆は、君たちの純粋《じゅんすい》にして勇気ある活動を双手《もろて》をあげて待っている。どうか幾山河《いくさんが》を越え、幾多の広布の道を開いた私に代《か》わって、総体《そうたい》革命の総仕上《そうしあ》げの道を、牢固《ろうこ》として構築《こうちく》していただきたいのであります。

ともあれ、新しい時代の、新しい指導者として、新しい勝利の旗《はた》をかざしながら、全地涌《ぜんじゆ》の菩薩《ぼさつ》の頭脳《ずのう》となり、眼となって、私に代《か》わり、断固《だんこ》たる凱歌《がいか》の登攀《とうはん》をなしていただきたい。

諸君には、若さがある。情熱《じょうねつ》がある。理性《りせい》がある。そして実践力《じっせんりょく》という、かけがえのない無《む》限《げん》の財宝《ざいほう》があります。この人生、この青春を決して悔《く》いることなく、天空《てんくう》に生かしきって、一人ひとりの人間革命の、偉大《いだい》にして崇高《すうこう》なる不滅《ふめつ》の金字《きんじ》塔《とう》を残《のこ》していただきたいのであります。

最後に、諸君の健康と健闘《けんとう》を祈《いの》りつつ、この総会を記念して「革命の河《かわ》の中で」（第九章「長編詩」に別掲）を贈《おく》ります。

（抜粋）

「生きた学問」に挑《いど》みゆけ

第十四回学生部総会　一九七三・三・一一

最初に私は、諸君の学問のあり方について申し述べておきたい。

諸君は日々、学業《がくぎょう》にいそしんでいることと思いますが、とくに、学生部員は留年《りゅうねん》などがあってはならない。社会も、時代も、年《とし》とったお父さんも、お母さんも、または妹さんも、弟さんも、早く卒業して、第一線で活躍《かつやく》してもらうことを願《ねが》っているでありましょう。

その学問とは、幾多《いくた》の先人《せんじん》が血《ち》のにじむ思いで築《きず》き上《あ》げた尊《とうと》い業績《ぎょうせき》の所産《しょさん》であり、一つ一つが精緻《せいち》に知識体系化《たいけいか》されたものであります。決しておろそかに考えるべきではありません。だが、学問というものの由来《ゆらい》を考えるとき、いかに精密《せいみつ》な体系であっても、それらはすべて生きた脈動《みゃくどう》する宇宙《うちゅう》と生命の営《いとな》みから、人間の理性《りせい》によって抽出《ちゅうしゅつ》したものであります。したがって、学問は、あらゆる生命、社会、万物《ばんぶつ》の活動を解明《かいめい》し、人間の幸福を増進《ぞうしん》するために利用される素材《そざい》であると考えられるのであります。また、そう考えねばならない。

しかし、解明《かいめい》され、体系化《たいけいか》された知識は、宇宙《うちゆう》や生命活動そのものではない。私たちは人間の理性《りせい》によって取り出したこの知識を、もう一度、生命と万物自体《ばんぶつじたい》に照《て》らし合《あ》わせてみるとき、その学問の偉大《いだい》さを改《あらた》めて知ることができ、また、それを生命発展《はってん》のエネルギーとしていくこともできる、と申し上げておきたいのであります。

ゆえに、諸君は知識をただ与《あた》えられるだけであってはならない。その知識体系を自分のものとして吸収《きゆうしゆう》し、肉化《にくか》させていく必要がある。そうでなければ、それは「死《し》せる学問」であって、生命の燃焼《ねんしよう》とともに輝《かがや》いていくべき「生きた学問」とはならないのであります。

それでは、その学問をインカネーション（肉化）し、理解《りかい》していく自分自身をいかに築《きず》くか、そこに大きな問題がある。ここに仏法の意義《いぎ》があり、この自己《じこ》建設の真摯《しんし》な姿勢《しせい》なくしては、真《しん》の学生部員とはいえないし、また学問、文化を人類《じんるい》のために生かしていける真の知識人でもありえないと、私は申し上げておきたいのであります。

◇

諸君は教学を根幹《こんかん》として、意欲的《いよくてき》にあらゆる勉強をし抜《ぬ》いていっていただきたいということであります。「御義口伝《おんぎくでん》」にいわく「文句《もんぐ》の九に云《いわ》く疑《うたが》い無《な》きを信《しん》と曰《い》い明了《みようりよう》なるを解《げ》と曰う」

（御書七二五ジペー）云々《うんぬん》と。すなわち、御本尊を信じ一点の疑《うたが》いもないのが「信」であるが、ただそれだけにとどまらず、御本尊の原理《げんり》、生命哲理《てつり》、法《ほう》の原理、そして力《ちから》を明確《めいかく》に理解《りかい》し了解《りょうげ》していく――それが「解《げ》」であり、そこに教学の必要性《ひつようせい》の所以《ゆえん》があるとの謂《いい》であります。

また「文句《もんぐ》の六に云《いわ》く中根《ちゅうこん》の人譬喩《ひゆ》を説《と》くを聞きて、初《はじ》めて疑惑《ぎわく》を破《は》して大乗《だいじょう》の見道《けんどう》に入る故《ゆえ》に名《なづ》けて信《しん》と為《な》す進《すす》んで大乗の修道に入る故に名けて解と為す」（同）とございますが、一切の疑いを破して、妙法をそのままに正しく認識《にんしき》するためには、信がなければならない。しかし、さらにすすんで妙法を実践《じっせん》するためには、解の段階《だんかい》に入らなければならない。すなわち、この文句の文《もん》もまた、信を根幹《こんかん》にした教学があってこそ、まことの仏道修行《ぶつどうしゅぎょう》も全《まっと》うされるのであるという意味であります。

一般的《いっぱんてき》にいっても、向上心《こうじょうしん》のない青年は青年とはいえない。向上とは青年の異名《いみょう》であり、青年の特色《とくしょく》はそこにあると、私は思う。有名な「人は生まれながらにして貴賤《きせん》・貧富《ひんぷ》の別《べつ》なし。ただ学問を勤《つと》めて物事《ものごと》をよく知る者は貴人《きじん》となり富人となり、無学《むがく》なる者《もの》は貧人となり下人《げにん》となるなり」とは、福沢諭吉《ふくざわゆきち》の『学問のすすめ』（『日本の名著 33』所収、中央公論社）の一節《いっせつ》であります。

このことは教学、信仰のあり方にもそのまま当《あ》てはまると、私は思います。最高の哲学《てつがく》である仏法をたもった諸君が、教学を本当に身《み》につけていくならば、その人は福沢諭吉のいう貴人、富人どころか、人間として最《もっと》も尊貴《そんき》な、偉大《いだい》な人というべきであります。

また、勉強は教学に限《かぎ》ったことではない。仏法を深く探究《たんきゅう》しながら、世間《せけん》のあらゆる学問、知識を貪欲《どんよく》なぐらいに幅広《はばひろ》く身《み》につけていっていただきたい。そうした人でなければ、これからの力《ちから》ある指導者には決してなれない。人も尊敬《そんけい》しない。

近代《きんだい》の歴史は、科学が哲学《てつがく》を見下《みくだ》し、政治が哲学を睥睨《へいげい》してきた歴史であったといってよい。その結果《けっか》が、今日《こんにち》のような精神《せいしん》の破壊《はかい》、人間性の崩壊《ほうかい》をもたらしてしまった。この悲《かな》しむべき現代社会を救《すく》う方途《ほうと》は何か。私は、哲学が科学を指導し、政治をリードしていく以外に絶対にない、それだけの力を哲学がもち、またもたせていく以外に救えないと申し上げたいが、諸君、どうだろう。

最後に「願《ねが》くは我《わ》が弟子《でし》等は師子王《ししおう》の子となりて群狐《ぐんこ》に笑わるる事《こと》なかれ」（御書一五八九ページ）との有名な御文《ごもん》を諸君に贈《おく》り、諸君のご健康とご健闘《けんとう》とを心よりお祈《いの》りして、私の話を終わります。

（抜粋）

学生部結成十六周年に寄《よ》せて

民衆の凱歌《がいか》へ君よ立て（メッセージ）

一九七三・六・二九

学生部結成満十六年、この新《あら》たなる前進の日を機《き》として、さらに進みゆくことを心に期《き》し、この一文《いちぶん》を送りたい。

妙法広布の革命の河《かわ》は、奔流《ほんりゅう》となって、険《けわ》しき幾山河《いくさんが》を駆《か》け抜《ぬ》け、いまや、第二章という広宣流布の、革命の大河《たいが》となった。この河は、世界の人々の心を貫《つらぬ》く未来永劫《えいごう》に向かって、限《かぎ》りなく流れてゆくことであろう。

共戦《きょうせん》の若き俊英《しゅんえい》の友どちよ、この生命の大河の運航《うんこう》を担《にな》うのは、君たちだ。人々の苦悩《くのう》を洗《あら》い、文明の新しき潮騒《しおさい》の動因《どういん》となって、君たちは、さらに舵《かじ》を握《にぎ》りしめて、こぎ進んでもらいたい。

J・B・S・ホールデンは「現代は世界的変革《へんかく》の途上《とじょう》にあるとも、或《ある》いは核戦争《かくせんそう》によって、突然《とつぜん》終わる一つの歴史時代の終末期《しゅうまつき》にあるとも、どちらにも規定《きてい》することができる。そのどちらかであるか、私は知らない」と憂《うれ》い、叫《さけ》んでいる。

ともかく僕《ぼく》は、君たちのために生きる。ただ、君たちの道を開くために総力《そうりょく》を込《こ》めて生きる。僕の遠征《えんせい》の暦《こよみ》は、二十七星霜《せいそう》。激流《げきりゅう》のなかで戦う同志《とも》を見るとき、一日一刻《いっこく》たりとも逡巡《しゅんじゅん》は許《ゆる》されなかったのだ。

二十七年は、束《つか》の間《ま》のようにも思える。広布の激烈《げきれつ》な劇《げき》には、安逸《あんいつ》の幕間《まくあい》はない。ただあるのは、喝采《かっさい》のない舞台《ぶたい》で、次のドラマを演《えん》ずる孤独《こどく》な不惜《ふしゃく》の精神《せいしん》だけであった。

僕も起《た》つ　君も立て
僕も学ぶ　君も学べ
ともに鍛錬《たんれん》し合って　師子《しし》となって　奮《ふる》い起とう

学生部が呱々《ここ》の声をあげたのは、十六年前のこの日。一九五七年六月三十日――以来、平坦《へいたん》な直線道路は、なかったかもしれない。しかし、今は、幾多《いくた》の英才《えいさい》が雄々《おお》しく巣立《すだ》っていった。生命哲学《てつがく》運動の潮流《ちょうりゅう》のなかに、多くの先輩《せんぱい》たちは飛《と》び込《こ》み、自《みずか》らを磨《みが》き、信心の年輪《ねんりん》を幾《いく》重《え》にも刻《きざ》んだのだ。

十六年前（一九五七年）のあの日、僕《ぼく》は、北海《ほっかい》の地にいた。吹《ふ》き上《あ》げる人間讃歌《さんか》の声を阻《はば》む、頑《かたく》なな勢力《せいりょく》は、あの時も怒濤《どとう》となって、荒《あ》れ狂《くる》っていた。

僕は、青年として戦った。青年らしく、貧《まず》しき人々の家々《いえいえ》を訪《たず》ね、窓辺《まどべ》に勇気の花を咲《さ》かせ、心の暖炉《だんろ》に希望の火を赤々《あかあか》と灯《とも》した。この人々のために、僕は邪《よこしま》な行為《こうい》を憎《にく》んだ。分厚《ぶあつ》い壁《かべ》を前に、一歩も退《しりぞ》くことはできなかった。

北海の原野《げんや》には、遅《おそ》い春が束《つか》の間《ま》に過《す》ぎ、初夏《しょか》の足音《あしおと》が、街々《まちまち》に響《ひび》き始《はじ》めていた。太陽の輝《かがや》きを仰《あお》ぎ、北斗《ほくと》の星を仰いで、僕は駆《か》けずり回《まわ》った。友の額《ひたい》に流れる汗《あせ》に励《はげ》まされ、その汗を、断《だん》じて勝利の栄光《えいこう》の汗にするために、僕は祈《いの》った。

東京に、恩師《おんし》のもとへ、英知《えいち》の集《つど》いがあったのは、まさしくその渦中《かちゅう》である。この法戦《ほうせん》の最《さ》中《なか》で、学生部は出発したといってよい。

君たちよ！　この歴史の鋭《するど》い刻印《こくいん》を、永久《えいきゅう》に忘《わす》れないでほしいのだ。

学生部誕生《たんじょう》の様相《ようそう》は、その前途《ぜんと》を十分《じゅうぶん》に物語《ものがた》っていた。ひたすら民衆による、民衆のための、民衆の凱歌《がいか》の先駆《せんく》に、身《み》をゆだねることこそ、君たちの誕生の意義《いぎ》であるといってよい。

そこにこそ、やがて、民衆と歴史の感謝《かんしゃ》と賞讃《しょうさん》の声が残《のこ》りゆくことであろう。

万感《ばんかん》の思いやみがたく、僕《ぼく》は、そのとき集《つど》った五百人に、長文《ちょうぶん》の祝電《しゅくでん》を送ったことを覚《おぼ》えている。

そして、三日後。僕は、邪悪《じゃあく》な権力の魔《ま》手《しゅ》に牢獄《ろうごく》の捕《とら》われの身《み》となった。しかし、師《し》とともに戦いぬいた真実《しんじつ》の声は、無実《むじつ》の罪《つみ》の証《あかし》となって現《あらわ》れた。

僕は、忘《わす》れない。あの日のことを。

僕は、詠《よ》んだ。

出獄《しゅつごく》と　入獄《にゅうごく》の日に　師弟《してい》あり
七月の　三日忘れじ　富士《ふじ》仰《あお》ぐ

東へ西へ、邪悪《じゃあく》なる行動の蹂躙《じゅうりん》が始《はじ》まった。僕は、一歩も退《ひ》かない。なぜならば、君たちの征《ゆ》く新天地《しんてんち》を切り開き、檜舞台《ひのきぶたい》を、線から面へ広げることのみが、僕のすべてであったからだ。

人材《じんざい》。破《は》壊《かい》の曲を、創造《そうぞう》の調《しら》べに変える作業《さぎょう》。前進に加《か》速《そく》度《ど》を増《ま》す人材。一切が人間で決まる。僕は、その育成《いくせい》に全魂《ぜんこん》を注《そそ》ぐ。その成長にすべてをかけた。人を育《そだ》て、時を待ち、時をつくる。
まことの時とは、自《みずか》らの意志《いし》と努力で勝ち取るものであるにちがいない。まことの時とは、自らが決めて戦うことに帰着《きちやく》する。誰人《たれびと》が決めるものでもない。座《ざ》して瞑想《めいそう》にふけるよりも、祈《いの》って、動いて、書いて、話して、生涯《しようがい》、人々の心の扉《とびら》を開き、心に崩《くず》れぬ平和と幸せ《しあわ》の砦《とりで》を、構築《こうちく》しゆくのである。この現実のなかにのみ、正義があろう。

学生部結成から十六年を振《ふ》り返《かえ》るとき、僕《ぼく》は、若き友の紅潮《こうちよう》したあの顔を、この顔を想《おも》い出《だ》す。諸君の先輩《せんぱい》は、僕とともに、令法久住《りようぼうくじゆう》の軌跡《きせき》を、完全なる行動で、鮮烈《せんれつ》なまでに描《えが》いてくれた。君たちも、この伝統《でんとう》を受《う》け継《つ》ぐ、そうした一人であってほしい。

若々しい敏感《びんかん》な英知《えいち》の魂《たましい》は、広布の回転軸《かいてんじく》だ。六代にわたった学生部長、この歴代《れきだい》の知性《ちせい》と信仰の闘将《とうしよう》は、若き学徒《がくと》とともに、青春の建設の譜《ふ》をしるしつつ、世界に仏法のキャンバスを広げた。白い布地《ぬのじ》に、新しい躍動《やくどう》の、生命の筆《ふで》を走らせる者——それは、もはや君たちしかないからだ。

パリ大学に、ロンドン大学に、ハーバード大学、カリフォルニア大学のバークレー校、そして、アジアの諸大学に、筆もつ若鮎《わかあゆ》が、民衆の群舞《ぐんぶ》を描いている。僕は、彼らと会い、心を結《むす》んだ。この時に想起《そうき》するのは、そう、妙法哲理《てつり》の大学・学生部の存在《そんざい》は、世界へと回天《かいてん》している、ということであった。

巷間《こうかん》、世《よ》の人々はいう。価値観《かちかん》の崩壊《ほうかい》を前に、生きる意志《いし》に迷《まよ》う学生は「もはや無頼《ぶらい》の徒《と》である」と。この嘲笑《ちようしよう》と侮蔑《ぶべつ》の声を浴《あ》びて、自《みずか》らも無頼の徒と冷笑《れいしよう》する学生たち。

彼らをして、確信する――なにものもなく、生きる証《あかし》を失《うしな》わせたものは、いったい誰《だれ》なのか。社会はあくまでも非情《ひじよう》であろう。人類《じんるい》の醜悪《しゆうあく》な歩《あゆ》みを、いまに凝縮《ぎようしゆく》して噴出《ふんしゆつ》させている現代。汚《けが》れない青年の心情《しんじよう》を、暗《くら》くしていることは否《いな》めない。世直《よなお》しの運動は、強力に持続《じぞく》しなければならない。

しかし……。僕《ぼく》は、あえていいたいのだ。「決して無頼の徒であってはならない」と。自らをそう決めるのは、誰でもない、自分自身である。君たちは、その桎梏《しつこく》を取《と》り払《はら》おうと立ち上がった使命《しめい》の人である。

君たちよ　わが道を惑《まど》わずに
欣然《きんぜん》として進んでくれたまえ
僕は清純《せいじゆん》な鼓動《こどう》を信ずる

君たちは、限《かぎ》りない可能性《かのうせい》を背光《はいこう》に、模索《もさく》の果《は》てに、久遠《くおん》の生命を探《さぐ》り当《あ》てた、開道《かいどう》の人なのだ。いかなる時代、いかなる体制《たいせい》になろうと、一個の人間の生命に光《ひかり》をあてた仏法――ここに、一切は帰《き》し、一切は始《はじ》まる。もはや逡巡《しゅんじゅん》も惑《まど》いもない。

「詮《せん》ずるところは天もすて給《たま》え諸難《しょなん》にもあえ身命《しんみょう》を期《ご》とせん……なんどの種種《しゅじゅ》の大難《だいなん》・出来《しゅったい》すとも智者《ちしゃ》に我義《わがぎ》やぶられずば用《もち》いじとなり、其《そ》の外《ほか》の大難・風の前の塵《ちり》なるべし」（御書二三二ページ）

転教《てんきょう》の遠征《えんせい》に、我《われ》らが携《たずさ》えるものは、この死《し》身弘《しんぐ》法《ほう》の誓《ちか》いをおいてないだろう。大難と戦い、諸難を乗《の》り越《こ》えて進む、我らの前途《ぜんと》を照《て》らすものは、殉教《じゅんきょう》の誉《ほま》れである。

はるか広宣流布の第二章の遠路《えんろ》を歩《あゆ》むいま、君たちは、十六年の節《ふし》を刻《きざ》んだ。寿量《じゅりょう》十六は、迹門《しゃくもん》から光輝《こうき》満《み》つ本門《ほんもん》の展開《てんかい》を約束する。信仰の徒《と》として、生命の世紀へ、限《かぎ》りなく、ひたすらに、ともに進もう。

先駆《せんく》者《しゃ》の歴史を拓《ひら》く偉《い》大《だい》な作業《さぎょう》には、批判《ひはん》、中傷《ちゅうしょう》は、むしろ快《こころよ》い。それは、前進の帆《ほ》にはらむ風であり、大樹《たいじゅ》となる肥《ひ》沃《よく》な土壌《どじょう》を、提供《ていきょう》してくれる。

長期的展望《ちょうきてきてんぼう》に立つ明晰《めいせき》な諸君に、一時の嵐《あらし》がなんであろう。井中《せいちゅう》より星を視《み》るような、狭《きょう》量《りょう》な生き方は、青春乱舞《らんぶ》には、微《み》塵《じん》もあってはならない。

「君もひとたび決めた信仰の旗《はた》を生涯《しょうがい》、振《ふ》り続けたな！」――と、最後の最後の人間勝利の日を、ともどもに語《かた》り尽《つ》くそう。座《ざ》して敗《やぶ》れる人となるより、撃《う》って出て、誉れ高き人間行動のドラマを、見事《みごと》に繰《く》り広《ひろ》げよう。

究極《きゅうきょく》の英知《えいち》をたもった色心《しきしん》の力《ちから》を
この世《よ》で徹底《てってい》して試《ため》してくれたまえ

僕《ぼく》は、この意味で、創価学会学生部史の編纂《へんさん》を提案《ていあん》する。かならず、この偉大《いだい》な学徒《がくと》の陣列《じんれつ》より、世に逸材《いつざい》が出ることを信じている。新しい歴史は、再《ふた》び綴《つづ》られていくことであろう。まさに、本格派《ほんかくは》が躍《おど》り出《で》る時である。

ともかく学生部結成十六年、おめでとう。本当におめでとう。

一九七三年六月二十九日　午後四時四十五分

聖教本社にて

正義の後継者《こうけいしゃ》たれ

第十五回学生部総会　一九七四・三・三

最近、いろいろな機会《きかい》に、私は、現代の日本ならびに世界が深刻《しんこく》な危機《きき》をはらんでいることを指摘《してき》しました。長期的《ちょうきてき》には公害《こうがい》や資源《しげん》問題、人口問題、さらに人間の精神的空白化《せいしんてきくうはくか》等といった人類《じんるい》の運命《うんめい》にかかわる危機が潜在《せんざい》している。これらと関連《かんれん》した形《かたち》で、短期的《たんきてき》には、石油ショックによる経済的危機があり、それより少し長い、いわば中期的《ちゅうきてき》な展望《てんぼう》の危機として、ファシズムへの傾斜《けいしゃ》という問題があるわけであります。このファシズムの危険性《きけんせい》という点については、昨年末の大阪・中之島《なかのしま》の中央公会堂《ちゅうおうこうかいどう》での第三十六回本部総会でも訴《うった》え、その危機を防《ふせ》ぐ一つの具体的《ぐたいてき》運動として、平和憲法《けんぽう》を擁護《ようご》する戦いが進められている。

そこで本日は、このファシズム復活《ふっかつ》の危険性に対処《たいしょ》する私どもの基本姿勢《きほんしせい》、根本的《こんぽんてき》考え方を仏法者としての原点《げんてん》に立って、所感《しょかん》を申し述べておきたいのであります。

ファシズムとは何《なん》であるかという問題については、さまざまな側面《そくめん》があり、その定義《ていぎ》づけについて、多くの議論《ぎろん》があるでありましょう。そのなかには、とくにドイツのナチズムに典型的《てんけいてき》にみられたように、人種主義《じんしゅ》があり、一人の政治権力者、一つの党《とう》による完全独裁《かんぜんどくさい》政治があり、思想《しそう》、言論、集会等の自由に対する抑圧《よくあつ》があり、進歩《しんぽ》への否定《ひてい》があり、さらに武力《ぶりょく》による対外《たいがい》侵略《しんりゃく》という問題がある。

これらは、いずれも無視《むし》できない問題でありますが、それらの根底《こんてい》にあって、こうした種々《しゅじゅ》の特徴的機能《とくちょうてききのう》を生み出してきたファシズムの因子《いんし》はいったい何か。

それを私は、集団力《しゅうだんりょく》の崇拝《すうはい》であり、集団のなかへの個人の埋没《まいぼつ》、個の圧力的消滅《あつりょくてきしょうめつ》である、と規定《きてい》できるのではないかと考える。

そうした集団のなかへの個人の埋没と消滅という点については、エーリッヒ・フロムが『自由からの逃走《とうそう》』（日高六郎訳、東京創元社、以下同書を参照）という著書《ちょしょ》のなかで、精神分析《せいしんぶんせき》の手法《しゅほう》を適用《てきよう》することによって、徹底的《てっていてき》に解明《かいめい》している通りであります。それは、ナチズムの全盛《ぜんせい》時代に書かれたものでありますが、ドイツの民衆がなぜ一人の政治権力者ヒトラーの独裁体制《たいせい》下《か》に喜《よろこ》んで自《みず》ら入っていったか――すなわち、ワイマール憲法《けんぽう》という理想的《りそうてき》な民主《みんしゅ》憲法をもちながら、それが、なぜ一転《いってん》してファシズムに走ったかの謎《なぞ》を、明快《めいかい》に示《しめ》してくれている。

フロムによると、それはルターやカルヴァンによるプロテスタンティズム以来、用意《ようい》されてきた精神的空白《せいしんてきくうはく》と無力感《むりょくかん》、権威《けんい》への服従主義《ふくじゅう》から出ている一種《いっしゅ》の病理現象《びょうりげんしょう》である。これが一方《いっぽう》では、ナチズム、ファシズムとなり、一方においては資本《しほん》主義社会となった、というのであります。

しかしながら、集団《しゅうだん》に帰属《きぞく》することによって、精神的な安定感や充足感《じゅうそくかん》を得るということは、人間すべてにある心理《しんり》といってよい。完全な孤独状態《こどくじょうたい》では生存《せいぞん》しえないのが、あらゆる生《せい》物《ぶつ》の必然的原理《ひつぜんてきげんり》である。なかんずく、高度に発展《はってん》した精神機能《きのう》をもつ人間の宿命《しゅくめい》ともいえるかもしれない。

ここで大事な点は、個人の尊厳《そんげん》が否定《ひてい》されてしまって、全体のなかに部品《ぶひん》として組《く》みこまれるか、それとも個人の尊厳観が根本《こんぽん》にあって、その個人を守り支《ささ》えるために全体があるか、ということであります。

人類《じんるい》文化の歴史をみるとき、いわゆる古代《こだい》においては「個《こ》の自立《じりつ》」ということは、ほとんど意識《いしき》されなかったといってよい。個人は集団のなかに一体化《いったいか》してしかありえず、そこから離《はな》れて生きる術《すべ》はなかった。それは、物質的《ぶっしつてき》かつ技術的《ぎじゅってき》にやむをえないことであったし、意識的にも集団のなかに埋没《まいぼつ》し、ある特定《とくてい》の権威をもつ個人――すなわち帝王《ていおう》に服従することを、なんら異《い》としない精神構造《こうぞう》に形成《けいせい》されていた。それが古代における英雄神《えいゆうしん》の神話《しんわ》が果《は》たした役割《やくわり》であったのであります。

それに対して、仏教をはじめ、キリスト教、イスラム教などの高等宗教が果《は》たした役割は、なによりも個人の尊厳《そんげん》を浮《う》かび上《あ》がらせたことにあった。それは「永遠不変の法《えいえんふへんのほう》」や「永遠なる神《かみ》」なりを打ち立てて、それと個人とを直結《ちょっけつ》させることにより、有為転変《ういてんぺん》の現実に左右《さゆう》されない永久的《えいきゅうてき》な救《すく》いの道を説《と》いたのであります。このことが、必然的《ひつぜんてき》に個人個人の尊厳性を裏《うら》づける結果《けっか》となったといってよい。

なかんずく、仏法においては、小乗《しょうじょう》、権大乗《ごんだいじょう》を経《へ》て、法華経にいたって「仏の生命」即《そく》「永遠不変の法」が、すべての生命の内奥《ないおう》に実在《じつざい》することが明《あ》かされ、個人の尊厳観に不動《ふどう》の基盤《きばん》が確立《かくりつ》されたのであります。この点は「神は人々の心のなかにある」と説きながらも、超越的《ちょうえつてき》な唯一絶対神《ゆいいつぜつたいしん》という考え方を強調《きょうちょう》することをやめなかったキリスト教や、さらにそれを徹底《てってい》したイスラム教では、あいまいさを残《のこ》していたところであります。

それはともかく、こうした高等宗教がめざし、あるいは結果としてもたらした「個人の尊厳」という思想《しそう》は、ファシズムにとっては、重大《じゅうだい》な障壁《しょうへき》となる。ファシズムにとって、都合《つごう》のよい宗教とは、集団力《しゅうだんりょく》を神格化《しんかくか》した古代《こだい》宗教であり、その神的力《しんてきちから》が、ある特定《とくてい》の個人の内《うち》に体《たい》現《げん》されるとする〝英雄崇拝《えいゆうすうはい》〟〝カリスマ信仰〟なのであります。

ゆえに、ナチズムがドイツ国民の意識《いしき》を深層部《しんそうぶ》から動かし、支配《しはい》するために利用したのは、キリスト教以前のゲルマン古代宗教への郷愁《きょうしゅう》だったのであります。特に、リヒャルト・ワグナーの「ニーベルングの指環《ゆびわ》」は、ゲルマン古代《こだい》の民族的英雄《みんぞくてきえいゆう》ジークフリートの悲劇《ひげき》の運命《うんめい》を歌ったもので、その壮麗《そうれい》な調《しら》べは、第一次大戦の敗戦国《はいせんこく》ドイツのイメージと重《かさ》なって、深く民族の血《ち》をわきたたせたといわれる。

日本においては、同じく高等宗教である仏教を飛《と》び越《こ》えて、古代の神道《しんとう》が国家神道として復《ふっ》活《かっ》し、この神格《しんかく》の体現者《たいげんしゃ》である天皇《てんのう》のもとに、日本民族という集団力《しゅうだんりょく》のなかに、個人の埋没《まいぼつ》と犠牲《ぎせい》がうながされたのであります。

同様《どうよう》にして、イタリア・ファシズムの場合は、キリスト教以前のローマ帝国《ていこく》の民族的栄光《えいこう》と、ローマの神々《かみがみ》への憧憬《しょうけい》が、人々の心を集団力への服従《ふくじゅう》に導《みちび》く手段《しゅだん》として用《もち》いられたことが、看取《かんしゅ》されるのであります。

こうした歴史的事実の教訓《きょうくん》は、一面の裏《うら》づけにすぎない。ファシズムの因子《いんし》が何《なん》であるか。それに対して高等宗教、その中でも最《もっと》も完成され、最高峰《さいこうほう》をいく仏法の教えの根本義《こんぽんぎ》が何であるか。それらを、正しく、鋭《するど》く見極《みきわ》めるならば、ファシズムの危機《きき》に対して、最も強力な抵抗《ていこう》をなす力《ちから》をもち、また抵抗すべき責任《せきにん》を担《にな》っている者こそ、最高の仏法の極理《ごくり》を受持《じゅじ》し、実践《じっせん》している諸君たちであることは、もはや明白《めいはく》であると、私は信じますが、いかがでしょうか。

いな、諸君たちは、単にファシズムの危険《きけん》を防《ふせ》ぎ、人間の尊厳《そんげん》を守るという消極的役目《しょうきょくてきやくめ》のみに終わるのであってはならない。かつてファシズムに走ったドイツ、日本、イタリア等の民衆の、そうした心理的《しんりてき》メカニズムを生み出したものは、結局《けつきよく》は自《みずか》らの無力感《むりよくかん》であり、精神的空虚《せいしんてきくうきょ》さであったのであります。

したがって、一人ひとりの心の中に、ふつふつと内《うち》より湧《わ》きいずる充実感《じゅうじつかん》と生命力と英知《えいち》を、みなぎらせていく仏法流布の労作業《ろうさぎょう》こそ、ファシズムの毒草《どくそう》を根《ね》から断《た》ち切《き》り、もはや再《ふたた》び芽《め》を出すことのできないようにする積極的《せっきょくてき》な戦いであることを、ここで諸君とともに確認《かくにん》しあっておきたいのであります。

◇

皆さん方こそ、わが学会の後継者《こうけいしゃ》であるという意味から、ひとことソクラテスとプラトンについてお話ししたい。

いうまでもなく、ソクラテスは人類史《じんるいし》にひときわ高くそびえ立つ〝思想《しそう》の巨人《きよじん》〟である。だが、その思想の巨岩《きょがん》を盤石《ばんじゃく》にし、人類の血液《けつえき》のなかにとどめたのは、その弟子《でし》プラトンであった。ソクラテスとプラトンの出会いは、プラトン十八歳ないし二十歳のころであったといわれております。ちょうど諸君の年齢《ねんれい》であったわけであります。

青年プラトンは、自ら誇《ほこ》りに燃《も》えてつくりあげた劇詩《げきし》をもって、詩の競演《きょうえん》の会合に出かける途中《とちゅう》であった。偶然《ぐうぜん》、ある劇場《げきじょう》の前でソクラテスに出会い、彼の話を聞き、巨人の射放《いはな》つ思想の矢《や》を浴《あ》びて、己《おのれ》を恥《は》じ、翻然《ほんぜん》として自作《じさく》の詩《し》を焼《や》き捨《す》て、弟子《でし》となったといわれている。

それから約十年間、徹底《てってい》してソクラテスに師事《しじ》していくのであります。ソクラテスが青年と対話し、歩《あゆ》むところ、常にその陰《かげ》にプラトンがあった。その後、ソクラテスが権力の弾圧《だんあつ》を受け、苦境《くきょう》に陥《おちい》ったときも、決してソクラテスから離《はな》れることはなかった。裁判《さいばん》の日も、その場所に駆《か》けつけ、自《みずか》ら罰金刑《ばっきんけい》の保証人《ほしょうにん》になることを申し出たともいわれる。

ある学者は、こう評価《ひょうか》している。

「プラトンは、ソクラテスの死《し》に到《いた》るまで、変わらない弟子であり、親《した》しい友であり、そして彼の死後も、ソクラテスの姿《すがた》を常に瞼《まぶた》に描《えが》きつつ、彼の言行《げんこう》を数多《かずおお》くの対話篇に記録して後《こう》世《せい》に伝えたのであった」と。

ソクラテスは自ら毒《どく》をあおいで正義を守り、歴史の最先端《さいせんたん》に立った。ソクラテスの死は弟子プラトンの壮絶《そうぜつ》な哲学思索《てつがくしさく》の旅立《たびだ》ちとなったわけであります。プラトンは各地を駆《か》けめぐった。つねにソクラテスの沈黙《ちんもく》の声がわが心音《しんおん》と響《ひび》いてくる。やがて彼は、ソクラテスの思想《しそう》をまとめ、発展《はってん》させ、膨大《ぼうだい》なる哲学体系《たいけい》の山脈《さんみゃく》を築《きず》き上《あ》げていくのであります。

ともあれ、ソクラテスは青年との対話に終始《しゅうし》し、その著作《ちょさく》は残《のこ》さなかった。その弟子プラトンが、その思想を後世に伝えたのであります。もし、ソクラテスなくば、プラトンはなかったことはいうまでもない。だが、翻《ひるがえ》って、プラトンなくば、ソクラテスの存在《そんざい》は、決して時代の血脈《けつみゃく》とはならなかったであろうことも、明白《めいはく》なのであります。

この原理《げんり》は、いかなる思想《しそう》流布の場合も共通《きょうつう》しております。キリストにパウロ等の弟子《でし》が続き、東洋《とうよう》においても釈迦《しゃか》に十大弟子があり、天台《てんだい》に章安《しょうあん》あり、伝教《でんぎょう》に義真《ぎしん》あり、そして末法《まっぽう》御本仏日蓮大聖人に日興上人《にっこうしょうにん》があられた。

すべて後継者《こうけいしゃ》のいかんで思潮《しちょう》の興廃《こうはい》は決まるといってよい。諸君は創価学会のプラトンであっていただきたいのであります。妙法という霊妙《れいみょう》なる生命の音律《おんりつ》によって、触発《しょくはつ》された新緑《しんりょく》の若芽《わかめ》である諸君が大樹《たいじゅ》と育《そだ》つであろう、その日こそ——東洋仏法の真髄《しんずい》というべき偉大《いだい》な思想山脈《さんみゃく》が、全人類《ぜんじんるい》の渇仰《かつごう》の眼前《がんぜん》にそびえ立つことを、私は期待《きたい》したいのであります。

◇

浅学《せんがく》の私が、あえて全世界を駆《か》けめぐるのも、ひとえに学識《がくしき》と英知《えいち》あふるる皆さんが、必《かなら》ずや私の意思《いし》を継《つ》いで、世界を舞台《ぶたい》に平和の陣列《じんれつ》を敷《し》いてくれるものと、信ずればこそなのであります。

ゆえに、諸君は哲理《てつり》を抱《いだ》いた〝地涌《じゆ》の正統派《せいとうは》〟として自己《じこ》を磨《みが》きに磨いて、満天《まんてん》の人材《じんざい》のきら星《ぼし》と光っていただきたいのであります。人類《じんるい》の文化遺産《いさん》は、諸君の胸中《きょうちゅう》に流れていくことでありましょう。そして、諸君の胸中の一念《いちねん》から新しい生々《せいせい》たる緑の素肌《すはだ》が広がっていくことも信じたい。

たとえ今が、寒風《かんぷう》に凍《こご》える秋霜《しゅうそう》の日々であったとしても、尊《とうと》き珠玉《しゅぎょく》の人間修練《しゅうれん》の道程《どうてい》と心得《こころえ》て、雀躍《じゃくやく》として英邁《えいまい》と正義の大地に生き抜《い》《ぬ》いていただきたい。

この憔悴《しょうすい》の時代にあって、やがて心ある人々は、二十一世紀の確《かく》たる〝文化走者《そうしゃ》〟である諸君の存在《そんざい》の大きさを認識《にんしき》し、評価《ひょうか》することは決定的であります。

私も走る。たとえ、それが無償《むしょう》にして犠牲《ぎせい》の人間の旅《たび》であったとしても、そのために死力《しりょく》を尽《つ》くして走り続けます。

未来世紀の総体《そうたい》を照《て》らす新《あら》たなる光源《こうげん》を、今、私は諸君のまぶしいばかりの歓喜《かんき》の表情《ひょうじょう》に見いだしている一人でもあります。

（抜粋）

「福智《ふくち》」輝《かがや》く人に

女子部学生局の代表との懇談　一九七四・一一・五

信仰の目的は、福運《ふくうん》をつけ、宿命《しゅくめい》をより良《よ》い方向へ転換《てんかん》することにある。青春時代に信仰に取り組むことは、生涯《しょうがい》にわたる成長の骨格《こっかく》を形成《けいせい》する。年配《ねんぱい》になってからよりも、若い青春期の方《ほう》が、成長の速度《そくど》は、比《くら》べものにならないほど早いからだ。

若き女性の皆さんにとって、結婚は、やはり大きな問題であろう。ただ、結婚が即《そく》、幸福に直結《ちょっけつ》するとは限《かぎ》らない。家庭不和《ふわ》など、悲劇《ひげき》の原因《げんいん》となることもある。真実《しんじつ》の幸福の人生を実現するには、単に好き嫌《きら》いの次元《じげん》ではなく、お互《たが》いの「宿命」という重大《じゅうだい》な問題を直視《ちょくし》する必要がある。

日蓮大聖人の仏法は、「永遠《えいえん》の生命」を説《と》いている。この生命哲理《てつり》に、宿命転換への究極《きゅうきょく》の原理《げんり》がある。妙法は、宇宙《うちゅう》の大法則《だいほうそく》である。この偉大《いだい》なる妙法哲理に則《のっと》っていくところに、幸《しあわ》せのリズムが確立《かくりつ》される。

御書には、「福智《ふくち》共《とも》に無量《むりょう》なり」（七九二㌻）と仰《おお》せである。学問による知識の深化《しんか》とともに、いかなる宿命《しゅくめい》をも力強《ちからづよ》く転換《てんかん》しゆく福運《ふくうん》を開き、聡明《そうめい》な依正不二《えしょうふに》の妙法の当体《とうたい》であっていただきたい。

青春時代は、若さゆえに、感情に左右《さゆう》されやすい。感情や我見《がけん》、エゴなどは、人間だれにも内在《ないざい》するものである。しかし、決してそれらに流されることなく、絶対的な生命変革《へんかく》の妙法に立脚《りっきゃく》して、有意義《ゆういぎ》な学問探究《たんきゅう》の青春を送っていただきたい。

「所願満足《しょがんまんぞく》」こそ、仏法の究極《きゅうきょく》の道である。人間の生命の覚醒《かくせい》こそ、二十一世紀への時流《じりゅう》が要請《ようせい》するものである。あらゆる思想《しそう》を大きく包摂《ほうせつ》しゆく生命変革の仏法哲理《てつり》を、世界は求めている。

皆さんは、尊《とうと》い広布の庭に育《そだ》った同志《どうし》として、また〝学会家族〟として、大学卒業後もお互《たが》いに集《つど》い合《あ》い、成長と福運の姿《すがた》を確認《かくにん》しあってほしい。そして、偉大《いだい》な妙法を掲《かか》げ、広布の使《し》命《めい》に立ち、生命解放《かいほう》の先駆《せんく》の指導者になっていただきたい。

全員が一段《いちだん》と世界的な視野《しや》を広げ、人生勝利の未来へ、何があっても勇敢《ゆうかん》に進んでいこう。


（要旨）

自《みず》ら選んだ苦《く》難《なん》の道を（メッセージ）

二部学生大会　一九七五・八・二六

盛大《せいだい》な二部学生大会、本当におめでとう。

私は、学会の前衛《ぜんえい》であり、先駆《せんく》である学生部の中でも、勤労《きんろう》しつつ学びゆく諸君に大きな期《き》待《たい》をかけております。

人生の勝利というものは、決して、学歴《がくれき》や知識量で決定するものではない、と私は思う。むしろ、いかなる困難《こんなん》にあっても、自分の抱《いだ》いた目標《もくひょう》を貫徹《かんてつ》するという強い意志力《いしりょく》と忍耐力《にんたいりょく》こそ勝利の母であり、革命児として最《もっと》も重要《じゅうよう》な資質《ししつ》であると考える。

諸君が、仕事、学問、学会活動と時間のないなか、精《せい》いっぱい戦い抜《ぬ》いていることを、私はよく知っております。しかし、そのこと自体、諸君の人生の盤石《ばんじゃく》な基盤《きばん》の構築《こうちく》に通《つう》ずることを、決して忘《わす》れないでいただきたい。そして、誰人《たれびと》にもまさる強き意志と忍耐の力《ちから》を養《やしな》ってい諸君の人生の勝利は、そのまま広宣流布の実証《じっしょう》である。どうか、大御本尊に題目を唱《とな》え抜《ぬ》き、自《みずか》ら選んだ苦難《くなん》の道を堂々《どうどう》と切り開いていってください。

諸君の成長を楽しみにしております。

お元気で。

「学生部五十年の歩み」⑦——二部学生の集い

働きながら学ぶ、二部学生の集いである、学生部の「飛翔会」と女子学生部の「光友会」。いずれも、池田名誉会長の命名によるグループである。

1975年（昭和50年）8月26日、二部学生の代表約2000人が東京・江戸川区公会堂に集い第1回大会が行われ、飛翔会が結成された。

光友会の総会は、83年9月9日、東京・信濃町の創価女子会館（当時）で、「女子学生部の日」を記念する集いに続いて行われた。

かつて池田名誉会長も、戸田第二代会長の事業を支えながら大世学院（東京富士大学短期大学部の前身）の夜間部で学んでいた。

しかし、戸田会長の事業が行き詰まると、名誉会長は、その再建に全力を傾注するために通学を断念。その名誉会長に、戸田会長は、逝去の直前まで、万般にわたる学問を個人教授していく。

師と同じ、労苦と栄光の青春を！——これが、飛翔会と光友会の誇りである。

〈池田名誉会長の指導から〉

私も夜学に通っていたから、皆さんの苦しさ、辛さはよくわかります。

私は、三十歳まで生きられないといわれていた病弱な体でした。また、長兄は戦争で死に、家も焼かれ、暮らしは貧しく、いつも、腹を空かせていました。本を買うには、食費を削るしかなかったからです。

しかし、それでも私は、知恵を絞って時間を捻出し、徹底して学んできました。電車のなかも、勉強部屋でした。

そして、働きに働きました。朝も三十分前には出勤し、清掃をしてみんなを待ちました。職場での信頼も厚く、戸田先生の会社に移る時には、上司も、同僚も、本当に惜しんでくれました。さらに、猛然と学会活動に取り組み、信心ですべてを切り開いてきたんです。

家族が用意してくれた整った環境での勉学よりも、大変ななかで、泣く思いをして学んだことの方が、何倍も自分の血肉となり、身につくものなんです。

鍛えのない青年は、軟弱になり、人生を滅ぼしかねない。ゆえに、二部学生は、最高の修行の場を得ているということなんです。頑張りなさい。

（小説『新・人間革命』第13巻）

教学第一・福運《ふくうん》第一の人生を

第三回女子大学会総会　一九七六・一〇・九

女子大学会の皆さんは、「教学第一」「福運第一」「教養《きようよう》第一」で進んでいただきたい。日々の生活において、広布の活動において、そして、わが地域において、皆さんは「第一級の人生」を送っていただきたい。

学会は、尊《とうと》い庶民《しよみん》の団体である。この世界にあって、皆さんは、最高学府《がくふ》を卒業し、なかんずく「生命の宮殿《きゆうでん》」を開き、永遠《えいえん》の大福運を積《つ》みゆく妙法を持つことができた。不思議《ふしぎ》な使命《しめい》の一人一人である。どうか、庶民を愛し、庶民の味方《みかた》としての生き方を、生涯貫《しようがいつらぬ》いていっていただきたい。それこそが、人間として根本《こんぽん》の道である。

生死《しようじ》という重要《じゆうよう》な問題を解決《かいけつ》せずして、人類《じんるい》の明るい未来も、真実《しんじつ》の平和の確立《かくりつ》もない。皆さんは、この人生の根本問題と真剣《しんけん》に取り組み、偉大《いだい》な広宣流布の運動を展開《てんかい》している。どうか、「人類《じんるい》の先覚者《せんかくしゃ》」としての誇《ほこ》りと確信を、日々、満々《まんまん》とたたえ、百年、二百年後の人々が鑑《かがみ》とするような人であっていただきたい。

法華経には「三界《さんがい》は安《やす》きこと無《な》し　猶《な》お火宅《かたく》の如《ごと》し」（法華経一九一ジペー）と説《と》かれている。現実の生活は、諸行無常《しょぎょうむじょう》であり、さまざまな苦難《くなん》が待ちかまえている。身勝手《みがって》な自由は、一時は幸《しあわ》せであるように見えても、その人の人生の最終章《さいしゅうしょう》を幸福で飾《かざ》ることができるかどうかは、誰《だれ》も保証《ほしょう》できない。ゆえに、「人間革命」が重要《じゅうよう》なのである。

皆さんには、いかなる境遇《きょうぐう》にあろうとも、毅《き》然《ぜん》として、また悠々《ゆうゆう》として、自分らしく、悔《く》いのない信念《しんねん》の人生を歩《あゆ》んでいただきたい。そのためにも、宇宙《うちゅう》の根本法《こんぽんほう》である「南無妙法蓮華経」を受持《じゅじ》し、どこまでも勤行を源泉《げんせん》として、日々向上《こうじょう》の人生に挑戦《ちょうせん》していただきたい。

この「南無妙法蓮華経」という宇宙の根本の法を、真《しん》の民衆救済《きゅうさい》のために実践《じっせん》している団体こそが、わが創価学会である。

御本仏であられる日蓮大聖人は、流罪《るざい》の地・佐渡《さど》にあっても「喜悦《きえつ》はかりなし」（御書一三六〇ジペー）と仰《おお》せになられた。この大確信を胸《むね》に、いかなる苦難に直面《ちょくめん》しようとも、あくまでも御本尊を根本にした、覚悟《かくご》の生き方を、勇気をもって進み抜《ぬ》いていっていただきたい。

（要旨）

後継《こうけい》の人材《じんざい》の宝庫《ほうこ》に

第一回学生部最高会議　一九七七・二・二八

創価学会の基本路線《ろせん》は、人間革命運動にある。これは、一生成仏《いっしょうじょうぶつ》という仏法の究極原理《きゅうきょくげんり》の現代的表現《ひょうげん》でもある。この人間革命の運動は、あらゆる世代《せだい》、階層《かいそう》を包含《ほうがん》し、万人《ばんにん》に開かれた仏道修行《ぶつどうしゅぎょう》であり、それを推進《すいしん》する人はすべて善知識《ぜんちしき》の存在《そんざい》となるのである。

この意味からも、我々《われわれ》、創価学会の運動は、どこまでも仏法の本義《ほんぎ》にもとづく中道《ちゅうどう》の道を進むのであり、他のいかなる社会次元《じげん》の運動とも異《こと》なった、それらを根底的《こんていてき》に止揚《しよう》した運動であることを知っていただきたい。

流行《りゅうこう》というものは、決して永続《えいぞく》はしない。さまざまな運動のなかにも、そうした一時の流行現象《げんしょう》があることを鋭《するど》く見極《みきわ》めていかねばならない。まして、時代の変遷《へんせん》とともに、同志《どうし》が対《たい》立《りつ》、反逆《はんぎゃく》するなかで挫折《ざせつ》し、むなしい後悔《こうかい》とともに消滅《しょうめつ》していった運動ほど無残《むざん》なものはない。我々《われわれ》の目指《めざ》す広宣流布とは、そうした一時的な、また、近視《きんし》眼的《がんてき》な運動ではなく、未来永《えい》遠《えん》を志向《しこう》したものである。その根本《こんぽん》である人間革命の路線《ろせん》を尊重《そんちょう》し、深化《しんか》させながら歩《あゆ》む人、そのうえでの知性《ちせい》、才能《さいのう》を発揮《はっき》していく人こそ、時代の要請《ようせい》であることを銘記《めいき》していただきたい。

◇

私が会長に就任《しゅうにん》して十七年、学会創立以来四十七年――。わずかの期間で、今や、世界的な生きた仏法教団としての発展《はってん》を遂《と》げたことは、歴史上にも未曽有《みぞう》のものといってよい。その間には、代々《だいだい》の会長とともに、諸君の父母や先人《せんじん》、先輩《せんぱい》たちの、筆舌《ひつぜつ》に尽《つ》くしがたい労苦《ろうく》、激闘《げきとう》があったことを忘《わす》れないでほしい。

それもひとえに、諸君たちに後継《こうけい》の道を開くためであり、諸君たちの成長を待ち望《のぞ》みながらの三障四魔《さんしょうしま》、三類《さんるい》の強敵《ごうてき》との戦いであった。そこには、世《よ》の毀誉褒貶《きよほうへん》への顧慮《こりょ》はいささかもない。したがって、この尊《とうと》い広布の盤石《ばんじゃく》な舞台《ぶたい》で活躍《かつやく》できること自体に、感謝《かんしゃ》こそすべきであり、文句《もんく》をいうような卑劣《ひれつ》な生き方であってはならない、と申し上げたい。

諸君たち学生部から、次の創価学会の一切を双肩《そうけん》に担《にな》う人材山脈《じんざいさんみゃく》を、陸続《りくぞく》と輩出《はいしゅつ》していっていただきたいことを、心から期待《きたい》し念願《ねんがん》している。そのためにも、生きた教団である創価学会の生命線ともいうべき、人間対人間、生命対生命の信心奥底《おうてい》の絆《きずな》を、先輩《せんぱい》、後輩《こうはい》が強く結《むす》びあっていくべきである。この久遠《くおん》の同志《どうし》の結合《けつごう》のなかにこそ、牧口初代会長、戸田前会長以来の広布本流《ほんりゅう》の学会精神《せいしん》が流れているのであり、ここにこそ、一切の発条《バネ》があることを忘《わす》れまい。

我々《われわれ》の信仰は、この人生を、楽しく朗《ほが》らかに人間革命をしながら、たくましく生きぬいていくためのものである。学生部だけの信仰という狭《せま》い次元《じげん》のものではない。全民衆が幸福を享受《きょうじゅ》しゆくための信仰であり、諸君は、この日蓮大聖人の仏法の本義《ほんぎ》に立つリーダーであるという強い確信と自覚《じかく》に立っていただきたい。

ともかく、今ほど力《ちから》ある人材《じんざい》が求められている時はない。人材を早く決定づけたところが二十一世紀の勝利になるのだ。先輩幹部が汗《あせ》と涙《なみだ》で築《きず》いたこの尊《とうと》い創価学会の遺産《いさん》はすべて諸君のものであり、その後事《こうじ》を託《たく》された責任感《せきにんかん》を忘れることなく、あらゆる分野を担《にな》う一級の実力者として、また指導者として、活躍《かつやく》していってほしい。

（要旨）

偉大《いだい》なる誓願《せいがん》の人生を

第二回学生部最高会議　一九七七・三・二一

妙法とは〝不可思議《ふかしぎ》な法《ほう》〟ということである。われわれ凡夫《ぼんぷ》の思慮《しりょ》では智解《ちげ》することができない深遠《しんえん》な哲理《てつり》であるがゆえに「妙法」というのである。妙法の世界においては、何ごとも巨視的《きょしてき》にみていくことが大切である。順縁《じゅんえん》であれ逆縁《ぎゃくえん》であれ、あらゆる現象《げんしょう》というものは、後になってみると、広宣流布のために生かされていくからである。

たとえば、先師《せんし》牧口初代会長、恩師《おんし》戸田前会長が獄中《ごくちゅう》の身《み》となったことは、確《たし》かに悲劇的《ひげきてき》な歴史であったにちがいない。しかし、大聖人の御遺命通《ごゆいめいどお》りの実践《じっせん》を貫《つらぬ》いた、その崇高《すうこう》な生涯《しょうがい》が、今日《こんにち》の学会発展《はってん》の遠因《えんいん》となっていることはまぎれもない事実である。

もう一面からいうならば、先師、恩師の姿《すがた》は仏法正義に生きる青年部の〝心の魂《たましい》〟となり、広布前進の発条《バネ》となって今日に脈打《みゃくう》っているともいえる。

そうした観点《かんてん》からいえば、一時的には不幸に見える現象《げんしょう》も、歴史的な次元《じげん》から判断《はんだん》していくならば、すべて広宣流布の伸展《しんてん》にとって、上昇方向《じょうしょう》となって生きている。したがって妙法の指導者は、狭《せま》い尺度《しゃくど》でものを見るのではなく、巨視眼《きょしがん》をもった雅量《がりょう》豊かな人間でなくてはならない。

巨視の眼で見るとは、仏法の眼、信心の眼に照《て》らして、歴史的な次元から現象の本源《ほんげん》を見通《みとお》していくことともいえる。学問、政治、経済などの領域《りょういき》を超越《ちょうえつ》した、より本源的な視点《してん》から人類《じんるい》の進歩《しんぽ》に貢献《こうけん》していける妙法のリーダーに成長してもらいたい。

人間としてこの世でなしうる最《もっと》も尊《とうと》い偉業《いぎょう》は何か。仏法には「四弘誓願《しぐせいがん》」の行《ぎょう》というのがある。これは菩薩《ぼさつ》が初発心《しょほっしん》の時に起《お》こす四種《ししゅ》の誓願（衆生無辺誓願度《しゅじょうむへんせいがんど》・煩悩無数誓願断《ぼんのうむすうせいがんだん》・法門無尽誓願知《ほうもんむじんせいがんち》・仏道無上誓願成《ぶつどうむじょうせいがんじょう》）であり、末法今時《まっぽうこんじ》においては、三大秘法《さんだいひほう》をもって一切衆生を救済《きゅうさい》することであり、現代においては学会活動のことである。

「衆生無辺誓願度」——一切の衆生をすべて悟《さと》りの彼岸《ひがん》に渡《わた》すと誓《ちか》うこと。これは全人類を幸福の彼岸に導《みちび》き、いかなる人間も仏《ほとけ》の当体《とうたい》であるという生命の尊厳性《そんげんせい》を知らしめていくことである。

一切の学問、事象《じしょう》も人間から出発し、人間に帰着《きちゃく》する。人間の幸福探求《たんきゅう》が本来《ほんらい》の目的であり、それを事実のうえで、あらゆる階層《かいそう》の人々を悟りの彼岸に渡すことができるのは、宇宙根《うちゅうこん》源《げん》の法則《ほうそく》を説《と》き明《あ》かした大聖人の仏法による以外ない。

「煩悩無数誓願断《ぼんのうむすうせいがんだん》」――一切の煩悩を断《た》つと誓《ちか》うこと。これは、真実《しんじつ》の人間らしい人間として自身を人間革命しゆくことである。

「法門無尽誓願知《ほうもんむじんせいがんち》」――仏《ほとけ》の教えをすべて学びとると誓うこと。これは宇宙《うちゅう》、生命の本源《ほんげん》の哲理《てつり》をわかろうとする求道《きゅうどう》の姿勢《しせい》である。

「仏道無上誓願成《ぶつどうむじょうせいがんじょう》」――仏道において無上の悟《さと》りをうると誓うこと。仏法とは何か、仏の生命とは、と悟達《ごだつ》に迫《せま》ろうとする誓いである。

この仏法の基本原理《げんり》である「四弘誓願《しぐせいがん》」を、日蓮大聖人の観心《かんじん》の立場から拝《はい》するならば、三《さん》大秘法《だいひほう》の流布、すなわち広宣流布の誓願にすべて包含《ほうがん》される。このことは「一代聖教大意《いちだいせいきょうたいい》」等の御書に明《あき》らかである。

この「四弘誓願」の行《ぎょう》を現実のうえで社会に展開《てんかい》し、実践《じっせん》している教団は、現代においては創価学会をおいてない。

なぜならば、大聖人の教えの真髄《しんずい》は「御本尊」と「御書」であり、御本仏に直結《ちょっけつ》した運動でなければ、末法《まっぽう》の「四弘誓願」の行たる広宣流布も推進《すいしん》できないからである。この生き方を根《こん》本《ぽん》とせずして途中《とちゅう》の人師《にんし》、論師《ろんし》を基準《きじゅん》としたときには、大聖人の真意《しんい》はもはやわからなくなり、御仏意《ごぶつい》にかなった真の宗教革命の軌道《きどう》から大きく逸脱《いつだつ》していこう。

ここに「御本尊」と「御書」を根本精神《こんぽんせいしん》として創価学会の基盤《きばん》を築《きず》かれた、先師《せんし》牧口初代会長、恩師《おんし》戸田第二代会長の偉大《いだい》な出発点があったといってよい。学会を守り、大切にしていただきたいというのも、この理由《りゆう》からである。

次に、化儀《けぎ》の広宣流布ということの本義《ほんぎ》について触《ふ》れておきたい。

日蓮大聖人は七百年前、三大秘法《さんだいひほう》の御本尊を御図顕《ごずけん》された。諸君も周知《しゅうち》のとおり、これが法体《ほったい》の広宣流布であった。

この法体の広宣流布の〝結晶《けつしょう》〟ともいうべき御本尊を受持《じゅじ》し、その功力《くりき》をいかに時代に即《そく》して、社会に反映《はんえい》し顕現《けんげん》させていくか――これが、化儀の広宣流布の意義《いぎ》なのである。ゆえに、そのためにも、われらは現実社会の時代相というものを鋭《するど》く見極《みきわ》め、仏法信心の方軌《ほうき》から、依正不二《えしょうふに》の原理《げんり》で理想《りそう》社会の建設に尽力《じんりょく》していかなくてはならない。

これまでの多くの宗派《しゅうは》は、この〝化儀〟という進展段階《しんてんだんかい》において、たんなる〝儀式《ぎしき》〟あるいは〝形式《けいしき》〟のみに陥《おちい》ってしまった。しかし、それは化儀の広宣流布の本義ではない。民衆救済《きゅうさい》、幸福成就《じょうじゅ》という、社会のなかの人間群の心、生命を、いわゆる彼岸《ひがん》――すなわち三大秘法の御本尊に到達《とうたつ》せしめる労作業《ろうさぎょう》をいうのである。

この化儀の広宣流布を盤石《ばんじゃく》に総仕上《そうしあ》げしていくには、具体的《ぐたいてき》に一人ひとりがどのように振《ふ》る舞《ま》っていけばよいのか。それは妙法を根本として、あくまでも社会に自《みずか》らの生命を顕現させ、それぞれの職場《しょくば》、分野で一流《いちりゅう》の人材《じんざい》となり、名実《めいじつ》ともにその実力を証明《しょうめい》していくことである。その運動の現実の流れを化儀《けぎ》の広布というのである。一言にしていえば、自《みずか》らの人間革命に挑《ちょう》戦《せん》をしつつ、そして他人《たにん》をも人間革命へのリズムに乗《の》せていく運動である。

法華経にも妙音《みょうおん》や観音《かんのん》が三十三身《しん》、三十四身の姿《すがた》を現《げん》じて法《ほう》を弘《ひろ》めるとあるが、各人《かくじん》の持《も》ち味《あじ》を妙法と連動《れんどう》させながら振《ふ》る舞《ま》いゆく社会の舞台《ぶたい》での貢献《こうけん》、証明の一つひとつが、壮大《そうだい》なる化儀の広宣流布の謂《いい》である。

不退《ふたい》と持続《じぞく》が信仰の本義《ほんぎ》

第四回女子大学会総会　一九七七・一〇・二九

人生にはスランプはつきものである。調子《ちょうし》のいいときもあれば、悪いときもある。信心の実践途上《じっせんとじょう》においても、喜々《きき》として活動していける日ばかりとは限《かぎ》らない。時には、なんとなく遠ざかってしまいたいような気持ちになる場合もあるかもしれない。

人間の心は、そのように、実《じつ》にさまざまに変化するけれども、信心の退転《たいてん》は、一切の功徳《くどく》を消《け》してしまうがゆえに、何があっても不退の信仰の道を貫《つらぬ》いていただきたい。ゆっくりとした歩《あゆ》みでもいい。ともかく御本尊に祈《いの》ろう、学会活動をしよう、同志《どうし》に接《せっ》していこう、という前向きの姿勢《しせい》だけは忘《わす》れずに進んでほしい。

次に、持続にこそ信仰の本義がある、と申し上げておきたい。雨の日でも、風の日でも、太陽が同じ軌道《きどう》を昇《のぼ》りゆくように、青春時代に決めた信行学《しんぎょうがく》の道を、地道《じみち》に、こつこつと持続しぬくことである。

経文《きょうもん》に「能忍《のうにん》」とあるが、これは「この娑婆《しゃば》世界で能《よ》く忍《しの》ぶ人」の義《ぎ》で、仏《ほとけ》の別名《べつめい》である。私たちの実践《じっせん》に約《やく》していうならば、何があっても信仰を持続《じぞく》しきった人といえるであろう。現実と宿命《しゅくめい》を乗《の》り越《こ》えていく確固《かっこ》とした生命の基盤《きばん》を、築《きず》いていく必要がある。そのためにこそ私は、皆さんが青春時代に誓《ちか》った信念《しんねん》の道を一筋《ひとすじ》に進んでいくよう、心から願《ねが》うのである。

皆さん方は、誉《ほま》れある女子大学会の伝統《でんとう》を担《にな》っている先駆者《せんくしゃ》である。その誇《ほこ》りと確信を胸《むね》に、後輩《こうはい》のために、また自分のためにも、道を切り開いてほしい。

嵐《あらし》によって、前途《ぜんと》にたくさんの岩や石や木が落ちて歩けなかったとしても、それらを自《みずか》ら取《と》り除《のぞ》いていくような、勇気ある前進を望《のぞ》みたい。粘《ねば》り強い実践の繰《く》り返《かえ》しと持続の人生道であるよう、念願《ねんがん》してやまない。

（要旨）

「学生部五十年の歩み」⑧――大学会

大学会のメンバーと懇談（1972.9.17　島根）

「大学別御書講義」が開始された翌年の1968年（昭和43年）、名誉会長は、さらに深く、生涯にわたって友情を育み、広宣流布の使命を確認し合える方法を考えてはどうかと、新たなグループの結成を提案。大学ごとに結成される、現役学生と卒業生の集い「大学会」である。

4月9日、初の大学会となった東京大学会が結成された。

以降、同年末までの9カ月間で約40の大学会が誕生。名誉会長は、すべての結成式に出席した。

各方面でも、時間を割いて結成式に参加。時には学生部員らと肩を組んで歌を歌い、時には食事を共にした。湖でボートに乗って語らい、青春の悩みに耳を傾けることもあった。

2007年現在、全国に約350の大学会が結成され、世界にも広がっている。

〈池田名誉会長の指導から〉

大学会の名称には、社会性がある。

そうした名前を冠したグループは、学会のなかで初めてです。

それは、何を意味するのか――。

世間の一切法は、突き詰めていけば、皆、仏法になり、仏法は即世間の法になる。その仏法即社会を表した人材グループが大学会です。

ゆえに皆さんは、広宣流布の指導者として生き抜くとともに、「世雄」となって社会で大活躍し、人びとの幸福のために、生き抜いていっていただきたい。

実は、そこに大学会の使命がある。また、それが私の願望です。

（小説『新・人間革命』第13巻）

父や母の、広布開道に生きた庶民の英雄たちの、純粋なる信心を受け継いで、民衆を守り抜くための大学会である。

（小説『新・人間革命』第19巻）

第五章

広布に走れ

（一九七八年～二〇〇〇年）

君よ　二十一世紀を頼《たの》む

学生部結成二十一周年記念幹部会　一九七八・六・三〇

私の家は海苔《のり》の製造業者《せいぞうぎょうしゃ》であった。最盛期《さいせいき》は使用人も多くいたようである。そうした家業《かぎょう》を一切支《ささ》えていた私の父親は、あるとき〝これからの時代は、学問を積《つ》まなければやっていけないなあ〟としみじみ語《かた》っていたことを、今になって思い出すのである。

時代はどんどん進歩《しんぽ》し、発展《はってん》していく。その時代の流れを知らずにただ真《ま》っ正直《しょうじき》に生きているだけでは、どうしても時流《じりゅう》に取《と》り残《のこ》されてしまう。商売《しょうばい》をするにも簿《ぼ》記《き》が必要だ。経理《けいり》も知らなくては効果的《こうかてき》な行き方はできない。優秀《ゆうしゅう》な人々がいるところには、かなわなくなってしまう——と、大変に嘆《なげ》いていたわけである。

その点、諸君は恵《めぐ》まれている。本当にうらやましいとも思う。草創期《そうそうき》の学生部は、諸先輩《しょせんぱい》からの体験を聞いても分《わ》かる通り、その土壌《どじょう》は弱《よわ》く、どちらかといえば信用《しんよう》されていなかった。

しかし、二十年を過《す》ぎた今日《こんにち》（一九七八年）では、人間も骨格《こっかく》ができ立派《りっぱ》に成人《せいじん》するごとく、わが学生部も、もはや盤石《ばんじゃく》である。とともに、広宣流布を目標《もくひょう》とするわが学会の次代も盤石になったことに敬意《けいい》を表《ひょう》する。

現今《げんこん》の社会は、そのあらゆる重要部門《じゅうようぶもん》が、学問優秀《ゆうしゅう》な人材《じんざい》によって占《し》められている。この事実はどうすることもできない。諸君の親の世代《せだい》と今日とでは、決定的な〝時代の差《さ》〟というものがある。指導者はこのことを鋭《するど》く知っていかなければならない。

時流《じりゅう》はまさに、優秀な英知《えいち》と知識による戦いの時代に入っているともいえるだろう。わが学会の広布の作業《さぎょう》も、あらゆる分野に学生部の出身者《しゅっしんしゃ》をはじめとする優秀な人材群を輩出《はいしゅつ》していく時代となった。私はこの時を、ひそかに期待《きたい》を寄《よ》せていたものである。

私は、諸君が立派に大成《たいせい》していくための一労働者《いちろうどうしゃ》として、これからも必死《ひっし》に行動していくであろう。

どうか学生部の諸君は、どこまでも実直《じっちょく》な庶民《しょみん》とともに歩《あゆ》み、庶民を守りながら進んでいただきたい。後は、この広布の盤石な基盤《きばん》のうえで見事《みごと》な総仕上《そうしあ》げの労作業をお願《ねが》いしたい。

人生には大《だい》なり小《しょう》なりの節《ふし》がある。時代もまた同じである。しかし、不確定《ふかくてい》の時代といわれるなかにあって、我々《われわれ》にとって確定した最大の未来の節は〝二十一世紀〟である。

すべての団体も、そして人類《じんるい》もあと二十数年後の二十一世紀を目標に進まざるをえない。この二十一世紀こそ諸君の本舞台《ほんぶたい》である。そこに躍《おど》り出《で》るために、現在のさまざまな訓練《くんれん》、勉学、そして仏道修行《ぶつどうしゅぎょう》があることを自覚《じかく》していただきたい。

二十一世紀の本舞台に、どれだけ大勢《おおぜい》の優秀《ゆうしゅう》な指導者が輩出《はいしゅつ》されたかによって、その後の二十二世紀、二十三世紀への流れも決定づけられるといってよい。この意味において私は、二十一世紀こそ我々の勝負《しょうぶ》の時、と申し上げておきたいのである。

諸君には、それぞれの特質《とくしつ》や才能《さいのう》がある。しかし、信心という一点だけは絶対に退転《たいてん》してはならない。これは、科学や経済、政治や学問の次元《じげん》では解決《かいけつ》することのできない宇宙《うちゅう》の根本法則《こんぽんほうそく》であるからだ。

日蓮大聖人の「善《ぜん》に付《つ》け悪《あく》につけ法華経をすつるは地獄《じごく》の業《ごう》なるべし」（御書二三二ジー）との仰《おお》せを胸《むね》に、信心の実践《じっせん》だけは退転なくお願《ねが》いしたい。

人生の土台《どだい》をつくる時代は、諸君の年代をおいてほかにない。若さゆえにさまざまな苦悩《くのう》もあるだろうが、真実《しんじつ》の人生の充実感《じゅうじつかん》は、唱題しながら進んでいくなかにしかない。真の信仰なき人生は、結局《けっきょく》むなしいものだ。

将来《しょうらい》の大成《たいせい》のためにも、いまに努力し、いまに訓練をうけ、一人一人の人間と相対《そうたい》しながら、最《もっと》も充実した青春時代を送ってほしい。そして、やがて広布の一翼《いちよく》を担《にな》い、次代後継《こうけい》の道を確定《かくてい》づけていくよう心より祈《いの》るものである。

戸田前会長は、常々《つねづね》「次の学会を頼《たの》む」と若い青年に期待《きたい》された。私は、その通りに歩《あゆ》んできたつもりである。と同じように、今度は諸君の番《ばん》である。二十一世紀を頼む——と繰《く》り返《かえ》して申し上げておきたい。

妙法の世界一の学徒集団《がくとしゅうだん》として、仲《なか》のよい幸福な人間味《にんげんみ》に満《み》ちみちた仏法家族の一員《いちいん》として、諸君の英知《えいち》と情熱《じょうねつ》に期待して、本日の指導とさせていただく。

「学生部五十年の歩み」⑨——学生部歌「広布に走れ」

学生部結成 21 周年記念幹部会（1978.6.30　東京・荒川文化会館）

学生部歌「広布に走れ」が発表されたのは、1978 年（昭和 53 年）6 月 30 日。池田名誉会長が出席した学生部幹部会の席上であった。

当時は、第 1 次宗門事件の渦中。反逆者と悪侶らが結託し、学会への攻撃に狂奔していた。悪侶らは、学会による仏法用語の使い方について、本来、何の問題もないにもかかわらず、〝宗門伝統の教学から見て逸脱がある〟と半ば強制的に謝罪・訂正を迫った。そのいいがかりに対する回答が聖教新聞に掲載されたのは、学生部幹部会の当日であった。

そうした邪悪な権力の鉄鎖を断ち切るように、池田名誉会長は、新学生部歌の作詞・作曲を自ら手掛け、何度となく推敲を重ねている。

そのなかで名誉会長は、学生部に三つの指針を示した。

「第一に、学生部は全員が人材である。第二に、学生部は全員が使命の学徒である。第三に、学生部での活動は世紀の指導者に育つための修行である」

歌詞の 3 番には、「歴史を創るは　この船たしか」とある。庶民を苦しめる坊主の権威に対する、「学会こそ正義」との大宣言であった。

〈池田名誉会長の指導から〉

幹部会は、歌で始まり、歌で終わった。「広布に走れ」が歌われること実に十二回。最後は、一人の学生の呼び掛けで、皆が肩を組み、大波の如き大合唱となっていった。

〽……歴史を創るは
　　　　　この船たしか
　我と　我が友よ
　　　　　広布に走れ

この若き逞しきスクラムの勇壮な歌声は天高く響き、腐り切った邪悪な者どもと戦わんと、わが友は、決然と立ち上がったのである。

（「随筆　人間世紀の光」76「荒川に轟け 庶民の勝鬨」）

わが人間革命の坂を登《のぼ》りゆけ

第二十回学生部総会　一九七八・八・三一

最近、ある識者《しきしゃ》と会い、大変興味深《きょうみぶか》い話を聞いた。それは、戦犯《せんぱん》の身《み》として獄中《ごくちゅう》につながれたときの体験であった。要約《ようやく》していうならば、一国の指導者とはいえ、ひとたび戦争に敗《やぶ》れ、その責任《せきにん》を問《と》われたときの、あまりにも醜《みにく》い姿《すがた》をさらけ出した人間のエゴの深層《しんそう》を語《かた》ってくれたものであった。

私はこの一つの体験を聞きながら、弱いといえば人間ほど弱いものはないと思った。しかし、人間ほど強いものはないということも事実である。そして、その強い人間であることの究《きゅう》極《きょく》こそ、三世《さんぜ》にわたる因果《いんが》の理《り》法《ほう》にもとづく〝信心〟そのものにあると、まず強調《きょうちょう》しておきたいのである。

諸君は、若き学生として偉《い》大《だい》なる御本尊を受持《じゅじ》でき、信心しているということは、それ以上のなみならぬ福運《ふくうん》はない。その源泉《げんせん》の福運だけは失《うしな》ってはならない。

しかし、諸君は、これから社会に出たときには、さまざまな人間関係の悩《なや》みや苦《くる》しみに直面《ちょくめん》するであろう。この世《よ》は娑婆《しゃば》世界、堪忍《かんにん》の世界ともいわれるように、そうした苦悩《くのう》は一生涯《いっしょうがい》つきまとっていくものである。

したがって、最《もっと》も大事なことは、どれだけ深い信仰をもち、どれだけ自分の境涯《きょうがい》を高めていくかに尽《つ》きるといってよいだろう。その人の人生の勝利もこの一点によって決定づけられていくものだ。そして、この重要《じゅうよう》な人生の土台《どだい》づくりは、諸君の世代《せだい》においてほかにはないことを強く銘記《めいき》されたい。

人生の最も重要な基礎《きそ》を築《きず》く時が今だからこそ、信心だけは、一段《いちだん》と強盛《ごうじょう》でなければならない。「月月・日日につより《強》給《たま》へ」（御書一一九〇ページ）との御聖訓《ごせいくん》もあるように、社会に旅立《たびだ》っていくこれからが、いよいよ本格的《ほんかくてき》な信念《しんねん》の出発であると自覚《じかく》しながら進んでいくことを、諸君の基本姿勢《しせい》としていただきたい。

この点を深くわきまえながら、生涯にわたる自分自身の人間革命、一生成仏《いっしょうじょうぶつ》への坂を一歩一歩見極《みきわ》めつつ、確実《かくじつ》に前進していくよう、心より祈《いの》っている。

冒頭《ぼうとう》に紹介《しょうかい》した戦争体験が示《しめ》すとおり、人間としての真価《しんか》はいざというときに表《あらわ》れてしまうものだ。諸君の活躍《かつやく》する時代社会とは、その場面《ばめん》は違《ちが》っているかもしれないが、しかし、同じ凡夫《ぼんぷ》の世界である以上、同様《どうよう》の局面《きょくめん》はこれからも必《かなら》ずある。

そのときに人間としての真価《しんか》、偉《えら》さを決定づけるものこそ、水の流れのごとく貫《つらぬ》き通した信心にあると思う。この水の流れのごとく貫き通した信心を基準《きじゅん》とし、鏡《かがみ》としていくならば、人生を憂《うれ》える必要もなければ、悲《かな》しむ必要もない。一切が変毒為薬《へんどくいやく》していけるからだ。

知識は善悪《ぜんあく》に通《つう》ずる。知識はまた、幸福の要素《ようそ》にもなれば、不幸の要素にもなる。したがって、知識それ自体が即《そく》幸福とはならない。つねに両面《りょうめん》の要素を含《ふく》んでいるものだ。この知識を生活に生かし、人生の価値《かち》としていけるために、我々《われわれ》は御本尊に祈《いの》り題目を唱《とな》えていくのである。

この強盛《ごうじょう》なる祈りによって、自分自身の中にある幸福の源泉《げんせん》となる知恵《ちえ》が発現《はつげん》され、この限《かぎ》りない知恵によって学んだ知識を全部自分のため、社会のために還元《かんげん》していけるのである。ゆえに信心は、幸福の根本法則《こんぽんほうそく》となることを忘《わす》れてはならない。

ともあれ、私どもは、一生成仏《いっしょうじょうぶつ》のため、広宣流布のために、正しい信心の道を貫いていかねばならない。私どもの真心《まごころ》の行動は、すべて、御本尊が見通《みとお》しておられる。

◇

日蓮大聖人の仏法は、人類《じんるい》の灯台《とうだい》である。その灯台の光《ひかり》を、諸君が全世界の人々に知らしめていっていただきたい。

諸君のますますの健康と妙法の英知輝《えいちかがや》きわたる大活躍《だいかつやく》を心から期待《きたい》し、本日の指導とさせていただく。

（抜粋）

信心を深め、学問を探究《たんきゅう》

学生部代表懇談会　一九七八・一一・二七、二八

社会は相対的《そうたいてき》なものであり、人間も絶対に完全なものではない。ゆえに人間は、不滅《ふめつ》の妙法を絶対と信じていかなければならない。その上に立って、人間自身の錬磨《れんま》と向上《こうじょう》への努力が必要となってくる。

社会の上下構造《じょうげこうぞう》はやむをえない。かりに矛盾《むじゅん》があったとしても、その形態《けいたい》はいずれの社会、国家でも否定《ひてい》できないであろう。しかし、私どもは、御本尊を根本《こんぽん》として、縦隊《じゅうたい》ではなくして、横隊《おうたい》であらねばならない。すなわち、一人一人の人間は、すべて平等《びょうどう》であるということが根幹《こんかん》である。

そのうえに立って、形態上、手段《しゅだん》として上下の組織《そしき》が必要とならざるをえないのである。しかし、すべて同じ信仰者として、人間として、激励《げきれい》しあっていく。そして、常に少数《しょうすう》意見を尊《そん》

重《ちょう》しなければならない。

大学は、学理《がくり》の探究《たんきゅう》の場である。勉強しなければならない。いま勉強しておかなければ、社会に出たときに必《かなら》ず悔《く》いるであろう。諸君は、信心しているがゆえに、より勉学に励《はげ》んでいくことが自分の責務《せきむ》であると決め、体を頑健《がんけん》にし、信心を深め、学理を存分《ぞんぶん》に身《み》につけていただきたい。

暴力《ぼうりょく》は絶対にあってはならない。これほどの愚《ぐ》はない。人間は知性《ちせい》を誇《ほこ》りとすべきだ。

一人一人の生命は、その人なりの傾向性《けいこうせい》をもっているといってよい。そうした傾向性は、実《じっ》践《せん》行動の積《つ》み重《かさ》ねによって形成《けいせい》され、決定づけられていくといえる。いつも学問研究に打《う》ち込《こ》んでいる学者は、おのずから声聞《しょうもん》の生命傾向をもつようになる。修羅闘諍《しゅらとうじょう》の日々を繰《く》り返《かえ》している人は、修羅の傾向性をどうしてももつにいたる。と同じように、御本尊に南無《なむ》し奉《たてまつ》り、広宣流布のために日夜《にちや》活躍《かつやく》することが多ければ多いほど、その生命は、菩薩界《ぼさつかい》へ、仏界《ぶっかい》へと志向《しこう》性《せい》を強めるのは、当然《とうぜん》の道理《どうり》である。

「後世まで改《あらた》まらざるを性《しょう》と云《い》うなり」との日寛上人《にちかんしょうにん》のお言葉がある。大変に深い法義《ほうぎ》である。その意義《いぎ》から、性格あるいは個性《こせい》を自《みずか》らも見、また人の個性を見ることも重要《じゅうよう》な問題といえよう。

かりに流れる川にたとえるなら、その流れる道筋《みちすじ》は変わらないとしても、水カサとか水の清濁《せいだく》は変えることができよう。その意味から、われわれ人間の性格、個性《こせい》は不変《ふへん》であったとしても、体質《たいしつ》は変えていけるものである。すなわち、境涯《きょうがい》を深めるとともに、人生の真実《しんじつ》の幸福を満喫《まんきつ》することが、御本尊の力《ちから》と私どもの信力《しんりき》によって可能《かのう》となるのである。

私も、私自身の性格はなかなか変わらないことを痛感《つうかん》している一人である。そのために失敗《しっぱい》し、損《そん》をすることもある。だが、そうしたことも、強き信心によってよりよく転換《てんかん》しながら人間革命していく以外にないと思っている。

ともかく、人それぞれに長所《ちょうしょ》もあれば、短所《たんしょ》もあるものだ。それゆえに、自己《じこ》の短所、あるいは欠点《けってん》も変毒為薬《へんどくいやく》していける、この妙法の信心だけは粘《ねば》り強《づよ》く持続《じぞく》していかなければならない。いかなる短所も、強盛《ごうじょう》な信心があれば、かえって自分の成長と向上《こうじょう》のための絶対の条件《じょうけん》となることを確信していきたいものだ。

諸君も、将来《しょうらい》を担《にな》い立つ指導者として、妙法に照《て》らされながら、自分の個性を見つめる一方《いっぽう》において、多くの人々の性格、個性というものをよく把握《はあく》しながら指導していくことが必要となってくるであろう。性格や個性というものを、そのようによく見極《みきわ》めていくところに、人々をよき方向へと指導できるのである。

私は「人材育成《じんざいいくせい》の年」に向かって、全力《ぜんりょく》をあげて諸君を訓練《くんれん》したい。次の発展《はってん》を託《たく》したいゆえである。将来の力ある人材をつくるためには、甘《あま》やかすことはできない。

私は少年期《しょうねんき》より病弱《びょうじゃく》であった。諸君はどこまでも頑健《がんけん》であってほしい。この病弱であり、長生《ながい》きできないといわれた私が、御本尊を信奉《しんぽう》した功力《くりき》によって、一日たりとも休《やす》むことなく、広布の偉業《いぎょう》に精進《しょうじん》できえたのである。これは、御本尊の力《ちから》以外の何ものでもない。

諸君は若い。社会的に認《みと》められるのは四十代からである。ゆえに、あせってはならない。大学の勉学は、一応《いちおう》、四年である。しかし、信心は一生である。ゆえに、その一生涯《いっしょうがい》にわたる信心のうえに立って、この四年間を思《おも》う存分《ぞんぶん》、勉学にいそしんでもらいたいのである。

私よりすべてに恵《めぐ》まれた諸君が、私以上の偉大《いだい》な人生を歩《あゆ》みゆくことは間違《まちが》いないと信じている。

「最高の青春」を誇《ほこ》り高く

関西女子学生大会　一九八三・九・一三

〝若さ〟〝青春〟は未来性に満《み》ちている。すべてが未来へと生きゆく炎《ほのお》のごとき生命である。これほど強く、永遠《えいえん》の輝《かがや》きをもったものはない。青春の素晴《すば》らしさや、何が最高の青春であるかは、人生経験も浅《あさ》く、現実生活の不満《ふまん》や矛盾《むじゅん》に悩《なや》む青春時代には、理解《りかい》できないかもしれない。しかし、〝生死《しょうじ》〟の問題を究明《きゅうめい》し、宿命打開《しゅくめいだかい》の道を歩《あゆ》みゆく、妙法の青春にこそ、本当の意味での最高の青春があることを知ってほしい。

科学の発展《はってん》やさまざまな学問の分野で研究が進められ、未知《みち》なる世界は切り開かれてきたものの、人生の最大の課題《かだい》である〝生死の問題〟への根本的解決《こんぽんてきかいけつ》も、〝人生いかに生きるべきか〟の確実《かくじつ》な方途《ほうと》も、見いだしえていないのが実情《じつじょう》である。

また、有名や美名《びめい》の人生は、華《はな》やかさはあっても、結局《けっきょく》は〝惑《まど》い〟である。妙法に生命を燃《ねん》焼《しよう》させ、三世《さんぜ》十方《じつぽう》の仏・菩薩《ぼさつ》の加護《かご》を受けながら、人生を生きていけることこそ、無上道《むじようどう》の人生なのである。

ゆえに、女子部学生局のメンバーとして青春を生きゆくことは、最高の誇《ほこ》りであると確信していただきたい。誇りをもてる人生は幸《しあわ》せである。また、自《みずか》らの信念《しんねん》の道に誇りをもつことは、信仰者としての襟度《きんど》である。

どうか、「私は学会の女子部員です」と胸《むね》を張《は》り、誇りも高く進んでいただきたい。その深き決定《けつじよう》の一念《いちねん》が、因果《いんが》の理法《りほう》で、自らの境涯《きようがい》を深め、福運《ふくうん》をつけ、素晴《すば》らしき成長と進歩《しんぽ》の自分を築《きず》いていけるのである。少々《しようしよう》の反対や非難《ひなん》があったとしても、自身が信ずる道を、自分らしく、勇気をもって進んでいただきたい。

自分を磨《みが》き、知識を広め、社会での資格《しかく》や実力《じつりよく》をつけるためには、学問も大事である。しかし、学問が直《ただ》ちに幸せに結《むす》びつくものではない。学問を使《つか》いこなして、幸福を築き、推進《すいしん》していってこそ、大きな意味をもつのである。

人生には、人生の伴侶《はんりよ》や子どものさまざまな問題、さらに不慮《ふりよ》の事故《じこ》や不治《ふじ》の病《やまい》など、思いもよらぬ宿命《しゆくめい》の風雪《ふうせつ》があるものである。この宿命を打開《だかい》しゆく力《ちから》をもてないところに人生の悲《ひ》劇《げき》があり、その悲劇の連続《れんぞく》がこれまでの歴史であったといえる。

そうした現実のなかにあって、〝幸福とは何か〟との課題《かだい》に挑戦《ちようせん》し、それを具現化《ぐげんか》していくのが、日蓮大聖人の仏法であり、また創価学会の実践《じっせん》活動である。青春時代から、宿命《しゅくめい》を転換《てんかん》し、福運《ふくうん》を積《つ》み、学問を生かしながら、人生を謳歌《おうか》していけることほど幸《しあわ》せはない。これほど、価値《かち》ある青春はない、といっておきたい。

どうか皆さん方は、妙法の友の連帯《れんたい》の輪《わ》をさらに広げつつ、未来の人生の栄光《えいこう》のために、勇気と誇《ほこ》りある信心を貫《つらぬ》いていってほしいものである。

「学生部五十年の歩み」⑩——女子学生部の愛唱歌「緑の栄冠」

女子学生部の愛唱歌「緑の栄冠」の淵源は、1967年（昭和42年）5月。学生部の会合に寄せた、池田名誉会長のスピーチであった。

「皆さんは今、人生の新緑の季節」——名誉会長は「御義口伝」を通して、輝く若葉の季節である学生部の時代を悔いなく送るよう励ました。

女子学生は、この指導をもとに作詞・作曲。「あふれる光」のような師の期待を受けとめて、「理想の大樹」に育ちゆこう、との思いを込めた。

翌68年5月26日、青年部の野外研修が、東京・八王子市の創価大学の建設予定地で行われた。この時、女子学生が「緑の栄冠」を歌い上げた。

朝日に薫る　清新の
若葉の樹々に　風そよぐ……

この歌に初めて接した名誉会長は、じっと聴き入り、「いい歌だね！　感銘を深くしました！」と。

「どうだろう。今月の本部幹部会で全国の人たちに聴かせてあげたら」と提案した。

女子学生部の愛唱歌として誕生した「緑の栄冠」は、後に名誉会長の提案によって、広く女子部全体でも歌われてきた。

〈池田名誉会長の指導から〉

春夏秋冬——移りゆく季節のドラマが目に浮かぶような美しい歌詞であり、旋律である。

青春という人生の新緑の季節を生き抜く、女子学生部の友が作った歌である。

当時、全国の大学は、学生運動の熱狂が渦巻いていた。

だが、この歌には、急進的な思想に狂い踊る世相とは対照的に、若木が大地にどっしりと根を下ろし、大空高く、希望に向かって伸びていく青春が歌われていた。

「希望」があった。
「ロマン」があった。
「勝利の人生」があった。
「師弟の心」があった。
——名曲ができたな。

「緑の栄冠」は、私の忘れ得ぬ歌となり、やがて全女子部の愛唱歌となった。

今も私は、この乙女たちの〝青春の心の歌〟を聴くと、万感の思いが湧いてくるのだ。

（「雄々しき学会歌とともに」、『随筆 旭日の光』所収）

未来は現在にあり（メッセージ）

結成十周年記念全国飛翔会《ひしょうかい》総会　一九八五・八・二五

結成十周年を記念する飛翔会総会、まことに、おめでとうございます。

私も青春時代を働《はたら》きながら学んできた一人として、諸君の成長は本当に嬉《うれ》しい。

現実社会の中で、仕事と勉学の両立《りょうりつ》というのは、人知《ひと》れぬ大変な苦労《くろう》があるものであります。さまざまな事情《じじょう》で、勉学がなかなかはかどらない場合もあるかもしれない。

しかし、その労苦《ろうく》はすべて自身の財産《ざいさん》となって、永遠《えいえん》に輝《かがや》きゆくものであります。私はそこに、学問と人生の一つの尊《とうと》き価値《かち》があると思ってきました。

その意味で諸君は、まず学ぶということに、真剣《しんけん》に挑戦《ちょうせん》していただきたいのであります。

ゲーテの言葉に、「大胆不敵《だいたんふてき》に戦った人間なら、／英雄《えいゆう》を称《ほ》めたたえるに声を惜《お》しまない。／みずから火と寒冷《かんれい》に苦《くる》しまなかったものに、／人間の値打《ねう》ちが悟《さと》れるわけがない」（「西東詩集」生野幸吉訳、『ゲーテ全集 2』所収、潮出版社）とあります。

どうか、飛翔会《ひしようかい》の諸君こそ、敢然《かんぜん》と鍛《きた》えの青春を送っていただきたい。そこに後継《こうけい》の王道《おうどう》があるからであります。私もその王道を走《はし》り抜《ぬ》いてまいりました。

決して、焦《あせ》る必要はありません。いかなる苦境《くきよう》にあったとしても、五年先、十年先を見据《みす》えながら、当面《とうめん》の課題《かだい》に堂々《どうどう》と挑戦《ちようせん》していってください。そして、一つ一つを着実《ちやくじつ》に勝ち取りながら、人間としての底力《そこぢから》を養《やしな》っていただきたいのであります。

「未来」は「現在」にあり、「大事《だいじ》」は「小事《しようじ》」の中にこそあります。

私は、飛翔会の諸君が、広宣の天座《てんざ》を舞《ま》いに舞いゆく姿《すがた》を、信じ待っております。

諸君の成長と健康を心よりお祈《いの》りし、メッセージといたします。

「生命尊厳《そんげん》」の哲学《てつがく》を掲《かか》げて

学生部結成三十周年記念総会　一九八七・六・二八

学生部の諸君は、未来に生きゆく人たちであり、これからの時代を担《にな》いゆく人材《じんざい》である。諸君の一人一人の成長は、社会の中に、どれほどの価値《かち》を生み出していくか、計《はか》り知《し》れない。しかし、勉強もせず、成長も考えず、低次元《ていじげん》の存在《そんざい》にとどまっていては、自身も小さな境涯《きょうがい》の世界に終始《しゅうし》してしまうし、社会への貢献《こうけん》もできえない。

また、広宣流布は「生命の尊厳」を第一義として推進《すいしん》していく運動である。諸君はその後継《こうけい》者《しゃ》であり、内外《ないがい》のあらゆる分野のリーダーになっていくべき立場の人である。

◇

指導者の重要性《じゅうようせい》について御書を拝読《はいどく》しておきたい。

大聖人は「一つ船《ふね》に乗《の》りぬれば船頭《せんどう》のはかり事わる《拙》ければ一同に船中の諸人損《しょにんそん》じ」（御書一二二〇㌻）と仰《おお》せである。

一つの船に乗り合わせた以上、船頭という指導者が舵取《かじと》りをまちがえれば、乗っている人々もみな遭難《そうなん》してしまう。これは道理《どうり》である。他の乗り物にせよ、また、あらゆる団体、組織《そしき》、社会も同様《どうよう》に、中心となる指導者いかんで方向が大きく決定づけられてしまう。指導者の責任《せきにん》の重要性《じゅうようせい》は、いかに強調《きょうちょう》してもしすぎではない。

また大聖人は、日本の一切衆生《いっさいしゅじょう》の謗法《ほうぼう》の罪《つみ》について、「女人《にょにん》よりも男子の科《とが》はをもく・男子よりも尼《あま》のとがは重し・尼よりも僧《そう》の科はをもく・破戒《はかい》の僧よりも持戒《じかい》の法師《ほっし》のとがは重し、持戒の僧よりも智者《ちしゃ》の科はをもかるべし」（御書一三〇六㌻）と御教示《ごきょうじ》されている。

当時の日本社会においては、女性よりも男性のほうが、おおむね指導的立場にあった。また仏法のことでは僧のほうが、在家《ざいけ》の信者《しんじゃ》より責任があるのは当然である。ゆえに、そうした責任が大きい立場であればあるほど、誤《あやま》った言動《げんどう》の罪は大きい、との仰せと拝《はい》する。

とりわけ智者として多くの人々の尊崇《そんすう》を集めている指導者の罪は大きい。現代でいえば、世論に大きな影響《えいきょう》を与《あた》える権威《けんい》と信用《しんよう》をもった指導者が、誤れる言論などによって正法正義《しょうほうしょうぎ》を迫《はく》害《がい》することは、最大の罪となる。

大聖人御在世《ございせ》当時、そのように「智者《ちしゃ》」とあがめられながら、もっとも卑劣《ひれつ》な方法で大聖人を迫害《はくがい》した聖職者《せいしょくしゃ》がいた。有名な極楽寺良観《ごくらくじりょうかん》である。大聖人は、その悪《あく》の本質《ほんしつ》を鋭《するど》く喝破《かっぱ》されている。

四条金吾《しじょうきんご》への御返事《ごへんじ》である「王舎城事《おうしゃじょうのこと》」には、極楽寺の火災《かさい》にふれて、次のように仰《おお》せである。「名《な》と申す事は体《たい》を顕《あらわ》し候《そうろう》に両火房《りょうかぼう》と申す謗法《ほうぼう》の聖人《しょうにん》・鎌倉中《かまくらじゅう》の上下《じょうげ》の師《し》なり、一火《いっか》は身《み》に留《とど》りて極楽寺焼《やけ》て地獄寺《じごくじ》となりぬ、又《また》一火は鎌倉にはなち（放）て御所《ごしょ》やけ候《そうらい》ぬ」（御書一一三七ページ）と。

すなわち、その火事《かじ》は〝極楽寺〟を焼《や》いて〝地獄寺〟へと変《へん》じさせたばかりか、御所をも焼いてしまった。二カ所を焼いたのだから、名は体を表《あらわ》すように、〝良観房〟ではなく〝両火房〟だと揶揄《やゆ》されているのである。

「謗法の聖人」「鎌倉中の上下の師」との仰せのように、彼は、あらゆる人々から聖人と思われながら、その実《じつ》、大謗法の指導者であった。大聖人は、火災という一現象《いちげんしょう》をとらえられながら、彼の隠《かく》れた悪の本質をえぐりだされているのである。

ゆえに、次に「又一火は現世《げんせ》の国をやきぬる上に日本国の師弟《してい》ともに無間《むけん》地獄に堕《お》ちて阿鼻《あび》の炎《ほのお》にもえ候《そうろう》べき先表《せんぴょう》なり」（同）と御指摘《ごしてき》になられている。

極楽寺の一火が現世の国を焼いたことは、死後《しご》、良観もその弟子《でし》である日本国の人々も、ともに無間地獄《むけんじごく》で大苦悩《だいくのう》の炎《ほのお》に焼《や》かれる前兆《ぜんちょう》である、と。誤《あやま》れる指導者につけば、現世《げんせ》のみならず、三世《さんぜ》にわたって、永遠《えいえん》に苦悩の境涯《きょうがい》となってしまうとの仰《おお》せである。

最後に「四条金吾殿御返事《しじょうきんごどのごへんじ》」の一節《いっせつ》を拝《はい》しておきたい。金吾が、敵人《てきじん》の襲撃《しゅうげき》による生命の危《き》難《なん》を無事《ぶじ》、乗《の》り越《こ》えたことを喜《よろこ》ばれた御文《ごもん》である。

「前前《さきざき》の用心《ようじん》といひ又《また》けなげといひ又法華経の信心つよき故《ゆえ》に難なく存命《ぞんめい》せさせ給《たま》い目出《めで》たし」（御書一一九二ジペー）と。

金吾が生命を守れた理由《りゆう》は、一つには常日《つねひ》ごろの用心であった。二つには潔《いさぎよ》い勇気に満《み》ちていた。三つには強盛《ごうじょう》なる信心があった。ゆえに難を乗り越えて生命を長《なが》らえることができた、との仰せである。

諸君の将来《しょうらい》は長い。これから、自身の決定《けつじょう》した一念《いちねん》によって、いくらでも無限《むげん》にすばらしき人生を開いていける。何百年、何千年にも匹敵《ひってき》するような価値《かち》ある一生を築《きず》くこともできる諸君である。

ゆえに、つまらない事故《じこ》などで大切な未来を閉《と》ざしてしまうことがあっては絶対にならない。四条金吾への仰せのごとく、強き信心のうえに、人一倍《ひといちばい》、用心すべきは用心し、注意《ちゅうい》すべきは注意《ちゅうい》して、無事故《むじこ》の一日一日を重《かさ》ねていってほしい。

また、たとえ絶望的《ぜつぼうてき》に思える出来事《できごと》があっても、一時の不幸で自棄《やけ》を起《お》こし、人生全体を狂《くる》わせていくような弱き青年であってはならない。

若くして仏法の真髄《しんずい》を持った諸君である。妙法の絶大《ぜつだい》なる力《ちから》を原動力《げんどうりょく》に、一人残《のこ》らず、人生と社会の大勝利者になっていただきたい。いな、生命は永遠《えいえん》であるゆえに、一時の幸、不幸を超越《ちょうえつ》して、〝永遠の生命の勝利者〟となっていただきたい。そして広布の歴史に永遠に輝《かがや》きゆく名指導者として、悔《く》いなき生涯《しょうがい》を全《まっと》うしていただきたい。

（抜粋）

飛翔《ひしょう》の時へ、力《ちから》をつけよ

学生部・女子部学生局代表勤行会　一九九二・五・四

中国の漢《かん》の時代、武帝《ぶてい》のもとで仕《つか》えた東方朔《とうほうさく》という人物がいる。司馬遷《しばせん》の『史記《しき》』や『漢書《かんじょ》』にも紹介《しょうかい》され、つねに「正道《せいどう》」によって武帝を諫《いさ》めたことで知られる。とともに、ユーモアに富《と》み、当時の権威《けんい》主義的でエリート気質《かたぎ》の官僚《かんりょう》社会にあっては、自由奔放《ほんぽう》に振《ふ》る舞《ま》った人物とされている。しかし、その反面《はんめん》、その闊達《かったつ》な行動は、多くの人の誤解《ごかい》をまねくところともなった。

したがって、歴史的にも彼に対する評価《ひょうか》は分《わ》かれるが、本日はそのいくつかのエピソードを紹介させていただく。

ある時、武帝は、しだいに贅沢《ぜいたく》に流されてきた風潮《ふうちょう》を嘆《なげ》き、東方朔にたずねる。

「民衆の風俗《ふうぞく》を改《あらた》めたいと思うが、よい方法はないものか」

東方朔《とうほうさく》の答えは毅然《きぜん》としていた。

〝天下《てんか》の人民《じんみん》は、帝《みかど》の姿《すがた》を望《のぞ》み見て自分の手本《てほん》とするものです。しかるに、今、陛下《へいか》は豪華《ごうか》な宮殿《きゅうでん》を建《た》て、立派《りっぱ》な服《ふく》をまとい、さまざまな財宝《ざいほう》を集め、芝居《しばい》などに打《う》ち興《きょう》じています。

ゆえに陛下が、このように贅沢《ぜいたく》をしながら、人民だけに「贅沢をするな」というのは、とても通《つう》じる道理《どうり》ではありません〟と。（『漢書《かんじょ》 中巻』小竹武夫訳、筑摩書房、参照）

まことに痛烈《つうれつ》な直言《ちょくげん》である。現代にもそのまま通じる正論《せいろん》である。しかも相手《あいて》は皇帝《こうてい》。まかり間違《まちが》えば生命を落とすことにもなりかねない。まさに死《し》を賭《と》しての諫言《かんげん》であった。

それでもなお、正しいものは正しい、誤《あやま》りは誤りと明快《めいかい》にしていくのが、本当の「人格者《じんかくしゃ》」であり、「誠実《せいじつ》の人」「信念《しんねん》の人」である。

その意味から、私は、先日、宗門《しゅうもん》の悪《あく》の糾弾《きゅうだん》に立ち上がった青年僧侶《そうりょ》の勇気ある行動をたたえたい。なかには、諸君の先輩《せんぱい》もたくさんおられる。

あまりにも率直《そっちょく》で、歯に衣《きぬ》をきせぬ自由奔放《ほんぽう》な彼の言動《げんどう》は、多くの批判《ひはん》を受けた。そのため彼は出世《しゅっせ》の道からは遠ざけられた。周囲《しゅうい》の人間は、どんどん偉《えら》くなる。しかし、彼は平然《へいぜん》としていた。決して腐《くさ》らなかった。

〝人が活躍《かつやく》するには、時というものがある。『詩経《しきょう》』にも「ひとたび水辺《みずべ》に鶴《つる》が鳴《な》けば、その声は天に届《とど》く」とあるではないか。だからこそ、士《し》（官吏《かんり》）たるものは、いざという時のために、日夜《にちや》、うまずたゆまず学問、修身《しゅうしん》に励《はげ》んでいくべきである〟と。

人生には〝いざ〟という〝時〟がある。〝出番《でばん》〟がある。その時に、いかに戦い、いかに勝つか。そこが勝負《しょうぶ》である。

そのために〝日夜、うまずたゆまず学問、修行《しゅぎょう》をしていきなさい〟と、彼は結論《けつろん》として教え残《のこ》している。立身出世《りっしんしゅっせ》のみを追《お》い求《もと》め、いくら処世術《しょせいじゅつ》に長《ちょう》じていても、それだけでは偉大《いだい》な仕事を遺《のこ》すことはできない、と。（前掲『漢書《かんじょ》 中巻』、参照）

諸君の本舞台《ほんぶたい》は「二十一世紀」である。その時のために、日夜、〝うまずたゆまず〟学問に励み、人格《じんかく》の錬磨《れんま》に取り組んでいただきたい。「人格」と「学問」を兼《か》ね備《そな》えた人が、真の人材《じんざい》である。国際人《こくさいじん》である。

「努力」なき人は敗北者《はいぼくしゃ》である。「努力」の人が勝つ人である。平凡《へいぼん》なようであるが、私の人生経験の一結論《いちけつろん》である。

たとえ今、ご両親《りょうしん》が苦境《くきょう》にあったり、自分がたいへんな環境《かんきょう》にいたとしても、使命《しめい》ある諸君には、必《かなら》ず、鳳《おおとり》のごとく大きく飛翔《ひしょう》する時が来る。その未来を、ご両親にも語《かた》り、安心させ、希望をあたえてあげながらの、堂々《どうどう》たる努力の青春であってほしい。

東方朔《とうほうさく》は、死《し》の直前《ちょくぜん》、最後の諫言《かんげん》として、『詩経《しきょう》』の言葉を引きながら武帝《ぶてい》に述べている。

〝ぶんぶんと、うるさい青バエが群《むら》がって垣根《かきね》にたかる。（讒言《ざんげん》はその青バエのようなものだ）慈悲深《じひぶか》き君子《くんし》よ、その讒言を信じてはいけません。讒言はとめどを知らず、国と国とを戦《いくさ》にさそうものなのです〟――と。（『史記 Ⅴ 思想の命運』藤本幸三・西野広祥訳、徳間書店、参照）

彼は、讒言の連続《れんぞく》であったみずからの一生を振《ふ》り返《かえ》り、語《かた》った。

それらがいかに取るに足《た》らないものであるか。また、ひとたび、それにかかわったならば、どれほど多くの人を滅《ほろ》ぼしていくか――それを深く深く知りつくしていたであろう。

私も、同じである。「でたらめ」「つくりごと」によって、今日《こんにち》、私ほど攻撃《こうげき》されてきた人間もいないであろう。それだけに、私は、どんな悪意《あくい》の言《げん》にも動かされない。すべて見破《みやぶ》っていく。

皆さんも、〝青バエ〟のように人にたかり、おとしいれようとする心ない讒言に、絶対に惑《まど》わされてはならない。それらを見抜《みぬ》く「知性《ちせい》」をもっていただきたい。そのためにも「学問」を重《かさ》ねることである。

今回の宗門《しゅうもん》問題も、讒言に讒言を重ねられたことがひとつの発端《ほったん》である。宗門の中心者が、讒言《ざんげん》を讒言と見抜《みぬ》けず、利用され、かえって嫉妬《しっと》の炎《ほのお》を燃《も》やしたのである。そして、多くの人々を苦《くる》しめ、社会に迷惑《めいわく》をかけ、自身も永遠《えいえん》に恥《はじ》を残《のこ》した。

人間というものが、どれほど愚《おろ》かなものか。愚かさゆえにどれほど惨《みじ》めな姿《すがた》をさらすことになるか。これが古今東西《ここんとうざい》の堕落《だらく》と破滅《はめつ》の方程式である。宗門《しゅうもん》はまた、その〝実例《じつれい》〟を加《くわ》えてしまった。

そうさせない、こうならないためには「学問」である。「知性《ちせい》」である。「教育」である。諸君の使命《しめい》は大きい。

これからも、私は教育の発展《はってん》のために、さらに一生懸命《いっしょうけんめい》、努力していく決心《けっしん》である。

どうか、健康に気をつけ、立派《りっぱ》に成長していただきたい。お父さん、お母さんを大切にしていただきたい。後輩《こうはい》のために、道を開いていただきたい。そして「すばらしい、偉大《いだい》な人生を歩《あゆ》んでいただきたい」と、心より念願《ねんがん》し、スピーチとしたい。

（抜粋）

「苦労《くろう》」こそ青年の財産《ざいさん》

第三十七回学生部総会、本部幹部会　一九九五・六・二八

きょうは、とくに学生部・青年部の諸君も記念日で集《つど》われている（六月三十日は「学生部結成記念日」）。二十一世紀を頼《たの》む、大切な大切な諸君のために、私は語《かた》っておきたい。

また本日は、「7・3」記念の第九十回本部幹部会であり、皆、元気旺盛《おうせい》に集ってこられて、私は本当にうれしい。

皆さまは、来る日も来る日も広宣流布のために戦っておられる、尊《とうと》い方々である。

われわれの誇《ほこ》りは何か。それは、日蓮大聖人の仏法を弘《ひろ》めていることである。私どもは日蓮大聖人の教えを守っている。日蓮大聖人の御一念《ごいちねん》を拝《はい》し、その仰《おお》せのままに一切の行動をしている。他の誰《だれ》のためでもないのである。

全部、日蓮大聖人にささげ、日蓮大聖人につつまれ、日蓮大聖人に通《つう》じている行動である。

ここに、創価学会のすごさがある。この王者《おうじや》の自覚《じかく》をお願《ねが》いしたい。

「春の喜《よろこ》び」――それを知るのは、「冬のつらさ」を知る人だけである。人生も同じである。

スイスの哲学者《てつがくしや》ヒルティ（一八三三年―一九〇九年）は、『眠られぬ夜のために』の著者《ちよしや》として有名である。彼は言った。

「喜びとはなんであるかを知る者は、元来《がんらい》、多くの苦《くる》しみを耐《た》え忍《しの》んできた人々のみにかぎられます。自余《じよ》（＝その他）の人々は、真の喜びとは似《に》ても似つかぬ単なる快楽《かいらく》を経験しているにすぎないのです」（「不幸における幸福」岸田晩節訳、『ヒルティ著作集 第七巻』所収、白水社）

苦労《くろう》をしていない人に、「本当の喜び」は分《わ》からない――そのとおりである。

これまでの背信者《はいしんしや》、反逆者《はんぎやくしや》、退転者《たいてんしや》。彼らは全部、学会を利用しながら、本当の苦労を避《さ》けていた。弘教《ぐきよう》の苦労も、広宣流布のさまざまな苦労も、個人指導の苦労も、機関紙《きかんし》拡大《かくだい》の苦労も、本当にはしていない。全部、自分のエゴゆえの学会利用であり、最後は行《ゆ》き詰《づ》まって自滅《じめつ》していった。

苦労しないから、成長もなく、真実《しんじつ》の信仰の喜びも分《わ》からなかった。

ヒルティは言う。

「人生の幸福は、艱難《かんなん》が少ないとか無《な》いとかいうことにあるのではなく、それらのすべてを

常勝的《じょうしょうてき》にかがやかしく克服《こくふく》するにある」(『眠られぬ夜のために I』小池辰雄訳、『ヒルティ著作集 第四巻』所収、白水社)

あらゆる困難《こんなん》を悠々《ゆうゆう》と乗《の》りきっていく、そこに人生の幸福はある、と。仏法の煩悩即菩提《ぼんのうそくぼだい》にも通《つう》じる人生観である。

世間《せけん》には、苦労《くろう》しないで、うまく泳《およ》いでいる人たちがいる。楽《らく》して得《とく》をしよう、偉《えら》くなろう、と。しかし、その結末《けつまつ》が幸福かどうか。虚飾《きょしょく》は、いつかはげる。見栄《みえ》は、いつか行き詰《づ》まる。

自然《しぜん》の世界では、冬は必《かなら》ず春となる。人間の世界がそうなるには何が必要か。ヒルティは叫《さけ》ぶ。

「貫《つらぬ》け! この短言《たんげん》は、内的《ないてき》生活の危機《きき》にあたっていくたびとなく、ほとんど魔術的《まじゅつてき》な効力《こうりょく》を発揮《はっき》するものである」(同)

貫け! 持続《じぞく》せよ! どんな困難があろうと、貫いていけ!

この一言の中に、一切がある。これが彼の結論《けつろん》であった。彼は呼《よ》びかける。

――知性《ちせい》が眠《ねむ》りに落ちそうな時。また、けだるい気分《きぶん》に負《ま》けそうな時。その時こそ「貫け!」。この短《みじか》い言葉は、健全《けんぜん》な意志《いし》に衝撃《しょうげき》をあたえ、目覚《めざ》めさせる。

そして高貴《こうき》な魂《たましい》はふたたび自由になって、真実《しんじつ》に向かい、正義に向かって動くであろう。ゆえに、あなたが、むなしさやけだるさに「縛《しば》られている」と感じたら、その時こそ「貫《つらぬ》け！」。組織《そしき》のこと、仕事のこと、人間関係のこと——当然、悩《なや》みや、行き詰《づ》まりはあるであろう。その時こそ、「貫け！」。前進を貫いて、自分で自分を勝利させる以外に道はない。生きることが、何《なん》となくもの憂《う》く感じられることもあるかもしれない。何かに「縛られている」ように感じる時。すべてが受《う》け身《み》になっている時。何となく迷《まよ》いが感じられる時。その時こそ、受け身の一念《いちねん》を逆転《ぎゃくてん》させて、「さあ、この道を貫こう！」「きょうの使命《しめい》を貫こう！」。こう決めていく時に、その一念のなかに、真実《しんじつ》の「春」が到来《とうらい》する。花が咲《さ》いていく。「貫く」。それは私どもでいえば、題目をあげていこう、一人また一人に語《かた》っていこうという実践《じっせん》である。冬から春へ——転換《てんかん》の具体的《ぐたいてき》な道を知っている私どもは、幸《しあわ》せである。

青年部の中から、創価学会の「二十一世紀の大指導者」が陸続《りくぞく》と出てほしい。そう強く期待《きたい》するゆえに、「徹底《てってい》して苦労《くろう》を」と重《かさ》ねて申し上げたい。

戸田先生は、よく言われていた。

「私は、なぜ会長になったのか。それは、私は妻《つま》も亡《な》くしました。愛する娘《むすめ》も亡くしました。そして、人生の苦労を、とことん、なめつくしました。だから会長になったのです」と。

苦労をしぬいたからこそ、会長の資格《しかく》がある。これが戸田先生の哲学《てつがく》であった。

学会の役職《やくしょく》は名誉職《めいよしょく》ではない。すべて責任職《せきにんしょく》である。ここに学会の役職の伝統《でんとう》がある。

創価学会は、苦《くる》しんでいる人、悩《なや》んでいる人を救《すく》うためにある。ゆえに学会のリーダーは、人々の苦しみ、会員の心を、誰《だれ》よりも分《わ》かる人でなければならない。そうでなければ、仏法の指導者の資格《しかく》はない。学会の真実《しんじつ》の幹部ではない。苦労《くろう》してこそ、「信心」も深まるのである。

苦労を避《さ》け、立場の権威《けんい》で人を動かそうとする人間は「指導者」ではなく「権力者」になってしまう。そうなれば、皆を苦しめ、信心の世界を破壊《はかい》する魔物《まもの》である。日顕《にっけん》がその代表である。

私自身のことになるが、信頼《しんらい》する諸君のために、あえて語《かた》り残《のこ》しておきたい。今は亡《な》き小泉《こいずみ》隆理事長《たかしりじちょう》が言われていた。

「創価学会のために、若き日からいちばん、苦労されたのは、だれが何《なん》と言おうと池田先生である。いちばん苦労された先生が会長になるのが当然である」と。これが小泉理事長の一貫《いっかん》した信念《しんねん》であった。「事実」を厳然《げんぜん》と知っていたからである。

あらゆる角度《かくど》から戸田先生を守り、学会を守りぬいてきた私の闘争《とうそう》から見れば、今の青年部は遊《あそ》びのようなものである。

よく語りあった松下幸之助《まつしたこうのすけ》さんの言葉が、今でも耳朶《じだ》から離《はな》れない。「池田先生、やっぱり、若いときの苦労は、買《か》ってでもせな、あきまへんなぁ」と。

今の時代は、皆、苦労《くろう》から逃《に》げようとしている。苦労することを、時代遅《おく》れのように思っている。また苦労するのが損《そん》のように勘違《かんちが》いしている。そうではない。苦労は全部、自分のためである。

甘《あま》えようと思えば、いくらでも甘えられる〝鍛錬《たんれん》なき時代〟である。鍛錬なきゆえに、自己《じこ》が崩壊《ほうかい》し、日本という国自体が、崩壊の様相《ようそう》を呈《てい》してきた。

こういう時代だからこそ、自分から求めて「苦労しよう」と自覚《じかく》した人が得《とく》をする。何ものにも「負《ま》けない」自分へと、鍛錬しぬいた人が勝つ。

その貴重《きちょう》なる「自己教育」の世界はどこにあるか——。ここにある。創価学会にある。ここにこそ、人生を最高に勝利させる「道」がある。

諸葛孔明《しょかつこうめい》(一八一年—二三四年)は『三国志《さんごくし》』の華《はな》である。

孔明といえば「星落秋風五丈原《ほしおつしゅうふうごじょうげん》」(作詞・土井晩翠)。この歌は、戸田先生の心に通《つう》じると私が思い、先生の前で歌った曲である(昭和二十八年一月)。歌を聴《き》かれた先生は、涙《なみだ》を浮《う》かべておられた。

その思い出をこめて、青年部の諸君に、諸葛孔明の生《お》い立《た》ちを通して話しておきたい。

諸葛孔明の大活躍《だいかつやく》は有名だが、彼の青年時代——「自己教育」の時代は、あまり知られていない。孔明《こうめい》は、どうやって自分をつくったのか。後年《こうねん》の大活躍《だいかつやく》の原因《げんいん》は、どこにあったのか。孔明の生《お》い立《た》ちには諸説《しょせつ》があるので、それらを勘案《かんあん》して語《かた》りたい。

孔明は十歳くらいで母を亡《な》くした。少年《しょうねん》にはたいへんなショックであった。この世《よ》から光《ひかり》が消《き》えたような――。

父は後妻《ごさい》を迎《むか》える。父は、ある郡《ぐん》の丞《じょう》（副知事《ふくちじ》）であった。その父も、孔明が十二歳くらいで死《し》んだ。

孔明は、こうして幼《おさな》くして母を失《うしな》い、父を亡くした。特別《とくべつ》の財産《ざいさん》があるわけでもない。残《のこ》されたのは、父の後妻である継母、そして孔明の兄、姉、弟であった。

どう生きるべきか――一家は途方《とほう》に暮《く》れた。相談《そうだん》の結果、叔父《おじ》の諸葛玄《しょかつげん》を頼《たよ》ることになった。一家は徐州《じょしゅう》の故郷《こきょう》を捨《す》て、叔父の住《す》む荊州《けいしゅう》へ向かった。

南へ、南へ――。中国は広い。移動《いどう》の途中《とちゅう》、少年は多くの流民《りゅうみん》と出会った。

世は乱世《らんせい》である。後漢末期《ごかんまつき》で王朝《おうちょう》は衰《おとろ》え、群雄《ぐんゆう》が覇《は》を競《きそ》っていた。戦乱《せんらん》によって殺《ころ》された人々。焼《や》かれ、破壊《はかい》された町々。流浪《るろう》する難民《なんみん》も数えきれないほどだった。

少年は、民衆の惨状《さんじょう》を目《ま》のあたりにした。

「何《なん》ということか。人間は幸福になるために生まれてきたのではないのか？　なのに、どうして人間は、こんなにも不幸なのか？」「国はどうしてこんなにも乱《みだ》れているのか？」少年は悩《なや》んだにちがいない。そして、乱れた世《よ》を救《すく》う〝何か〟を求めていった——。

やっと叔父《おじ》の家に着《つ》いた。しかし、ここにも落ち着くことはできなかった。叔父が、さらに南の揚州《ようしゅう》の太守《たいしゅ》（知事《ちじ》）に任命《にんめい》されたからである。

また移転《いてん》——孔明《こうめい》は、兄とも別《わか》れ、さらに南へ、叔父とともに移《うつ》っていった。

このように広い中国の各地を転々《てんてん》としながら、生命の危険《きけん》を乗《の》り越《こ》え、風雨《ふうう》と闘《たたか》い、空腹《くうふく》を耐《た》え、そのなかで孔明は勉強したのである。

豊かな自宅《じたく》の、きれいな机《つくえ》で、悠々《ゆうゆう》と学んだのではない。それでは、あの「常勝将軍《じょうしょうしょうぐん》・孔明」は絶対にできなかったであろう。孔明の学問は〝生きた学問〟であった。私も、そうである。苦《くる》しむ民衆と交《まじ》わり、語《かた》り、庶民《しょみん》の心の機微《きび》も学んだ。自分の生命を守る知恵《ちえ》も身《み》につけた。精神《せいしん》を練《ね》った。肉体《にくたい》を鍛《きた》えた。

わたり歩く各地の風土《ふうど》・地理・人情《にんじょう》・風俗《ふうぞく》を調《しら》べ、鋭《するど》い目で観察《かんさつ》し、自分のものとしていった。また各地の様子《ようす》から指導者の善《よ》し悪《あ》しを見ぬいた。「我《わ》れ以外、皆我が師《し》」——作家・吉《よし》川英治《かわえいじ》氏の言葉のとおりであった。

そのなかで、彼は「書物《しょもつ》」を学んだ。書物の教えを、体験を通して、一つ一つ身につけていった。「知識」を「知恵《ちえ》」に変えていった。ここが偉大《いだい》である。

しかも、彼の〝学び〟は、目的がはっきりしていた。この乱《みだ》れた世《よ》の中《なか》をどう救《すく》うか。未来をどうすればいちばんよいか――ここに焦点《しょうてん》があった。目的が明確《めいかく》だったゆえに、学んだことが何ひとつむだにならなかった。こうして苦労《くろう》が全部、孔明《こうめい》の成長の〝こやし〟となったのである。

孔明は、叔父《おじ》とともに、叔父の任地《にんち》・揚州《ようしゅう》に着《つ》いた。しかし、そこには思いもかけぬ事件《じけん》がまっていた。他の実力者《じつりょくしゃ》から任命《にんめい》された別《べつ》の知事《ちじ》がやってきたのだ。

「私こそ本当の知事だ」「いや私こそ」……。そのころ国の命令系統《めいれいけいとう》が乱れ、こうした混乱《こんらん》が少なくなかった。

〝二人の知事〟が争《あらそ》うことになった。戦争が始《はじ》まった。実力で決着《けっちゃく》をつける以外になかった。

しかし――叔父は敗《やぶ》れ、追放《ついほう》されてしまった。孔明は敗戦《はいせん》の惨《みじ》めさを骨身《ほねみ》に染《し》みて知った。

彼は敗れた兵隊《へいたい》たちとともに、命からがら逃《に》げまわった。叔父も逃走中《とうそうちゅう》に殺《ころ》されたという説《せつ》もある。

「よし!」。孔明は誓《ちか》った。血涙《けつるい》にまみれて、わが身《み》に言い聞かせた。

「二度と負《ま》けてはならない。絶対に勝たねばならない。負ければ、これ以上の不幸はない」

「人生は勝負《しょうぶ》」である。「仏法も勝負」である。釈尊《しゃくそん》も日蓮大聖人も「断《だん》じて勝て」と仰《おお》せである。（釈尊は魔《ま》軍《ぐん》に打ち勝つゆえに「勝者《しょうしゃ》」と呼《よ》ばれた。日蓮大聖人は「仏法と申すは勝負をさきとし」〈御書一一六五ジペー〉と仰せである）

孔明《こうめい》はふたたび流浪《るろう》の身《み》になった。その時、十七歳と言われる。荊州《けいしゅう》にもどり、その後、十年間、自分を鍛《きた》えに鍛え、「一剣《いっけん》」を磨《みが》きに磨いた。「不敗《ふはい》」「常勝《じょうしょう》」の知恵《ちえ》と力《ちから》を養《やしな》った。

立ち上がる〝その時〟をめざして、苦労《くろう》し、勉強し、あらゆるものを吸収《きゅうしゅう》した。

〝その時〟が訪《おとず》れた。二十七歳、主君《しゅくん》となる劉備玄徳《りゅうびげんとく》と出会う。ここから『三国志《さんごくし》』の、あの大活躍《だいかつやく》が始《はじ》まるのである。

ちょうど青年部の諸君の年代である。老《お》いてからでは遅《おそ》すぎる。若き日から存分《ぞんぶん》に活躍すべきである。そうでなければ人生に後悔《こうかい》を残《のこ》す。

「孔明」という名前は、「孔《はなは》だ明るい」という意味である。

その名のごとく、青年時代の闇《やみ》また闇を破《やぶ》り、世《よ》の中《なか》の闇また闇を破って、人々を照《て》らす灯《とう》台《だい》のごとくなろうと決めた。鍛えぬかれて、知者《ちしゃ》は明るくそびえ立った。

諸君も、一人の「孔明」であっていただきたい。どこに行《い》っても、知恵で勝利を照らし、人《じん》格《かく》で人々を照らす指導者であってもらいたい。

すぐに怒《おこ》ったり、文句《もんく》を言うような、弱い心であってはならない。強く、強く、太陽のような明るさで、広布の指揮《しき》をとってもらいたい。

結論《けつろん》すれば、不世出《ふせいしゅつ》の天才《てんさい》・孔明《こうめい》の師匠《ししょう》は、だれであったか――。それは「苦労《くろう》」という二文字であったといえよう。

「苦労」即《そく》「喜《よろこ》び」である。

ルソーの教育の書『エミール』。この書についても戸田先生とよく語《かた》りあった。電車《でんしゃ》の中でも対話《たいわ》したものだ。『エミール 上』には、こうある。

「子どもを不幸にするいちばん確実《かくじつ》な方法はなにか、それをあなたがたは知っているだろうか。それはいつでもなんでも手に入《い》れられるようにしてやることだ」(今野一雄訳、岩波文庫)

何《なん》でも自由に手に入《はい》れば、人間は堕落《だらく》してしまう。結局《けつきょく》、弱々しく、不幸な、人生の敗北者《はいぼくしゃ》ができる。環境《かんきょう》に恵《めぐ》まれていながら不幸になる場合が多いのは、これである。

「苦労がない」ということは「勝利の原因《げんいん》がない」ということである。ゆえに青年は、できあがった環境に安住《あんじゅう》してはならない。

できあがった組織《そしき》の上にのっかって、いばったり、虚勢《きょせい》をはっても、むなしい。そんな役職《やくしょく》や立場だけなら虚像《きょぞう》である。蛍火《ほたるび》である。本当の人間の光《ひかり》ではない。魂《たましい》の光ではない。

青年は、「自分の力《ちから》」で、「自分の苦労《くろう》」で、「自分の行動」で、「新しい歴史」をつくっていくべきである。私は、その思いで歴史をつくってきた。広宣流布の大《おお》いなる歴史を、世界中に残《のこ》してきた。ただ一人、大難《だいなん》を受けながら。

あとは諸君である。諸君も諸君の立場で道を開いていくべきである。腹《はら》を決めて苦労しぬいて、偉《えら》い人になってもらいたい。諸君は妙法を持っている。苦労が全部、生きないわけがない。

青年にとって、職業《しょくぎょう》の悩《なや》みは大きい。自分には、どういう職業が向いているのか。今の職業で、いいのだろうか——こう悩む人も多いにちがいない。

私も青年時代に、悩んだ。はじめ私は、戸田先生の出版社《しゅっぱんしゃ》で少年雑誌《しょうねんざっし》の編集《へんしゅう》をした。あこがれの職業であった。しかし、経営《けいえい》が悪化《あっか》し、雑誌は廃刊《はいかん》。

私の仕事は、いちばん嫌《きら》いな金融《きんゆう》の仕事に替《か》わってしまった。しかも、月給《げっきゅう》さえもらえない時期が続いた。冬になっても、オーバーも買《か》えなかった。しかし私は、文句《もんく》など一言《ひとこと》も言わなかった。願《ねが》いは、ただ戸田先生の苦境《くきょう》を打開《だかい》することであった。そのために、ひたむきに働《はたら》いた。

私は、戸田先生をわが師匠《ししょう》と決めていた。一度そう決めたのだから、貫《つらぬ》くしかない。師弟《してい》は、「弟子《でし》がどう戦うか」で決まる。

戸田先生も、牧口先生を師匠《ししょう》と定《さだ》めたゆえに、ともに牢獄《ろうごく》に入り、辛酸《しんさん》をなめ尽《つ》くされた。しかし、戸田先生は「あなた（＝牧口先生）の慈悲《じひ》の広大無辺《こうだいむへん》は、私を牢獄まで連《つ》れていってくださいました」と感謝《かんしゃ》をささげられたのである。なんと崇高《すうこう》な弟子《でし》の姿《すがた》か。これが「本物《ほんもの》」の師弟《してい》である。師弟は弟子で決まる。

戸田先生は、職業《しょくぎょう》の悩《なや》みをもつ青年に対し、こう指導されていた。

「職業を選ぶ基準《きじゅん》。これには三つある。すなわち美《び》・利《り》・善《ぜん》の価値《かち》だ。『自分が好き（美）であり、得《とく》（利）であり、社会に貢献《こうけん》できる（善である）仕事』につくのが、だれにとっても理想《りそう》である。しかし、実社会《じっしゃかい》は、君たちが考えるほど甘《あま》くない。はじめから希望どおり理想的な職業につく人は、まれだろう。思いもかけなかったような仕事をやらなければならない場合のほうが多い」

たとえば――。

〝生活ができて、社会の役《やく》に立つが、どうしても向いていない、好きになれない〟（利があり、善だが、美ではない）

〝「好き」で「人の役に立つ」職業でも、食べていけない〟（美と善があっても利がない）

〝「もうかって」「好き」な仕事でも、社会の迷惑《めいわく》になる〟（利であり、美であるが、悪《あく》である）

このように、現実には「美《び》」「利《り》」「善《ぜん》」の三つの価値《かち》は、なかなかそろわない。とくに今は、不景気《ふけいき》でもあり、就職《しゅうしょく》の困難《こんなん》は増《ま》している。

それでは、どうすればよいのか。戸田先生は教えられた。

「こういう時、青年は決して、へこたれてはいけない。自分の今の職場《しょくば》で全力をあげて頑張ることだ。『なくてはならない人』になることだ。

嫌《いや》な仕事から逃《に》げないで、御本尊に祈《いの》りながら努力していくうちに、必《かなら》ず最後には、自分にとって『好きであり、得《とく》であり、しかも社会に大きな善をもたらす』仕事に到着《とうちゃく》するだろう。これが信心の功徳《くどく》だ。

それだけではない。その時に振《ふ》り返《かえ》ると、これまでやってきた苦労《くろう》が、一つのむだもなく、貴重《きちょう》な財産《ざいさん》として生きてくるのです。全部、意味があったと分《わ》かるのだ。私自身の体験からも、こう断言《だんげん》できる。信心即《そく》生活、信心即社会であり、これが仏法の力《ちから》なんだよ」と。

戸田先生は、不世出《ふせいしゅつ》の天才的《てんさいてき》な指導者であられた。先生の言葉の正しさは、私の経験からも本当によく実感《じっかん》できる。

自分が今いる場所《ばしょ》で、勝つ以外にない。仏法でも「本有常住《ほんぬじょうじゅう》」（本来《ほんらい》そなわっていて、三世《さんぜ》にわたって存在《そんざい》すること）「娑婆即寂光《しゃばそくじゃっこう》」（現実の娑婆世界が、本来、仏《ほとけ》の住《じゅう》するすばらしい世界であること）と説《と》く。

その場で光ることである。当面《とうめん》の仕事を避《さ》けないで、全力で頑張りぬいていけば、必《かなら》ずいちばん良《よ》い方向へと道が開けていく。

やがて〝これまでの苦労《くろう》には、全部、意味があった。すべて、自分の財産《ざいさん》になった〟――こう分《わ》かるようになる。その時こそ、諸君は勝利者である。

内村鑑三《うちむらかんぞう》は言った。「人生の成功《せいこう》とは実《じつ》は他の事《こと》ではない、自分の天職《てんしょく》を知って、之《これ》を実行《じっこう》する事である」と。

しかし「大抵《たいてい》の場合に於《お》ては天職は発見《はっけん》せられず、又《また》実行せられずして、人は己《おのれ》が欲《ほっ》せず又己に適《てき》せざる事を為《な》しつつ其《その》一生を終るのである」(「地位の満足」、『内村鑑三選集 第一巻』所収、岩波書店)と。

人生の真実《しんじつ》をついた言葉である。現実は、たしかに厳《きび》しい。

これに対して、妙法を持った青年は幸福である。必ず「これでよし」という人生にしていける。

「自分は〝幸福青年〟である。苦労それ自体が幸福なのだ」。こう思える境涯《きょうがい》になっていただきたい。そのほうが賢明《けんめい》である。

その人の生命の真実は、姿《すがた》に表《あらわ》れる。「諸法実相《しょほうじっそう》」である。

自己《じこ》の境遇《きょうぐう》を嘆《なげ》いて、いつも下ばかり向いて沈《しず》んでいるようでは、自分がみじめであるし、周囲《しゅうい》も評価《ひょうか》してくれるはずがない。

いつも、快活《かいかつ》に生き生きと行動したほうが得《とく》である。そのほうが道が開ける。一念《いちねん》ですべては決まる。

一人一人が、それぞれの道で「成功者《せいこうしゃ》」になっていただきたい。「成功者」とは中途半端《ちゅうとはんぱ》ではないということである。自分が決めた道を最後まで貫《つらぬ》き通すことである。

そのためには、職場《しょくば》を「自分を成長させる人間修行《しゅぎょう》の場」と自覚《じかく》することである。「人間修行の場」とは「仏道《ぶつどう》修行の場」であり、「信心修行の場」といえる。そうとらえていけば、一切、文句《もんく》は消《き》える。いつもつまらない文句を言っている人間ほど、哀《あわ》れなものはない。

戸田先生はよく言っておられた。「ウソをついたり、人をごまかす、ずる賢《がしこ》いキツネのような青年にはなるな！」と。

（抜粋）

「民衆の世紀」の太陽と輝《かがや》け

第一回全国学生部幹部会　一九九七・四・一五

先日、学生部の代表の皆さんから、フランス革命前夜《ぜんや》（七年前）の一七八二年に出版《しゅっぱん》された『ルソー全集』（フランス語版）を頂戴《ちょうだい》した。

ルソーの名著《めいちょ》に『エミール』がある。

戸田先生が亡《な》くなられる前、電車《でんしゃ》の中で「今、何を読んでいるのか」と聞かれた。ちょうど、そのとき、読んでいたのが『エミール』であった。戸田先生は「内容《ないよう》を話してみよ」と。すぐに、お答えしたが、いつも厳《きび》しい先生であった。

『エミール 上』（今野一雄訳、岩波文庫）の中でルソーは、「最《もっと》も教育された者」とはどういう人間かを論《ろん》じている。

ルソーは語《かた》る。それは「人生のよいこと悪いことにもっともよく耐《た》えられる者」である、と。

仏教でも、仏《ほとけ》を「能忍《のうにん》」、すなわち「能《よ》く忍《しの》ぶ」人と呼《よ》ぶ。ルソーの言葉は、仏法にも通《つう》じる。ゆえにルソーは、「ほんとうの教育とは、教訓《きょうくん》をあたえることではなく、訓練《くんれん》させることにある」（今野一雄訳、前掲書）と結論《けつろん》した。意味の深い、大切な言葉である。

私は戸田先生から、〝訓練〟を受けきった。一番の代表として、朝から晩まで先生の側《そば》にお仕《つか》えした。それはそれは厳《きび》しい〝訓練〟であり、教育であった。

先生は「戸田大学」と言われていた。二人きりの大学であった。その薫陶《くんとう》を受けたことが、私の青春の誉《ほま》れであり、幸福である。

本年（一九九七年）は、私が戸田先生と出会って五十年。入信《にゅうしん》まもないころ、諸君と同じ年代の私に、戸田先生が「この御書だけは命に刻《きざ》んでおきなさい。学会の闘士《とうし》になるためには、この御書は忘《わす》れてはならない」と言われ、教えてくださった御聖訓《ごせいくん》がある。

それは、「御義口伝《おんぎくでん》」の一節《いっせつ》、「一念《いちねん》に億劫《おくごう》の辛労《しんろう》を尽《つく》せば本来無作《ほんらいむさ》の三身念念《さんじんねんねん》に起《おこ》るなり」（御書七九〇ジー）――億劫（きわめて長遠《ちょうおん》の間）にわたって尽《つ》くすべき辛労を、わが一念に尽くして（広宣流布に戦って）いくならば、もともと自分の身《み》に備《そな》わっている無作三身の仏の生命が、瞬間瞬間《しゅんかんしゅんかん》に起《お》こってくるのである――であった。

本当に広宣流布に徹《てっ》すれば、信心に徹すれば、人生の真髄《しんずい》の生き方に徹すれば、自然《しぜん》のうちに仏《ほとけ》の境界《きょうがい》が薫発《くんぱつ》される、という意味である。

この「師弟《してい》の御金言《ごきんげん》」を、私は万感《ばんかん》をこめて、二十一世紀の広布のバトンを託《たく》す、わが後継《こうけい》の弟子《でし》・学生部の諸君に贈《おく》りたい。


本日の会合には、二十一世紀の中国を担《にな》う三億五千万の青年の連帯《れんたい》――全青連《ぜんせいれん》（中華《ちゅうか》全国青年連合会《れんごうかい》）の若きリーダーが駆《か》けつけてくださった。

（蒋慶哲団長《しょうけいてつだんちょう》をはじめ二十人が、学会青年部の招《まね》きで来日《らいにち》。幹部会の冒頭《ぼうとう》、団長があいさつ。池田ＳＧＩ〈創価学会インタナショナル〉会長とも会見《かいけん》した）

「若い人と会いたい」「これからの人を大事にしたい」――これが周恩来総理《しゅうおんらいそうり》の一貫《いっかん》した心であった。戸田先生もそうであった。

総理は、この心で、私を迎《むか》えてくださった。お会いしたのは、一九七四年十二月五日、北京《ペキン》の病院《びょういん》である。（ＳＧＩ会長は当時四十六歳。周総理は七十六歳）

今、私も、同じ思いで、日中両国の若き友情を見守りたい。

全青連が設立《せつりつ》されたのは、新中国建国《けんこく》の年である一九四九年の五月四日。

「五月四日」といえば、その三十年前の一九一九年五月四日に、歴史的な「五四運動《ごしうんどう》」が起《お》きている。これを契機《けいき》に、中国の学生たちは澎湃《ほうはい》と立ち上がった。目の前に広がるのは、とほうもない混乱《こんらん》の社会であった。

列強諸国《れっきょうしょこく》、なかんずく日本による侵略《しんりゃく》。それと戦わず、民衆を犠牲《ぎせい》にして、自分たちの権力と権益《けんえき》を守ることのみに汲々《きゅうきゅう》とする軍閥《ぐんばつ》政府や官僚勢力《かんりょうせいりょく》。また、女性差別《さべつ》をはじめとする古《ふる》い封建《ほうけん》の風潮《ふうちょう》。そのなかで、学生たちは立ち上がったのである。

〝絶対に変えられるはずだ！〟〝変えてみせる！〟と――。

学生たちには、鋭敏《えいびん》かつ柔軟《じゅうなん》な知性《ちせい》があった。揺《ゆ》るぎない決心《けっしん》があった。

今、日本には、社会の改革《かいかく》に立ち上がる学生がいなくなってしまった。精神闘争《せいしんとうそう》がなく、脆《ぜい》弱《じゃく》になってしまった。その意味でも、「日本の将来《しょうらい》は、創価学会の学生部に頼《たの》むしかない」というのが、心ある多くの人々の真情《しんじょう》であろう。


中国の戦う学生たちの中に、二十一歳の周恩来《しゅうおんらい》青年の凛々《りり》しき姿《すがた》もあった。

この年、留学先《りゅうがくさき》の日本から急遽《きゅうきょ》、帰国《きこく》した周青年は、天津《テンチン》の南開《なんかい》大学に行き、学生の連帯《れんたい》の「核《かく》」となる組織《そしき》をつくる。

周総理は、若き日より、組織の大切さ、「核」をつくることの重要性《じゅうようせい》を知っていたのである。

これが、近代の最先端《さいせんたん》をいく指導者の「知力《ちりょく》」である。

終戦直後《しゅうせんちょくご》、ある知識人と話したとき、その人が語《かた》っていた言葉が、今も耳朶《じだ》から離《はな》れない。

「これからは、組織《そしき》の時代だ。組織をつくるか、組織をもつか、それで決まる。しかし、なかなか組織はできないものだ」と。

戸田先生は、牢獄《ろうごく》から出られた後、「広宣流布の組織をつくる！」と決められ、見事《みごと》に、創価学会という最高の組織をつくられた。偉大《いだい》な先生であった。

組織というと、何か自由を束縛《そくばく》する、邪魔《じゃま》なものと感じる人もいよう。しかし、「自由」といっても、自分がどう進めばいいのか、何《なん》の道もないなら、無軌道《むきどう》になってしまう。走るときも、道がなかったら、どう行けばよいのかわからないし、迷走《めいそう》してしまう。

組織があるからこそ、弱い自分を律《りっ》してくれるし、励《はげ》まし、支《ささ》えてくれる。行くべき軌道を歩《あゆ》んでいける。また、皆の力《ちから》を集め、そのなかで、自分の力を存分《ぞんぶん》に生かしながら、大きな価《か》値《ち》を創《つく》っていけるのである。

何ごとも、バラバラでは、力は出ない。私たちのこの体も、すべて組織体である。だからこそ、手も足も目も口《くち》も、それぞれの部分が生き生きと生かされるのである。

周総理《しゅうそうり》の慧眼《けいがん》は、「組織をつくる」大切さを見逃《みのが》さなかった。また総理は、「幅広《はばひろ》い民衆に根《ね》ざした創価学会の組織」の大切さに、いち早く注目《ちゅうもく》されたのである。

周青年がつくった組織の名は、「覚悟《かくご》社《しゃ》」。周青年の命名《めいめい》であった。

「革命のためなら、いつでも、喜《よろこ》んで命を投《な》げ出《だ》そう！」との心意気《こころいき》が伝わってくる。革命児としての当然の決意である。「覚悟《かくご》」とは、〝深き自覚《じかく》〟との意義《いぎ》である。

戸田先生も、よく「覚悟の信心に立て！」「覚悟の人生を生きよ！」と、言われていた。周《しゅう》青年の心と、同じ心の波長《はちょう》である。

「覚悟社」は、初めは、たった二十人という少数精鋭《しょうすうせいえい》からの出発であった。学会も同じである。最初の青年部は二、三十人からの出発だった。

たとえ人が少なくても、本気《ほんき》で立つならば、いくらでも時代を動かすことができる。「必死《ひっし》の一人は万軍《ばんぐん》に勝《まさ》る」とは、昔《むかし》からの格言《かくげん》である。

「覚悟社」の一員には、十五歳の鄧穎超《とうえいちょう》（ドン・インチャオ）女史《じょし》もいた。のちの周恩来《おんらい》夫人である。

女史とは、中国で、日本で、何度も何度も、お会いした。いつの日も、語《かた》らいを心から喜《よろこ》んでくださった。

当時、彼女《かのじょ》は天津《テンチン》の第一女子師範《しはん》学校の学生であった。いうなれば、周総理《そうり》も、鄧女史も〝学生部〟の出身《しゅっしん》であった。

「覚悟社」は、半数の十人が女性であった。彼女たちは、男女平等《びょうどう》を高らかに謳《うた》った。

「男性と女性に、上も下もない！　平等な革命の同志《どうし》だ！　革命に、上も下もない！　人生にもない！」

時代の夜明《よあ》けを告《つ》げる、この学生のスクラムを、北京《ペキン》のある新聞は、「天津《テンチン》の小さき明星《みょうじょう》」と、たたえた。大空に、真《ま》っ先《さき》に輝《かがや》く金星《きんせい》のようだと。明星が光り始《はじ》めたあとは、次々と、きら星《ぼし》が夜空に現《あらわ》れる。「彼らは、きっと何かやるだろう」との大きな期待《きたい》のあらわれだったであろう。

学生が立ち上がれば、歴史が動く。これは、古今東西《ここんとうざい》の定説《ていせつ》である。いつの時代も、学生の使命《しめい》は、「先駆《せんく》」であり、「開拓《かいたく》」であり、「変革《へんかく》」である。

周《しゅう》青年たちは、著名《ちょめい》な学者や言論人らを招《まね》き、一緒《いっしょ》になって学んだ。共同《きょうどう》の図書室もつくり、それぞれ自分の本を持《も》ち寄《よ》って、研鑽《けんさん》しあった。「本を読もう」「みんなで語《かた》り合《あ》おう」との、みずみずしい探究心《たんきゅうしん》があった。

そして『覚悟《かくご》』というタイトルの論文集《ろんぶんしゅう》を発刊《はっかん》し、ペンの力《ちから》で、新社会の建設へ、多くの人々を鼓舞《こぶ》していったのである。私どもでいえば、「聖教新聞」「大白蓮華」などの機関紙誌《きかんしし》や「第三文明」などの出版物《しゅっぱんぶつ》にあたろう。

「新しい時代」を先取《さきど》りし、「新しい思想《しそう》」を語り、「新しい英知《えいち》」を磨《みが》いていく――彼らの行動と言論は、同世代《どうせだい》の友人、そして民衆に、生き生きと波動《はどう》を起《お》こしていった。「覚悟社」の連帯《れんたい》は、わずかの間に、新しい友人を糾合《きゅうごう》し始める。私どもの運動と同じ方程式である。

「まず足元《あしもと》を固《かた》めよう」「足元から出発しよう」「身近《みぢか》なところから、立ち上がろう」「『自分』から取り組もう」「そこから波《なみ》を起《お》こそう」――これが青年たちの決意だった。

周《しゅう》青年は、つねに訴《うった》えた。「改革《かいかく》といっても、革命といっても、自分から始《はじ》める以外にない」と。〝社会を変えるためには、人間を変えるしかない。そのためには自分自身を変えていく以外にない〟――彼の信念《しんねん》は、生涯《しょうがい》、一貫《いっかん》して変わることはなかった。

私どもの「人間革命」の心と深く通《つう》じ合う。

学生の心を変える意味であろう、論文集《ろんぶんしゅう》の創刊号《そうかんごう》には、周青年を中心に「学生の根本的覚悟《こんぽんてきかくご》」と題《だい》する主張《しゅちょう》を載《の》せた。

「学生は社会にかかわっていこう！　学生は無《む》知《ち》や無《む》関心《かんしん》であってはならない！　しかし、社会の風潮《ふうちょう》に流され、軟化《なんか》されてもならない！」（中国語版『覚悟』人民出版社。以下、参照）と。

そして、学生は、いかにして自身の変革《へんかく》に取り組むべきか。それには十五の心すべき精神《せいしん》があるという。

すなわち、「自覚《じかく》」「革新《かくしん》（新しいものを求める）」「精確《せいかく》（きめ細《こま》かく確実《かくじつ》）」「自決《じけつ》（自《みずか》ら判断《はんだん》する）」「実行《じっこう》」「奮闘《ふんとう》」「勇敢《ゆうかん》」「犠《ぎ》牲《せい》（献身《けんしん》する）」「持久《じきゅう》」「誠実《せいじつ》」「創造《そうぞう》」「発展《はってん》」「平等《びょうどう》」「互助《ごじょ》（ともに助《たす》けあう）」「博愛《はくあい》」――である、と。

覚悟《かくご》の深い学生は、こうした全人格的《ぜんじんかくてき》な錬磨《れんま》ができる。〝無限《むげん》の光明《こうみょう》を放《はな》つ青春の生き方があるのだ〟と、周《しゅう》青年たちは訴《うった》えたのである。

そして結論《けつろん》として、こう友に呼《よ》びかける。「学生の根本的《こんぽんてき》な覚悟とは何であろうか？ われわれは、ただ一言で答えよう。それは、学生としての新生命を創造《そうぞう》しゆくことである」。

まさに「人間革命」である。わが命を革《あらた》めよ！ わが生命を新《あら》たにせよ！ 生活に「新生命」の息吹《いぶき》をみなぎらせよ！――と。

この創刊号《そうかんごう》には、鄧穎超女史《とうえいちょうじょし》も論文《ろんぶん》を載《の》せている。彼女《かのじょ》は叫《さけ》ぶ。「なぜ、学生が着飾《きかざ》ってばかりいるのか！」「なぜ、学生が、つまらない雑誌《ざつし》ばかりを読んで時間を無駄《むだ》にしているのか」。また「今、必要なのは、事《こと》を成《な》す人間である！」と。

大切なのは「実践《じっせん》の人」だというのである。女史の聡明《そうめい》さが思い出される。すばらしい人柄《ひとがら》の女性であった。

さらに彼女は、〝魔《ま》は内部《ないぶ》に巣《す》くう〟と見ぬいていた。「運動が大きくなると、不純《ふじゅん》な動機《どうき》で近づき、邪魔《じゃま》や批判《ひはん》ばかりする人間が出てくる。そのくせ、自分ではやらない。放《ほう》っておくと破壊《はかい》に走る。そういう人間には気をつけなければならない」と。女史は、「一人立つ」強き女性であられた。

さて、この論文集《ろんぶんしゅう》が発刊《はっかん》された一九二〇年一月、抗日闘争《こうにちとうそう》の先頭《せんとう》に立った周恩来《しゅうおんらい》青年は逮捕《たいほ》され、約半年にわたって投獄《とうごく》される。寒《さむ》い冬であった。

偉大《いだい》な人物は必《かなら》ず、迫害《はくがい》に遭《あ》うものだ。投獄されるか、処刑《しょけい》されるか。それからみれば、悪口《あっこう》など問題ではない。

御書にも「法華経の行者《ぎょうじゃ》は悪口罵詈《あっくめり》される」と繰《く》り返《かえ》し仰《おお》せである。

彼は二十二歳の誕生日《たんじょうび》を牢獄《ろうごく》で迎《むか》えている。

しかし、獄中《ごくちゅう》にあっても、彼は、ともに捕《とら》われた学生たちを励《はげ》ましながら、歴史や英語、法律、経済、心理学《しんりがく》などを、たがいに講義しあった。牢を出た後の闘争のために、革命の指導者に成長するために、皆で学んでいった。それは、まさに「監獄《かんごく》大学」であった。

「思想《しそう》は獄中で躍動《やくどう》する」（金冲及主編『周恩来伝　1898―1949　上』狭間直樹監訳、阿吽社）とは、当時の彼の有名な言葉である。

戸田先生も獄中で悟《さと》りを得《え》られた。

人生の英雄《えいゆう》になれるかどうか――それは試練《しれん》を受けて乗《の》り越《こ》えられるかどうかにある。

今、皆さんは、牢に入らずとも、自分自身の〝使命《しめい》の場〟で生きぬき、戦いぬいていけばよい。それが「英雄」である。そこに信心が躍動してくる。

四十年前、私も、権力の策謀《さくぼう》によって投獄された。私は、戸田先生のため、また大切な学会員のために獄中《ごくちゅう》で殉《じゅん》じていく覚悟《かくご》であった。

（その権力の魔性《ましょう》との攻防《こうぼう》のなか、学生部は誕生《たんじょう》した。一九五七年六月三十日である。ＳＧＩ会長の入《にゅう》獄《ごく》は五七年七月三日。出獄《しゅつごく》は七月十七日。なお周総理《しゅうそうり》の出獄も一九二〇年の七月十七日である）

民衆が従順《じゅうじゅん》であればあるほど、権力は傲慢《ごうまん》になる。調子《ちょうし》に乗《の》る。これが権力の本性《ほんしょう》である。

民衆が、権力に愚弄《ぐろう》され、いじめられてきた歴史を、なんとか変革《へんかく》しなければならない――そう立ち上がったのが過去《かこ》の真実《しんじつ》の学生運動であった。

どうか諸君は、この方程式を、しっかりと胸《むね》に秘《ひ》めていっていただきたい。転倒《てんとう》の歴史にピリオドを打っていただきたい。それが学生部の使命《しめい》である。

一九六八年（昭和四十三年）九月、私が「日中国交正常化《こっこうせいじょうか》」を訴《うった》えたのも、学生部総会の席上であった。中国の人民《じんみん》を苦《くる》しめた日本こそが、中国の国連加《こくれんか》盟《めい》と、その発展《はってん》に最大に貢献《こうけん》すべきことを、私は、そのときに申し上げた。

（全青連《ぜんせいれん》の蔣慶哲団長《しょうけいてつだんちょう》は、ＳＧＩ会長との会見《かいけん》で「中国の青年は、池田会長が中日国交正常化に尽力《じんりょく》してくださった恩《おん》を決して忘《わす》れません。忘れてはなりません」と語《かた》った）

きょうまた、ここにいる学生部の勇者《ゆうしゃ》の諸君にも、ふたたび、「日本こそが、中国の発展に最大に貢献すべきである」と明快《めいかい》に宣言《せんげん》しておきたい。諸君、お願《ねが》いします。

ところで、周恩来《しゅうおんらい》青年が、獄中《ごくちゅう》にあって、横暴《おうぼう》な地主《じぬし》を糾弾《きゅうだん》する演劇《えんげき》などを皆で演《えん》じたエピソードは有名である。その姿《すがた》に看守《かんしゅ》までが心を動かし、感動《かんどう》して理解者《りかいしゃ》になっていったという。

周総理《そうり》は、鄧穎超女史《とうえいちょうじょし》とともに、いかなる苦難《くなん》にあっても、生涯《しょうがい》、「楽観主義《らっかん》」に生きぬいた。恐《おそ》れない。卑屈《ひくつ》にならない。負《ま》けない。心を追《お》いこまれない――これが楽観主義の生き方である。

のちの一九四一年（昭和十六年）、抗日《こうにち》戦争の真《ま》っただ中でのこと、周総理は反動分子《はんどうぶんし》に狙《ねら》われ、身《み》の危険《きけん》にさらされる。それでも彼は堂々《どうどう》と戦い抜《ぬ》いた。

鄧穎超女史も、一生懸命《いっしょうけんめい》に周総理を励《はげ》まし続けた。そのころ、鄧女史は自分を「大楽天《だいらくてん》」（大《おお》いなる楽天家）と呼《よ》んでいた。

すると、周総理も、こう自称《じしょう》したのである。「賽《さい》楽天」（楽天を競《きそ》いあう人）と。たがいにたたえあい、楽観主義を競いあう――和《なご》やかな同志《どうし》の姿である。

わが創価のスクラムもまた、たがいに尊敬《そんけい》しあい、励ましあい、助《たす》けあい、成長を競いあっていく人間道場《どうじょう》である。

責《せ》めあったり、追及《ついきゅう》しあったりする冷《つめ》たい関係ではいけない。励ましてあげなければいけない。「大丈夫《だいじょうぶ》だよ」と、楽観主義のほうへ、元気をあたえてあげなければいけない。

お父さんやお母さんにも、たまには電話でもしてあげて、「今度帰《かえ》ったら、肩《かた》をもむよ」とか、優《やさ》しい言葉を贈《おく》ってあげてほしい。

みんなを元気にさせて、味方《みかた》にしていく――それが価値創造《かちそうぞう》であり、それが賢者《けんじゃ》である。

ともあれ、希望は自分でつくるものである。どこであろうと、何があろうと、そこで幸福をつくっていく――それが創価の生き方である。

さて、牢獄《ろうごく》から出た周《しゅう》青年は、波瀾万丈《はらんばんじょう》の学生生活の結論《けつろん》として、青年同志《どうし》の前でスピーチする。〝祖国《そこく》を救《すく》う道は、われわれ自身が民衆の中に飛《と》びこむことだ！〟と。（ディック・ウィルソン著『周恩来――不倒翁波瀾の生涯』田中恭子・立花丈平訳、時事通信社、参照）

勉強さえしていればいい。自分の道さえ歩《あゆ》んでいればいい――そんな心の狭《せま》い利己《りこ》主義ではない。ひたすら「民衆の中へ」――これが周青年の信念《しんねん》であった。

学会と同じである。組織《そしき》の中へ、学会員の中へ、座談会《ざだんかい》の中へと飛びこんでいく――これが本当の大聖人の仏法である。一流《いちりゅう》の人生の生き方である。

学生部の諸君は、大事な大事な私の門下生《もんかせい》である。ゆえに、本当のことを語《かた》っておきたい。人生の真髄《しんずい》の生き方を言っておきたい。

先日（一九九七年四月六日）、リーダーシップをテーマに、フィリピン大学のアブエバ前総長《ぜんそうちょう》と語《かた》りあった。（SGI会長は、人間を善《ぜん》と価値《かち》と希望の方向へ導《みちび》く「人間主義のリーダーシップ」の重要性《じゅうようせい》を論《ろん》じた）

周総理《しゅうそうり》と鄧女史《とうじょし》の偉大《いだい》なリーダーシップは、こうした学生時代の闘争《とうそう》のなかで、つくられた。わが学生部の諸君もまた、「あえて苦労《くろう》に」「あえて苦難《くなん》に」挑《いど》んでいただきたい。そのなかから、自然《しぜん》のうちに、リーダーシップは育《そだ》っていく。発酵《はっこう》していく。鍛《きた》えられていく。机上《きじょう》の計算《けいさん》や観念《かんねん》で身《み》につくものではない。

最後に、周総理二十四歳の年（一九二二年）の詩《し》を紹介《しょうかい》したい。

「耕《たがや》さずして／なんの収獲《しゅうかく》ぞ」
「坐《ざ》して語るより／むしろ起《た》ち上《あが》って行動せん！」
「たくましく鋤《すき》をふるい／未開《みかい》の大地を切り開こう
種《たね》を人間界《ひとのよ》に播《ま》き／血《ち》を大地に注《そそ》ごう」
（『寥天　周総理若き日の詩十四首』藤堂明保監修、林芳訳、サントク・エンタープライス出版部）

この詩にこめられた意味を、諸君は深くかみしめていただきたい。

さて、一四五二年、今から五百四十五年前の、きょう四月十五日に生まれた大芸術家《だいげいじゅつか》がいる。〝ルネサンスの巨人《きょじん》〟レオナルド・ダ・ヴィンチ（一四五二年―一五一九年）である。

レオナルドについては、三年前（一九九四年）の六月、イタリアのボローニャ大学でも講演《こうえん》した。

（九百年の伝統《でんとう》を誇《ほこ》る世界最古《さいこ》の総合《そうごう》大学。ＳＧＩ会長には、この折《おり》、同大学から名誉博士の証《あかし》である「ドクター・リング」が贈《おく》られた）

タイトルは、「レオナルドの眼と人類《じんるい》の議会《ぎかい》――国連《こくれん》の未来についての考察《こうさつ》」（『池田大作全集第２巻』収録）。幸《さいわ》い、イタリアでも、かなりの評価《ひょうか》をいただいたようである。

レオナルドは、画家《がか》であり、彫刻家《ちょうこくか》であり、また科学者、技術者《ぎじゅつしゃ》、哲学者《てつがくしゃ》としても、多くの業績《ぎょうせき》を残《のこ》した。偉大《いだい》な天才《てんさい》である。彼の有名な言葉がある。

「大なる苦悩《くのう》なくしては、如何《いか》なる完成せる才能《さいのう》もあり得《え》ない」（カール・ヤスパース著『リオナルド・ダ・ヴィンチ』藤田赤二訳、『ヤスパース選集Ⅳ』所収、理想社）

要《よう》するに、苦《くる》しみという〝根《ね》〟があってこそ、才能の〝開花《かいか》〟もあるということであろう。

講演のあと、ミラノに移《うつ》り、私はミラノ城《じょう》（スフォルチェスコ城）を訪《おとず》れた。そこで、レオナルドが部屋《へや》一面《いちめん》に描《えが》いた天井画《てんじょうが》と壁画《へきが》を見た。

樹木《じゅもく》の〝根〟の部分まで克明《こくめい》に描写《びょうしゃ》されていた。普通《ふつう》、樹木を描いても、根までは描かない。

しかし、レオナルドは、根《ね》に着目《ちゃくもく》し、全部、描《えが》いていた。忘《わす》れられない光景《こうけい》である。

諸君も自身の〝揺《ゆ》るぎない根〟を大切に育《そだ》てていただきたい。

レオナルドは、こうも述べている。「純金《じゅんきん》は火によって精錬《せいれん》される」、「まことの金は試金石《しきんせき》に会いて識《し》られる」（『レオナルド・ダ・ヴィンチの手記　上』杉浦明平訳、岩波文庫）。

日蓮大聖人も仰《おお》せである。「石はやけばはい《灰》となる金《こがね》は・やけば真金《しんきん》となる」（御書一〇八三ページ）、「賢聖は罵詈《めり》して試《こころ》みるなるべし」（御書九五八ページ）。

試練《しれん》に鍛《きた》えられてこそ、本物《ほんもの》ができる。苦難《くなん》に試《ため》されてこそ、真価《しんか》は明《あき》らかになる。

レオナルドの生涯《しょうがい》は、無理解《むりかい》や、嫉妬《しっと》の批判《ひはん》の連続《れんぞく》であった。これだけの天才《てんさい》であったにもかかわらず、いや、むしろ、天才であったがゆえに批判された。

大聖人の御生涯も、迫害《はくがい》に次ぐ迫害の連続であった。偉大《いだい》であればあるほど、迫害される――これが世《よ》の常《つね》である。人間世界の実相《じっそう》である。

しかし、レオナルドは、厳然《げんぜん》として動《どう》じない。こう記《しる》す。

「真理《しんり》――太陽。嘘《うそ》――仮面《かめん》」（杉浦明平訳、前掲書）と。

ウソは仮面である。闇《やみ》のなかで本性《ほんしょう》を隠《かく》そうとする。しかし、「真理の太陽」のもとでは、隠れるものは何もない。その太陽の火は、あらゆるウソの詭弁家《きべんか》を焼《や》きつくして、真実《しんじつ》を白日《はくじつ》のもとに明らかにする。真実は、絶対に隠せない！　偽《いつわ》りは、必《かなら》ず打《う》ち破《やぶ》られる！

――これがレオナルドの確信であった。

私も同じ信念《しんねん》である。真実《しんじつ》ほど、強いものはない。真実に生きぬく人生は、最後に必《かなら》ず勝つ。また、勝たねばならない。

日本は今、価値観《かちかん》も、哲学《てつがく》も、信念も何もない社会になってしまった。この社会の闇《やみ》を、「真実の太陽」で「正義の太陽」で焼《や》きつくしていかねばならない。

そのためには、諸君自身が、厳然《げんぜん》と輝《かがや》く「太陽」となって、二十一世紀を正しく照《て》らしていくしかない。それ以外に、日本の未来は開けない。

ゆえに、限《かぎ》りない期待《きたい》をこめて、諸君に、こう申し上げたい。

戦う学生部たれ！　正《せい》と邪《じゃ》を、はっきりさせる学生部たれ！　学生部、ここにあり、という旗《はた》を立てよ！

〝生命のルネサンス〟の先頭《せんとう》で、さっそうと道を開いていっていただきたい――と。

きょうは、遠方《えんぽう》からも各大学のメンバーが参加しておられる。本当にご苦労《くろう》さま！

また、お会いしましょう！　お元気で！

「師弟不二《していふに》の凱歌《がいか》」の証《あかし》

第三回全国学生部幹部会、後継者の集い　一九九八・四・二

私の師匠《ししょう》である戸田城聖先生は、よく人生の三つの喜《よろこ》びを語《かた》っておられた。

その第一は、「最高峰《さいこうほう》の知性《ちせい》と出会う喜び」であった。

戸田先生は、青春時代、牧口常三郎先生とご一緒《いっしょ》に、あのアインシュタイン博士の「相対性理論《そうたいせいりろん》」の講義を直接《ちょくせつ》、受けたことを、生涯《しょうがい》の誇《ほこ》りとされていた。

きょうは、若き諸君とともに、世界的な大科学者のログノフ博士をお迎《むか》えした。ログノフ博士は、アインシュタイン博士の「相対性理論」をも超《こ》えようと、現代物理学の最先端《さいせんたん》を切り開いておられる。

博士が建設の指揮《しき》をとられた、円周《えんしゅう》二十一キロにおよぶ巨大《きょだい》な「高《こう》エネルギー加速器《かそくき》」は、たいへんに有名である。また博士は、モスクワ大学の不滅《ふめつ》の名総長《めいそうちょう》でもあられた。激動《げきどう》のロシ

アにあって、厳然《げんぜん》とそびえ立つ科学と教育の偉大《いだい》なる柱《はしら》こそ、博士であられる。諸君、その偉大なる博士に対して、もう一度、万雷《ばんらい》の拍手で、歓迎《かんげい》しましょう！

さて、戸田先生の第二の喜《よろこ》びは、「偉大なる師匠《ししょう》を持つ喜び」であった。戸田先生は、牧口先生という大哲学者《だいてつがくしゃ》から指導を受け、薫陶《くんとう》を受けきったことを、人生の最大の誉《ほま》れとされたのである。

さらに、戸田先生の第三の喜びは何《なん》であったか。それは「正義のために勇敢《ゆうかん》に戦う喜び」であった。

牧口先生とともに、戸田先生は、戦争中、日本のあの国家主義と対決《たいけつ》して、二年間、投獄《とうごく》された。〝師匠が大難《だいなん》に遭《あ》った時に、弟子《でし》として、お供《とも》することができた。これほどの名誉《めいよ》はない〟と戸田先生は、一生涯《いっしょうがい》、心から感謝《かんしゃ》しておられた。

「あなたの慈悲《じひ》の広大無辺《こうだいむへん》は、私を牢獄《ろうごく》まで連《つ》れていってくださいました」と。これが、仏法の精髄《せいずい》であり、創価の真髄《しんずい》である。

反対に、師匠と難をともにするどころか、師匠と学会を利用して、自分だけが恩恵《おんけい》を貪《むさぼ》り、大恩《だいおん》を仇《あだ》で返《かえ》すような最低の人間もいる。

本物《ほんもの》は「難」を受ける。「難」を受けてこそ本物である。そうでないのは、インチキなのである。

私もまた、この四十年間、幾多《いくた》の難《なん》を、ただ一人受けながら、生死《しょうじ》を超《こ》えて、精神《せいしん》の大闘争《だいとうそう》を貫《つらぬ》いてきた。

ただ今、私は、ロシアの科学の大殿堂《だいでんどう》である国立「高《こう》エネルギー物理研究所」より、栄《は》えある第一号の「名誉博士号《めいよ》」を賜《たまわ》った。この栄誉《えいよ》を、本日、四月の二日、私は「師弟不二《していふに》の凱《がい》歌《か》」の証《あかし》として、戸田先生にささげたい。戸田先生の弟子《でし》として、私は戦い、私は勝ったのであります。

（会合の席上、ロシア国立「高エネルギー物理研究所」から池田SGI会長に対する顕彰《けんしょう》が行われた。ログノフ所長〈モスクワ大学前総長《ぜんそうちょう》〉が出席。同研究所として、世界初の「名誉博士号」が授与《じゅよ》された。この授与には、SGI会長の高い哲学性《てつがくせい》を評価《ひょうか》しての「哲学・物理学博士」の意義《いぎ》がこめられている）

このあとに続くのは、きょう集《つど》った優秀《ゆうしゅう》な学生部、そして未来部の諸君である。諸君がいるかぎり、未来は何も心配《しんぱい》ない。私は信じ、安心している。

いただいた名誉学位《がくい》の証書《しょうしょ》には、ロシアの近代科学の父であり、モスクワ大学の創立者であった、ロモノーソフ博士の肖像《しょうぞう》が刻《きざ》まれている。

博士は、科学の発展《はってん》や精神の自由を阻《はば》む傲慢《ごうまん》な勢力《せいりょく》と、生涯《しょうがい》、戦いぬいた獅子《しし》であった。なかんずく、民衆を蔑視《べっし》し、束縛《そくばく》する、当時の教会勢力《きょうかい》には、断固《だんこ》として立ち向かった。迫害《はくがい》にもひるまずに、坊主《ぼうず》たちの腐敗堕落《ふはいだらく》を、痛烈《つうれつ》に責《せ》めていったのであった。

私どもも、それ以上に徹底《てってい》して責《せ》めていくべきである。悪《あく》を責めるのに遠慮《えんりょ》や妥協《だきょう》があってはならない。

このモスクワ大学の創立者の唯一《ゆいいつ》の希望は何であったか――それは、若き学生たちであった。彼は呼《よ》びかけた。〝無数《むすう》のわが分身《ぶんしん》よ、陸続《りくぞく》と躍《おど》りいでよ！　われらの学園、われらの大学から、待ちに待った、人材《じんざい》の大《おお》いなる流れを起《お》こしゆくのだ！〟と。

ずるい大人は、信用《しんよう》できない。もはや、青年しか信じられない――戸田先生も、そういう心情《しんじょう》であられた。そして若い私を後継《あとつ》ぎにされた。

私も、今、同じ心境《しんきょう》である。諸君の成長こそ、希望である。青年が立つ以外にない。

きょうは、新《あら》たな大学会の結成、おめでとう！　ならびに未来部の人材《じんざい》グループの誕生《たんじょう》、おめでとう！　また、この会合の模様《もよう》は、沖縄《おきなわ》で研修《けんしゅう》されている台湾《たいわん》のわが同志《どうし》にも伝えられる。ようこそ、いらっしゃいました。本当に本当に、ご苦労《くろう》さま！

私が、初《はじ》めて名誉《めいよ》博士号を拝受《はいじゅ》したのは、モスクワ大学からである。そして、本日、同じくロシアの貴《き》研究所の名誉学位《がくい》を賜《たまわ》り、これで、海外の大学・学術機関《がくじゅつきかん》からいただいた名誉博士号・名誉教授称号《しょうごう》は、ちょうど「五十」となった。（二〇〇七年六月現在で「二一六」）とくに今回は、哲学《てつがく》・物理学博士の意義《いぎ》をこめていただき、私は格別《かくべつ》の感慨《かんがい》を禁《きん》じえない。

「一切法《いっさいほう》は皆是《みなこれ》仏法なり」（御書五六三㌻）である。ゆえに、若き諸君は、あらゆる学問に、生き生きと、粘《ねば》り強く、取り組んでいっていただきたい。

ログノフ博士は論《ろん》じておられた。〝人間の脳《のう》には、大脳皮質《だいのうひしつ》だけでも、百億以上の神経細胞《しんけいさいぼう》（ニューロン）がある。しかも、その一つずつに、およそ二千個の連結部分《れんけつぶぶん》（シナプス）があるとされる。したがって、百億の二千倍ものシナプスがある。ゆえに、脳が織《お》りなすネットワークの組《く》み合《あ》わせは、現在、知られている「宇宙《うちゅう》の中の物質《ぶっしつ》をつくる粒子《りゅうし》の総数《そうすう》」よりも大きいといってよい〟（アナトーリ・A・ログノフ、池田大作著『科学と宗教（上）』、『池田大作全集 第7巻』収録、参照）と。

諸君の若き頭脳《ずのう》には、宇宙大の無限《むげん》の可能性《かのうせい》が広がっているのである。

では、その脳の創造的《そうぞうてき》な力《ちから》を発揮《はっき》していくためには、どうすればよいか。ログノフ博士も言われるように、それには「頭脳を絶《た》えず働《はたら》かせ続けていくこと」、これ以外にない。

牧口先生は、獄中《ごくちゅう》でもカントの哲学《てつがく》を精読《せいどく》し、戸田先生も獄中にあって、微分《びぶん》・積分《せきぶん》、また数学史などの研鑽《けんさん》に挑《いど》んでおられた。

信念《しんねん》の闘争《とうそう》のなかで学び、また学びながら、闘争を貫《つらぬ》いていく。この努力と執念《しゅうねん》を、諸君には忘《わす》れてもらいたくない。これからは諸君の時代なのだから。

また仏法では、菩薩《ぼさつ》の一つの働きとして、「観世音《かんぜおん》」――世《よ》の音を観《かん》ずる――という点をあげている。時代や社会の動向《どうこう》を鋭《するど》く見つめ、つかむ。先取《さきど》りしていく。そういう英知《えいち》が不可欠《ふかけつ》である。

戸田先生が逝去《せいきょ》される一年ほど前、私は、当時の科学の粋《すい》を集めた国際見本市《こくさいみほんいち》を視察《しさつ》し、その様子《ようす》を先生にご報告《ほうこく》をした。科学者でもある先生は、じつに興味深《きょうみぶか》そうに、私の報告を長時間、じっと聞いてくださった。そして一言、「『科学と宗教』について、考えていくんだな」と、指導があったのである。

この戸田先生のたった一言を、私は、真剣《しんけん》に思索《しさく》し、実践《じっせん》してきた。師匠《ししょう》の一言には千万言《せんまんげん》の重《おも》みがあるからだ。その大《おお》いなる結実《けつじつ》が、ログノフ博士と発刊《はっかん》した、対談集《たいだんしゅう》『科学と宗教』なのである。

博士が「量子力学《りょうしりきがく》」を語《かた》れば、私が「円融《えんゆう》の三諦論《さんたいろん》」を、また博士が「場の理論」を語《かた》れば、私が「空《くう》の概念《がいねん》」を論じるなど、現代物理学の最前線《さいぜんせん》が、仏法の深遠《しんえん》なる哲学《てつがく》と深く共鳴《きょうめい》しあっていることも語りあった。

科学と宗教は、決して対立《たいりつ》するものではない。なかんずく、仏教と科学は矛盾《むじゅん》しない。科学と宗教が、相補《あいおぎな》い、協調《きょうちょう》しあっていくなかにこそ、人類《じんるい》の幸福と繁栄《はんえい》へ、大いなる価値《かち》創造《そうぞう》の道が開かれることを、博士と私は確認《かくにん》しあったのである。

二十世紀は、いわば「戦争と平和」の世紀であり、「政治と経済」の世紀であった。来《きた》るべき二十一世紀は、「人間と文化」の世紀、そして「科学と宗教」の世紀となっていくであろう。

この新しきヒューマニズムの大道《だいどう》を、諸君は若き「行動する哲学者《てつがくしゃ》」として、さっそうと、悠然《ゆうぜん》と、闊歩《かっぽ》していっていただきたい。

ご存《ぞん》じのように、ロシアは、第二次世界大戦において、もっとも多大《ただい》な犠牲《ぎせい》をはらった国である。

凶暴《きょうぼう》なナチスが襲《おそ》いかかった。その最大の苦難《くなん》のなか、女性の身《み》で、志願兵《しがんへい》として前線《ぜんせん》の部《ぶ》隊《たい》でナチスと戦った、尊《とうと》き美しき乙女《おとめ》が、ログノフ博士の偉大《いだい》な伴侶《はんりょ》であられたアンナ夫人である。

アンナ夫人は、昨年、亡《な》くなられた。私と妻《つま》は、ご夫人の記念《きねん》の桜《さくら》を、牧口庭園《ていえん》に植樹《しょくじゅ》させていただいた。古来《こらい》、木を植《う》えることは、命を植えることに通《つう》ずるからである。

アンナ夫人の桜は今、ふくいくと咲《さ》き香《かお》っている。きょうは、ご夫人と同じお名前で、その気高《けだか》い心を受《う》け継《つ》いでおられる、お孫《まご》さんのアンナさんもお越《こ》しくださった。

どうか、未来部の皆さんは、ともに手をとりあって、新世紀のロシアと日本の美しき友情《ゆうじょう》の並木道《なみきみち》、人生の並木道を、仲良《なかよ》く楽しく歩《あゆ》んでいっていただきたい。

ログノフ博士と私は、戦争の悲惨《ひさん》さを、本や映画などを通して訴《うった》えていく重要性《じゅうようせい》についても語《かた》りあった。戦争体験を決して風化《ふうか》させてはならないからである。

先日（一九九八年三月十八日）、創価大学の卒業式でご紹介《しょうかい》した『人間の翼《つばさ》』（監督・岡本明久、原作・牛島秀彦）という映画を、私も深い感動《かんどう》をもって拝見《はいけん》した。

数《かぞ》え年《どし》・二十四歳の若さで特攻隊《とっこうたい》に散《ち》った名投手《めいとうしゅ》、石丸進一《いしまるしんいち》青年を描《えが》いたドラマである。

戦争は、石丸青年から、大好きな野球を奪《うば》い、青春を奪い、生命を奪った。石丸青年は、戦争への怒《いか》りをこめて、最後のキャッチボールをしてから、特攻機に乗《の》りこんでいったのである。

映画は、残《のこ》された父親が大空を見上げて、「進一が帰《かえ》ってきた！」と叫《さけ》ぶシーンで、幕《まく》を閉《と》じる。

それは、石丸青年の生命が、「平和への限《かぎ》りない決意」となって、私たちの心に生き続けていく象徴《しょうちょう》であると、私は見たい。

仏法では、生命は永遠《えいえん》であり、生死《しょうじ》は不二《ふに》であると説《と》く。ログノフ博士も、亡《な》くなられたご夫人、そして最優秀《さいゆうしゅう》であられたご長男の生命を抱《だ》きしめて、平和のため、人類《じんるい》の向上《こうじょう》のために生きぬいておられる。私の胸《むね》にも、戸田先生が、いつも、またつねに、ご一緒《いっしょ》である。

かつて、ログノフ博士は、大文豪《だいぶんごう》トルストイの言葉を引いて、凛然《りんぜん》と語《かた》られた。

〝心のふれあわない、腹黒《はらぐろ》い人々が、連合軍《れんごうぐん》をつくって行動し、民衆に悪《あく》をもたらしているとしたら、世界の平和と善意《ぜんい》を望《のぞ》む人が、団結《だんけつ》し、力《ちから》を合わせて、悪《あく》に対抗《たいこう》すればよい。なんと簡単《かんたん》で真実《しんじつ》なことか！〟（『戦争と平和（四）』米川正夫訳、岩波文庫、参照）

このトルストイの言葉のとおり、私たちも立ち上がりましょう！

この正義と人道《じんどう》の連帯《れんたい》を、諸君は希望に燃《も》え、勇気をもって、朗《ほが》らかに毅然《きぜん》と広げていっていただきたい。

科学は「実験証明《じつけんしょうめい》」である。実験して、結果《けつか》が出るかどうか。

日蓮仏法もまた「現証《げんしょう》にはすぎず」（御書一四六八ジペー）――現証に勝《まさ》るものはない――と説《と》く。こういう宗教は、ほかにない。牧口先生、戸田先生も、よく「実験証明」と言われた。

ゆえに、わが学生部の諸君は、一年一年、「〝仏法勝負〟の実験証明」「学問の実験証明」を成《な》し遂《と》げていただきたい。それが後継《こうけい》の証《あかし》となることを忘《わす》れないでほしいのである。

結《むす》びに、偉大《いだい》なる「高《こう》エネルギー物理研究所」のますますのご発展《はってん》を心からお祈《いの》りし、そして、敬愛《けいあい》するログノフ博士ご一家に永遠《えいえん》の幸福あれ！ と申し上げて、私の謝辞《しゃじ》とさせていただく。

スパシーバ！（ロシア語で、ありがとうございました）

勝利の黄金《おうごん》の連帯《れんたい》を

第四回全国学生部幹部会　一九九八・四・二九

二十一世紀に前進しゆく、わが愛する学生部の諸君に、次の言葉を贈《おく》りたい。

アインシュタイン博士の言葉――「人間としての真の偉大《いだい》さにいたる道はひとつしかない。何度もひどい目にあうという試練《しれん》の道だ」（アリス・カラプリス編『アインシュタインは語る』林一訳、大月書店）。この一言である。

わがブラジルは、世界に冠《かん》たるサッカー王国《おうこく》である。二十万人を収容《しゅうよう》できる世界最大のサッカー競技場《きょうぎじょう》も、リオにある。しかもそれは、ブラジル最高峰《さいこうほう》の名門《めいもん》である、わが「リオ州立大学」の隣《となり》にある。

一九五〇年（昭和二十五年）、リオ州立大学が創立された年《とし》のこと。完成したばかりのこの大サッカー場で、第二次世界大戦後、初《はじ》めてのワールド・カップ（世界選手権大会）が行われた。

優勝候補《こうほ》は、もちろん地元《じもと》ブラジル。ところが、そのブラジルが決勝戦《けつしょうせん》で、まさかの逆転負《ぎゃくてんま》けを喫《きっ》してしまう。リオに結集《けっしゅう》した大観衆《だいかんしゅう》は、皆、言葉を失《うしな》った。

しかし、その悔《くや》しき試練《しれん》を乗《の》り越《こ》えて、やがて、史上最強《しじょうさいきょう》の四回優勝という、ブラジル・サッカーの〝黄金《おうごん》の伝統《でんとう》〟が築《きず》かれていったのである。

私の人生の師《し》である戸田城聖先生は、よく、「勝った時に、負ける原因《げんいん》をつくることもある。反対に、負けた時に、勝つ原因をつくることができる」と教えてくださった。

「建設は死闘《しとう》。破壊《はかい》は一瞬《いっしゅん》」である。人生、勝つためには、いささかたりとも油断《ゆだん》はできない。「追撃《ついげき》の手をゆるめるな！」とは、戸田先生の永遠不滅《えいえんふめつ》の遺言《ゆいごん》である。

ブラジルの国土は、日本の二十三倍。自然《しぜん》も、そして人間も、万事《ばんじ》にわたって、スケールが大きい。

創価教育の創始者《そうししゃ》であり、独創的《どくそうてき》な地理学者であった牧口常三郎先生は、一九〇三年、三十二歳で発刊《はっかん》した名著《めいちょ》『人生地理学』の中で、いちはやく、ブラジルについて言及《げんきゅう》されている。

奇《く》しくも、きょう、お越《こ》しくださった総長《そうちょう》のご子息《しそく》（総長室長）は、三十二歳の若き地理学者であられる。

牧口先生は、ブラジルのような「大平原《だいへいげん》の国」には、人種《じんしゅ》や文化を融合《ゆうごう》させ、共生《きょうせい》させゆく利点《りてん》があると、鋭《するど》く論《ろん》じていた。事実、ブラジルは「人種《じんしゅ》デモクラシー」の最先進国《さいせんしんこく》である。

さらに、牧口先生は、博大《はくだい》（博《ひろ》くて大きい）な人物や博大な事業《じぎょう》が生まれ出るのも、ブラジルのごとき大平原《だいへいげん》の天地からであると洞察《どうさつ》しておられたのである。

このブラジルが誇《ほこ》る「偉大《いだい》なる人材《じんざい》の揺籃《ようらん》」リオ州立大学より、私は、ただいま栄《は》えある名誉《めい》《よ》博士号を授与《じゅよ》していただいた。また、まことに意義深《いぎぶか》き「独立《どくりつ》の父」（ジョゼ・ボニファシオ）の功労賞《こうろうしょう》記念メダルも、謹《つつし》んで拝受《はいじゅ》した。

（会合の席上、ブラジルのリオ州立大学から池田ＳＧＩ会長に対する顕彰《けんしょう》が行われた。ペレイラ総長《そうちょう》夫妻ら一行が出席。ＳＧＩ会長には、「名誉博士号」ならびにブラジル独立の父を記念する「ジョゼ・ボニファシオ功労賞」が授与された）

公務《こうむ》ご繁多《はんた》のなか、はるばる来日《らいにち》してくださったペレイラ総長ご夫妻、ならびに、ご子息《しそく》ご夫妻に、重《かさ》ねて感謝《かんしゃ》申し上げたい。

ペレイラ総長は百二十七大学からなる「ブラジル大学総長会議」の副議長を務《つと》めておられる。また「リオ大学総長会議」の議長でもあられる。

高名《こうめい》な国際法の大学者である総長のもと、リオ州立大学は、図書館や大学病院の充実《じゅうじつ》、文化行事の拡大《かくだい》をはじめ、めざましい大発展《だいはってん》を遂《と》げておられる。

また、大学の門戸《もんこ》を広く市民に開いて、六十歳以上の方々を対象《たいしょう》とした「第三の人生の公開大学」も開講されている。さらに、庶民《しょみん》のための「法律相談《そうだん》」や「健康相談」などのボランティア活動も、たいへんに有名である。これらは、世界の多くの大学が見習《みなら》っていくであろう模《も》範《はん》である。

総長《そうちょう》は、あの「ブラジル文学アカデミー」の文学賞を受けた作家としても名高《なだか》い。

総長の小説の中に、「だれ人たりとも、身命《しんみょう》を惜《お》しまず戦わなければ、祖国《そこく》を建設することはできない」という力強《ちからづよ》い一節《いっせつ》がある。総長とご家族は、この精神《せいしん》で、大学のため、民衆のため、国のため、気高《けだか》き建設の人生を戦い続けておられる。

私は、わが学生部の英才《えいさい》の諸君とともに、盛大《せいだい》な拍手をもってご家族を歓迎《かんげい》し、賛嘆《さんたん》したい。

さて、総長の故郷である「ミナス・ジェライス州」は、十八世紀のブラジルの大英雄《だいえいゆう》ティラデンテスが生まれた大地である。また、日本の山梨県とも交流《こうりゅう》を行《おこな》っている州である。

「ミナス・ジェライス」という州の名前は、〝鉱物《こうぶつ》のある原野《げんや》〟という意味であり、金《きん》の産地《さんち》であった。植民地支配《しょくみんちしはい》の圧政《あっせい》と重税《じゅうぜい》は、この豊かな大地から搾《しぼ》りとるだけ搾りとり、民衆をいじめたい放題《ほうだい》にいじめていた。狡猾《こうかつ》な聖職者《せいしょくしゃ》も加担《かたん》していた。

その鉄鎖《てっさ》を断《た》ち切《き》って、庶民の顔《かんばせ》に幸福と喜《よろこ》びをあたえたのが、若き学生らとともに立ち上がった獅子《しし》――ティラデンテスである。私も、これまで何回となくスピーチしてきた。いよいよ彼が革命に決起《けっき》する直前のことである。一人の裏切《うらぎ》り者《もの》の密告《みっこく》によって、大弾圧《だいだんあつ》が始《はじ》まってしまった。この裏切り者は、莫大《ばくだい》な自分の借金《しゃっきん》を帳消《ちょうけ》しにすることをもくろんで、同志《どうし》を売《う》ったのである。

最低中の最低の卑劣《ひれつ》な人間である。しかし、こういう人間に皆が踊《おど》らされてしまったのである。まさしく「裏切りは人間として最大の犯罪《はんざい》」と言われるとおりである。

いつの世《よ》も、正義の人がおとしいれられる陰《かげ》には、こうした卑劣な構図《こうず》があることを、学生部の知性《ちせい》の諸君は、冷徹《れいてつ》に見ぬいていっていただきたい。愚《おろ》かではいけない。だまされてはいけない。「真実《しんじつ》」を暴《あば》き、戦わなければならない。

英雄《えいゆう》ティラデンテスと同志《どうし》は逮捕《たいほ》され、苛酷《かこく》な拷問《ごうもん》を受けた。耐《た》えきれず、脱落者《だつらくしゃ》が続出《ぞくしゅつ》した。中枢《ちゅうすう》だった十三人の同志たちまで、リーダーの彼だけを見殺《みごろ》しにして、自分たちは生《い》き永《なが》らえていったのである。

中心者を見すてて裏切る――日蓮大聖人の時代も、そうであった。牧口先生、戸田先生の時代も、〝大幹部〟が裏切った。第三代の私も裏切られた。人間とは、ひどいものである。これが古今《ここん》に変わらぬ方程式なのである。

ティラデンテスは、ただ一人、正義を堂々《どうどう》と訴《うった》えぬいて、ついに死刑《しけい》を宣告《せんこく》された。

「戦える人間がいない！」――英雄ティラデンテスの嘆《なげ》きは痛切《つうせつ》であった。私には、その気持ちがよく分《わ》かる。しかし彼は、あとに続く未来の連帯《れんたい》に希望を託《たく》したのである。

大事なのは青年である。学生である。

近い世代《せだい》の〝横の連帯〟以上に、私と諸君との〝縦《たて》の連帯〟が大切なのである。この大切な青年たちを、先輩《せんぱい》は決して、むやみに叱《しか》ってはならない。叱る資格《しかく》はない。

ティラデンテスは、毅然《きぜん》と胸《むね》を張《は》って、信念《しんねん》に殉《じゅん》じていった。その遺体《いたい》は、残虐《ざんぎゃく》にも四つに切《き》り裂《さ》かれ、見せしめのため故郷にもどされた。だが、この英雄《えいゆう》の悲劇《ひげき》こそが、民衆の魂《たましい》を揺《ゆ》り動《うご》かし、覚醒《かくせい》させ、その三十年後に、独立《どくりつ》が勝ち取られていったのである。

厳《げん》たる一人の師《し》を継《つ》いで、三十年後に凱歌《がいか》――。私も今、諸君が必《かなら》ず正義の凱歌を勝ち取ってくれると信じている。

先ほど、記念のメダルを頂戴《ちょうだい》した「独立の父」ボニファシオも、悠然《ゆうぜん》と達観《たつかん》していた。すなわち、「われわれに対して、エゴイズムと卑《いや》しい貪欲《どんよく》の連中《れんちゅう》が吠《ほ》えている。しかし、その凶暴《きょうぼう》な憎悪《ぞうお》と調子《ちょうし》はずれの喚《わめ》き声《ごえ》は、むしろわれわれが、道理《どうり》に則《のっと》って、真実《しんじつ》の人間の大道《だいどう》を勝ち進んでいくための刺激《しげき》である」というのである。

そのとおりである。焼《や》きもちの声なんかに動かされてはならない。日蓮仏法では、「にくま《憎》

ばにくめ」（御書一三〇八ジペー等）、「いまだこりず候《そうろう》」（御書一〇五六ジペー）と教える。これこそ、創価の「負《ま》けじ魂《だましい》」であると思うが、諸君、どうだろうか！

御聖訓《ごせいくん》には、「日蓮は（中略）鎌倉殿《かまくらどの》の御勘気《ごかんき》を二度まで・かほり・すでに頸《くび》となりしかども・ついにをそれずして候《そうら》へば、今は日本国の人人も道理《どうり》かと申すへんもあるやらん」（御書一一三八ジペー）――日蓮は、幕府《ばくふ》による処罰《しょばつ》（流罪《るざい》）を二度までこうむり、すでに頸の座《ざ》にもついたけれども、最後まで恐《おそ》れずに貫《つらぬ》いたので、今では日本国の人々も「（日蓮の言うことが）道理かもしれない」という人もあるであろう――とある。

断固《だんこ》、「正義の勇気」を！――これを貫き通した人が勝利者である。

そして、断固、「正義の執念《しゅうねん》」を！――これを貫き通した人が、最後の勝利者なのである。

この「仏法勝負《しょうぶ》」の精髄《せいずい》を、諸君は、ゆめゆめ忘《わす》れてはならない。

このほど、中国の文豪《ぶんごう》・金庸《きんよう》先生と私との対談集《たいだんしゅう》『旭日《きょくじつ》の世紀を求めて』が発刊《はっかん》された（一九九八年五月、潮出版社）。そのなかで、金庸先生は、トインビー博士の「挑戦《ちょうせん》」と「応戦《おうせん》」の歴史観への共鳴《きょうめい》を語《かた》っておられる。それは、「世界の各文明が存在《そんざい》し、さらに繁栄《はんえい》と発展《はってん》を持続《じ》《ぞく》できるゆえんは、重大《じゅうだい》なる『挑戦』を受けながらも、それに見事《みごと》に『応戦』できる能力《のうりょく》を備《そな》えていることによる」という法則《ほうそく》である。一つの文明が、歴史に〝勝《か》ち残《のこ》れるか、否《いな》か〟。それは短兵急《たんぺいきゅう》に見てはならない。長い眼で見ていかなくてはならない。

「人類《じんるい》の幸福」と「世界の平和」をめざしゆく創価学会も、二十一世紀へ生きぬき、勝ちぬいていくために、後継《こうけい》の青年部が、波瀾《はらん》と激戦《げきせん》のなかで、逆境《ぎゃっきょう》のなかで、今こそ学び、鍛《きた》え、賢《かしこ》く強くなっていく以外にない。その意味で、「激戦」こそが幸《しあわ》せなのである。

本日は、中国の若き芸術《げいじゅつ》の英雄《えいゆう》・李自健《りじけん》画伯《がはく》と、詩人《しじん》としても著名《ちょめい》な丹慧《たんけい》夫人が、出席《しゅっせき》してくださっている。心から、御礼申し上げたい。

日本軍による南京大虐殺《なんきんだいぎゃくさつ》の歴史を描《えが》かれた画伯の作品を拝見《はいけん》した時、私は体が震《ふる》えるほど感《かん》動《どう》した。涙《なみだ》が出る思いであった。

結《むす》びに、ペレイラ総長《そうちょう》の友情に、重《かさ》ねて感謝《かんしゃ》して、「ブラジル独立《どくりつ》の父」の「友情の譜《ふ》」の一節《いっせつ》を紹介《しょうかい》したい。

ああ！　麗《うるわ》しき平和と聖《せい》なる自由
これこそ　賢者《けんじゃ》のみの財宝《ざいほう》である！
地上《ちじょう》の権力者は　この宝《たから》を知らない
なぜなら　この宝（平和や自由）は　友情の中にこそ　深く秘《ひ》められているからだ

傲慢《ごうまん》な権力者に、真実《しんじつ》の「友情」というものが、分《わ》かるはずがない。そして、「友情」が分からないゆえに、平和も、自由も、本当に、分かっていない――というのである。

だからこそ、聡明《そうめい》な民衆による友情の拡大《かくだい》こそが大事なのである。これが平和の拡大となり、自由の拡大となり、ヒューマニズムの拡大となるからだ。

学生部の諸君は、この人間としての勝利の金剛《こんごう》の連帯《れんたい》を、スクラムを、日本中へ、世界へ、そして二十一世紀へと、朗《ほが》らかに、誠実《せいじつ》に、そして大胆《だいたん》に、広げていっていただきたい。

総長《そうちょう》ご夫妻をはじめ、ご臨席《りんせき》のすべての皆さま方の、ますますのご健康とご活躍《かつやく》を心からお祈《いの》りし、西暦《せいれき》二〇〇〇年に晴《は》れやかな創立五十周年を飾《かざ》りゆく、わが愛する「リオ州立大学」の無限《むげん》の繁栄《はんえい》を念願《ねんがん》して、私のスピーチといたします。

ムイト・オブリガード！（ポルトガル語で、「たいへんにありがとうございました」）

＊ティラデンテスについては、次の書を参照。
『"TIRADENTES": Grandes Personagens da Nossa História, vol. I』（〈わが歴史の人物　第1巻〉"ティラデンテス"）ノヴァクルツラル出版社
オイリアム・ジョゼ『"TIRADENTES"』（ティラデンテス）イタチアイア出版社

出《い》でよ　「新世紀の諸葛孔明《しょかつこうめい》」よ

第五回全国学生部幹部会　一九九八・一一・二五

それは一九一九年のきょう、十一月二十五日のドラマであります。

中国の天津《テンチン》の地で、凍《い》てつく寒《さむ》さをものともせず、誕生《たんじょう》まもない私立大学の創立記念の式典《しきてん》が行われました。

誉《ほま》れの一期生は、わずかに九十六人。しかし、一人一人が一騎当千《いっきとうせん》の英才《えいさい》であった。その若き心には、正義の闘魂《とうこん》が、東天《とうてん》に昇《のぼ》りゆく旭日《きょくじつ》のごとく、光《ひかり》を発《はっ》していた。

そして、ともに大理想《だいりそう》に生きゆく同志《どうし》の連帯《れんたい》は、あの『三国志』の「桃園《とうえん》の誓《ちか》い」（蜀《しょく》の劉《りゅう》備《び》・関羽《かんう》・張飛《ちょうひ》が若き日に桃園に義《ぎ》を結《むす》んだこと）のように不動《ふどう》であった。この尊貴《そんき》なる栄光《えいこう》の学《がく》府《ふ》こそ、われらの敬愛《けいあい》する「南開大学《なんかい》」なのであります。

少ない人数《にんずう》が「核《かく》」となって、大《おお》いなる偉業《いぎょう》の回転《かいてん》が始《はじ》まる。これが歴史の常であります。

貴《き》大学の、おごそかな出発も、そうでありました。創価学会学生部の結成も、また同じであります。

日蓮仏法では、貴国の有名な「周《しゅう》の武王《ぶおう》」の勝利を通しながら、「異《い》体同心《たいどうしん》なれば人人すくなく候《そうら》へども大事《だいじ》を成《じょう》じて」（御書一四六三㌻）――（日蓮の一門《いちもん》は）異体同心なので、人数は少ないけれども大事を成就《じょうじゅ》していく――と説《と》かれております。

日本の理不尽《りふじん》きわまる「対華《たいか》二十一カ条要求《ようきゅう》」（第一次大戦の一九一五年〈大正四年〉、日本が中国に二十一カ条から成《な》る権益《けんえき》の拡大《かくだい》を要求したこと）に対し、時あたかも、この一九一九年（五月四日）、中国の勇敢《ゆうかん》なる学生たちは、激怒《げきど》して立ち上がった。

その抗議《こうぎ》の波《なみ》が、澎湃《ほうはい》と大地を揺《ゆ》るがしていました。これぞ、「中国革命」の淵源《えんげん》として永《えい》遠不滅《えんふめつ》の「五四運動《ごしうんどう》」であります。

新しい時代への先陣《せんじん》を切るのは、つねに学生である。創価学会も、そうでなければならない。そして、日本での留学《りゅうがく》から決然《けつぜん》と舞《ま》いもどって、この大闘争《だいとうそう》の先頭《せんとう》に立ったのが、わが南開《なんかい》大学の第一期生である周恩来《しゅうおんらい》青年その人なのであります。

周青年は、この時、二十一歳。きょう集《つど》った学生部の諸君と、まさに同年代であります。

総理《そうり》は、青春時代から、激戦《げきせん》また激戦。そのなかで、〝二十世紀の諸葛孔明《しょかつこうめい》〟たる自分自身を鍛《きた》えあげていかれた。
諸君の中からも、〝二十一世紀の諸葛孔明《しょかつこうめい》〟と仰《あお》がれるような、力《ちから》ある大指導者が陸続《りくぞく》と育《そだ》ちゆくことを、私は信じ、待っております。そのための、一日一日の勉学であり、学会活動の薫陶《くんとう》であると思ってもらいたい。

心から尊敬《そんけい》申し上げる世界的な大数学者の南開《なんかい》大学、侯自新《こうじしん》学長、またご一行の先生方。
周総理生誕《しゅうそうりせいたん》百周年の本年（一九九八年）、周総理の母校である貴《き》大学より、私は、あまりにも意義《いぎ》深《ぶか》い「名誉《めいよ》教授」の称号《しょうごう》、ならびに「周恩来《おんらい》研究センターの名誉所長」の栄誉《えいよ》を謹《つつし》んで拝《はい》受《じゅ》いたしました。厚《あつ》く御礼申し上げます。

（会合の席上、中国・南開大学ならびに同大学周恩来研究センターから、池田ＳＧＩ会長に対する顕彰《けんしょう》が行われた。侯学長一行が出席し、南開大学の「名誉教授」、周恩来研究センターの「名誉所長」の称号が贈《おく》られた）

貴大学の力強い校歌には、「鍛《きた》えあげなむ／名実《めいじつ》ともの正義の振《ふ》る舞《ま》い！／渤海《ぼっかい》の水際《みずぎわ》／白《はく》河《が》のほとりに／巍々《ぎぎ》たる我《われ》らが南開精神《せいしん》！」と雄々《おお》しく謳《うた》われております。
この「南開精神」とは、逆境《ぎゃっきょう》を恐《おそ》れず、試練《しれん》を断固《だんこ》として乗《の》り越《こ》えていく魂《たましい》であり、周総理に連《つら》なる進取《しんしゅ》・開拓《かいたく》のスピリットであります。

私たちが断《だん》じて忘《わす》れてならないのは、日本軍が、貴国《きこく》で最初《さいしょ》に蹂躙《じゅうりん》した学舎《まなびや》が、貴大学であったという厳然《げんぜん》たる歴史であります。一九三七年（昭和十二年）の七月、日本軍は、こともあろうに貴大学を標的《ひょうてき》に、雨のごとく爆撃《ばくげき》を繰《く》り返《かえ》しました。

教育・文化の殿堂《でんどう》を、暴力《ぼうりょく》で破壊《はかい》することほど、卑劣《ひれつ》な蛮行《ばんこう》は絶対にない。

水郷《すいごう》の田園《でんえん》のごとき、また花園《はなぞの》のごときうるわしき貴大学のキャンパスが、見るまに、火と煙《けむり》の海に変わり果《は》ててしまった。図書館も、そして営々《えいえい》として収集《しゅうしゅう》されてきた大切な宝《たから》の蔵書《ぞうしょ》の数々も、次々に焼《や》かれました。

じつに、校舎《こうしゃ》の三分の二が壊滅《かいめつ》してしまったのであります。しかも日本軍は、以後八年間にもわたって、貴大学のキャンパスを占領《せんりょう》し続けました。

貴大学がこうむった損害《そんがい》は、当時、中国の高等教育機関《きかん》が受けた被害総額《ひがいそうがく》の、なんと十分の一をも占《し》めるとうかがいました。

しかし、貴大学は、それほどの攻撃《こうげき》にさらされながら、学問研究と人材育成《じんざいいくせい》の旗《はた》を、一時たりとも降《お》ろすことはなかった。

南へ、西へ、貴大学は、千二百キロ離《はな》れた長沙《ちょうさ》の地に、そしてさらに、そこから千キロ離れた昆明《こんめい》の地にと、学びの場を移動《いどう》しながら、〝教育の聖業《せいぎょう》〟を厳《げん》として守りとおされたのであります。

また、多くの貴《き》大学の学生が、みずから勇《いさ》んで、抗日闘争《こうにちとうそう》へ身《み》を投《とう》じていきました。創立者の張《ちよう》先生は、烈々《れつれつ》と呼《よ》びかけました。「敵《てき》は、わが南開《なんかい》の建物《たてもの》を爆撃《ばくげき》した。されど、われわれは、この苦難《くなん》を因《いん》として、南開精神《せいしん》を、ますます奮《ふる》い立《た》たせていこう!」と。

傲《おご》れる権力は、建物を壊《こわ》すことはできるかもしれない。しかし、いかなる暴力《ぼうりよく》や策略《さくりやく》をもってしても、高貴《こうき》なる人間の精神だけは、絶対に壊せない。

三代にわたって、日本の国家主義の魔性《ましよう》と戦いぬいてきた、われらの「創価精神」もまた、この「南開精神」と一致《いつち》すると、私は申し上げておきたいのであります。

その峻厳《しゆんげん》なる精神闘争の後継《こうけい》の勇者《ゆうしや》こそ、わが学生部であっていただきたい。


さて、一九五九年の五月、貴大学の創立四十周年に、周総理《しゆうそうり》は鄧穎超《とうえいちよう》夫人とともに母校を訪《ほう》問《もん》されました。周総理は、愛する母校の後輩《こうはい》たちに率直《そつちよく》に、こう語《かた》りかけました。

「大学生の一部に、学生の本分《ほんぶん》を見失《みうしな》って、食べ物や着る物など、享楽《きようらく》にふける風潮《ふうちよう》が、はびこっています。しかし、人民《じんみん》が皆さんを大学に入《い》れたのです。それなのに、こうした学生は、知識があれば、それを利用して、人民と駆《か》け引《ひ》きができると思いこんでいる。皆さんは、人民の子なのです。皆さんは、片時《かたとき》も、人民を忘《わす》れてはなりません」と。

要《よう》するに、何《なん》のために学び、何のために大学を出るのか。「自分のため」なのか。それとも「人民《じんみん》のため」「民衆のため」なのか。

この根本《こんぽん》の一点を、総理《そうり》は、なかんずくみずからの直系《ちょっけい》の南開《なんかい》大学生には、確固《かっこ》と受《う》け継《つ》いでほしかったのでありましょう。

◇

私は今、周《しゅう》総理とお会いした、二十四年前（一九七四年）のあの十二月五日の忘《わす》れえぬ夜を思《おも》い起《お》こします。

周総理は、強く私の手を握《にぎ》り、千年先まで見とおすような鋭《するど》い、それでいて柔和《にゅうわ》な、何とも言えない眼差《まなざ》しで、私の目をじっと、ご覧《らん》になっておられました。

総理は言われました。「池田先生は二度目の訪中《ほうちゅう》ですね。六月にいらっしゃった時には、病気がひどい時分《じぶん》で、お会いできませんでした。今回は、どうしても、お会いしたいと思いました。お会いできてうれしいです」と。

この時の会見記録《きろく》は、克明《こくめい》に残《のこ》っております。後世《こうせい》のために、その一端《いったん》を紹介《しょうかい》させていただきたい。

周総理は、すべての経緯《けいい》をご存《ぞん》じの様子《ようす》で、こう語《かた》られました。

「これまで中国にこられた人たちが、池田先生への尊敬《そんけい》をこめて、私に言っておりました。〝私たちの訪中《ほうちゅう》は、池田先生から『中国と友好を結《むす》ぶように』という指導があったからです。中日国交《こっこう》への努力は、池田先生の指導の賜《たまもの》です〟と、私は聞いております。創価学会は、中日友好に尽力《じんりょく》されました。これは、私たちの共通《きょうつう》の願望《がんぼう》です。ともに努力していきましょう！　中日平和友好条約《じょうやく》の早期《そうき》締結《ていけつ》を希望します！」と。

政治家でもない私に、そう言われたのである。さらに、総理《そうり》は、地球全体を展望《てんぼう》するかのような表情《ひょうじょう》で、「二十世紀の最後の二十五年間が、世界にとってもっとも大事な時期です。全世界は、平等《びょうどう》に、お互《たが》いに立場を尊重《そんちょう》しあいながら、仲良《なかよ》くしていくべきです。励《はげ》ましあっていくべきです」と、三十歳年下の私に、後事《こうじ》を託《たく》すがごとく語《かた》ってくださったのであります。

中国は日本に文化を教えてくれた「師匠《ししょう》」の国であり、「父」「兄」の国であります。その大《だい》恩《おん》を忘《わす》れて、侵略《しんりゃく》し、略奪《りゃくだつ》し、苦《くる》しめきった歴史は、どんなに懺悔《ざんげ》してもしきれない。

日本の権力の魔性《ましょう》は、心が小さく、ねじれ、いばり、人をいじめる。諸君は絶対に、そういう人間になってはならない。

生涯《しょうがい》、心から中国の方々を尊敬し、大切にし、尽《つ》くしていく。そういう人間であっていただきたい。

両国の「平和友好条約二十周年《じようやく》」の佳節《かせつ》を祝《しゆく》して、本日、先ほど江沢民主席《こうたくみんしゆせき》が、中国の国家元首《げんしゆ》として史上初《しじようはじ》めて日本を公式訪問《こうしきほうもん》されました。

民衆を代表し、そして青年を代表し、私たちは心から歓迎《かんげい》申し上げるものであります。

江主席は、昨年（一九九七年）、ハーバード大学での名講演《めいこうえん》で、語《かた》られました。

「太陽の光《ひかり》が七色の色彩《しきさい》を持つように、世界もまた、さまざまな色を放《はな》っている。すべての国家、民族《みんぞく》は、皆、みずからの歴史、文化、伝統《でんとう》を持ち、それぞれに長所《ちようしよ》をもっている。ゆえに、相互《そうご》に尊重《そんちよう》し、相互に学びあい、相互に補《おぎな》いあい、ともに進歩《しんぽ》していかねばならない」

（97年11月2日付「人民日報」）と。

重大《じゆうだい》な指摘《してき》であります。

私は、三十年前（一九六八年九月八日）、あの学生部総会での「日中提言《ていげん》」で、中国と日本の青年の連帯《れんたい》が軸《じく》となって、アジアの民衆の幸福に尽力《じんりよく》すべきことを訴《うつた》えました。

両国の教育・文化の交流《こうりゆう》を一段《いちだん》と強く推進《すいしん》し、これからの世界の安定と繁栄《はんえい》に貢献《こうけん》していくことが、私どもの願《ねが》いであり、決心《けつしん》なのであります。

結《むす》びに、周総理《しゆうそうり》から、しかと託《たく》された「南開精神《なんかいせいしん》」を、私は、いよいよたぎらせながら、二十世紀の重要《じゆうよう》な総仕上《そうしあ》げを、諸君とともに晴《は》ればれと飾《かざ》りたい。

（抜粋）

学生よ　社会に声を！

第六回全国学生部幹部会　一九九九・四・一七

学生部幹部会おめでとう！

「道がなければ、自《みずか》ら、道を切り開かん！」——。これは、貴《き》大学（ペルー国立フェデリコ・ビヤレアル大学）のその名に輝《かがや》く、ペルーの大知性《だいちせい》ビヤレアル博士の不滅《ふめつ》の言葉であります。

だれかが開いた道に、何《なん》の苦労《くろう》もせず、安易《あんい》に、軽薄《けいはく》に、つき従《したが》っていく——。これでは、もはや青年とはいえない。愚《おろ》かである。

希望に燃《も》え、あえて苦難《くなん》に向かって、自分自身の哲学《てつがく》で、自分自身の情熱《じょうねつ》で、そして自分自身の戦いで、「いまだかつてない道」を開ききっていく。それが青春です。

自分の人生のデッサンを、みずから描《えが》きながら、わが道を、一歩また一歩、堅実《けんじつ》に進んでいく。これこそ、青春の真髄《しんずい》の闘争《とうそう》であります。

貴《き》大学の原点《げんてん》の存在《そんざい》であられる、このビヤレアル博士は、十九世紀から二十世紀への転換期《てんかんき》にあって、「科学」に、また「教育」に、独創的《どくそうてき》な輝《かがや》きを放《はな》たれた大数学者であります。

たいへんに貧《まず》しい家庭に生まれ育《そだ》った博士は、十四歳から働《はたら》きながら、苦学《くがく》を重《かさ》ねていかれた。原点は十代です。

また、貧しいなかで苦労《くろう》してこそ、偉大《いだい》な人が出る。いちばん底辺《ていへん》で、いちばん汚《きたな》く見える大地から、いちばん美しい花が咲《さ》く。偉大な大木《たいぼく》が育つ。お金があるのが幸《しあわ》せなのではない。

〝若いうちから、おいしいものを食べすぎ、いい暮《く》らしをしすぎている青年は不幸だ〟とは、文豪《ぶんごう》・吉川英治《よしかわえいじ》氏の言葉であります。それでは、人間ができないし、一歩一歩、勝ち取っていく喜《よろこ》びもてない。

博士は、頭脳《ずのう》も心も体もいじめぬくような苦闘《くとう》のなかで、「ビヤレアル多項式《たこうしき》」と呼《よ》ばれる数学上の発見《はっけん》をしました。あのニュートンを超《こ》えると評価《ひょうか》する人もいる業績《ぎょうせき》であります。

それは、何歳《なんさい》の時であったか。じつに二十三歳の若さでありました。諸君と、ほぼ同じ年代です。諸君も、何か〝発見〟していただきたい。何か〝残《のこ》して〟いただきたい。華《はな》やかに報道《ほうどう》されるような必要はない。地道《じみち》でいい。自分自身が知っていればいい。

「自分は、これを見つけた!」「自分は、こう歩《あゆ》んだ!」と世界に叫《さけ》べる〝何か〟を残していただきたい。虚栄《きょえい》でなく、虚飾《きょしょく》でなく。報道《ほうどう》は「大本営発表《だいほんえいはっぴょう》」のように、うそだらけの場合がある。自分自身の心は偽《いつわ》れない。

ともあれ、努力また努力で、鍛《きた》え上《あ》げられた若き生命が、どれほど偉大《いだい》な創造性《そうぞうせい》を発揮《はっき》できるか。いわんや、信仰とは、創造力の源泉《げんせん》であります。

人類《じんるい》は、いずこより来《きた》り、いずこへ往《ゆ》かんとするか。「二十一世紀の道」、そして「第三の千年の道」は、いまだ、だれも踏《ふ》み出《だ》してはいない。

その「平和」「文化」「教育」のヒューマニズムの道を、新しき旭日《きょくじつ》の生命力と英知《えいち》で、そして、新しき大哲学《だいてつがく》の連帯《れんたい》で、世界に広げゆく開拓者《かいたくしゃ》は、建設者は、いったいだれか。それこそ、わが誉《ほま》れの男女学生部の諸君であると私は宣言《せんげん》しておきたいのであります。

本日は、創価大学をはじめ、二百の大学の代表が結集《けっしゅう》しております。

全員が「若き哲学者」であります。哲学者ならば、うすっぺらな〝有名人〟や〝権力者〟に左右《さゆう》されず、堂々《どうどう》と、「最高の正義の人生」を追求《ついきゅう》しなければならない。記念の出発、まことにおめでとう！

尊敬《そんけい》するトランコン経済学部長、ならびにベナビデス教授、そしてアルサモラ産業・情報工学部長。私は、ただ今、新世紀を先取《さきど》りしゆく貴大学より、栄誉《えいよ》ある「名誉《めいよ》博士」の学位記《がくいき》を、最大の誇《ほこ》りをもって拝受《はいじゅ》いたしました。まことに、ありがとうございました。

（会合の席上、ペルー国立フェデリコ・ビヤレアル大学から池田ＳＧＩ会長に対する顕彰《けんしょう》が行われた。アニカマ総長代理《そうちょうだいり》のトランコン経済学部長ら一行が出席。「名誉博士号」が授与《じゅよ》された。これは、世界規模《きぼ》で展開《てんかい》される、平和・文化・教育の行動者としての偉大《いだい》な足跡《そくせき》をたたえたものである）

この四月は、貴国《きこく》へ、日本人が移住《いじゅう》を開始してより、満《まん》百年にあたっております。

この佳節《かせつ》に、ご多忙《たぼう》ななか、遠路《えんろ》はるばると、貴国を代表する良識《りょうしき》の先生方をお迎《むか》えできたことは、何ものにもかえがたい喜《よろこ》びであります。

さらなる百年へ、貴国との友情の新しき出発の意義《いぎ》をこめて、私たちは、あらためて、先生方に熱烈歓迎《ねつれつかんげい》の大喝采《だいかっさい》を送らせていただこうではありませんか。

なお、来月には、移住百周年の記念式典《しきてん》が、貴国で盛大《せいだい》に開催《かいさい》される予定であります。これには、ペルーの学生部をはじめ、約八百人のＳＧＩの青年たちが、特別出演《とくべつしゅつえん》して、祝賀《しゅくが》の演技《えんぎ》を披露《ひろう》することになっております。おめでとうございます！

貴大学は、一九六〇年、「民衆の中に生まれた」大学であります。

この年《とし》は、私が、三十二歳の若さで第三代会長に就任《しゅうにん》し、世界への行動を開始した年でもあります。

貴《き》大学が、「新《あら》たなる人間の創造《そうぞう》」を理念《りねん》にかかげ、「学生根本《こんぽん》」の尊《とうと》き学風《がくふう》で、人道《じんどう》主義に貫《つらぬ》かれた人材《じんざい》を、陸続《りくぞく》と育成《いくせい》してこられたことは、まことに有名であります。

とくに貴大学は、二十一世紀の大学の使命《しめい》として、「民主《みんしゅ》主義の擁護《ようご》」「思想《しそう》の自由と多元《たげん》性《せい》」「世界との交流《こうりゅう》」「政治、経済との連動《れんどう》」、また「文化の創造《そうぞう》と普及《ふきゅう》」などを、明確《めいかく》に、うたっておられます。すばらしい理念《りねん》です。

とともに、みずからが住んでいる「地域」の課題《かだい》に、積極的《せっきょくてき》に取り組むことを強調《きょうちょう》しておられる。いちばん身近《みぢか》な地域を、足元《あしもと》を大事にせよ、と。

さらに貴大学は、「社会に参加《さんか》すること、社会に提唱《ていしょう》すること、そして、不正《ふせい》に抗議《こうぎ》することは、侵《おか》すことのできない大学の権利である」と、高らかに訴《うった》えておられるのであります。

大学は、社会から離《はな》れた「象牙《ぞうげ》の塔《とう》」であってはならない、と。

悪《あく》と戦うのは、大学の「権利」である――貴大学のすばらしき指標《しひょう》に、私たちは心から賛同《さんどう》するものであります。

大学から、また学生から「地域や社会への、生き生きとした関心《かんしん》や貢献《こうけん》」、そして「邪悪《じゃあく》への怒《いか》り」が失《うしな》われてしまえば、その国家は、もはや変革《へんかく》と進歩《しんぽ》のダイナミックな力《ちから》を失い、衰《すい》亡《ぼう》していく以外にない。この姿《すがた》が、今の日本ではないでしょうか。

貴《き》大学の誇《ほこ》りは、「庶民《しょみん》に根《ね》ざした庶民の大学」であることです。〝社会の一番大変な所に飛《と》び込《こ》んで、民衆のために活躍《かつやく》する〟ことを誇《ほこ》りとする伝統精神《でんとうせいしん》が、みなぎっている。

すべて民衆のために――創価大学、創価学会も同じ精神であります。また貴大学の卒業生は政財界《せいざいかい》、教育界、医学界、社会の第一線で大《おお》いに活躍しておられる。とくに私が称讃《しょうさん》したいのは、辺境《へんきょう》の地でも、医者や看護婦《かんごふ》（看護師）、教員や技師《ぎし》など、さまざまな立場で貢献《こうけん》しておられるという事実です。

ペルーの辺境で活躍する人々に「出身《しゅっしん》大学は、どこですか」と聞くと、必《かなら》ず「ビヤレアル大学出身です！」と誇りをもって答える人がいるといいます。

そういう美しい生き方が、日本には、なくなってしまいました。

今、日本は、残念《ざんねん》ながら、衰亡《すいぼう》に向かう段階《だんかい》に入ってしまった。エリートと呼《よ》ばれる人間のなかに、自分中心で、他人《たにん》はどうなってもかまわない――そんな悪い人間も少なくない。それでは、何《なん》のための教育だったのか。そんな利己《りこ》主義の人間が偉《えら》くなって、いったい、どんな社会ができるというのか。多くの識者《しきしゃ》は憂慮《ゆうりょ》しております。

国際《こくさい》政治学の著名《ちょめい》な権威《けんい》である中西輝政《なかにしてるまさ》教授（京都大学）も、壮大《そうだい》な文明論の次元《じげん》から、日本の衰亡《すいぼう》と再生《さいせい》を、鋭《するど》く洞察《どうさつ》しておられます。

最近の著作《ちょさく》（『なぜ国家は衰亡するのか』ＰＨＰ研究所）の中で、中西《なかにし》教授は、トインビー博士の歴史哲学《てつがく》を引いておられる。

〝たとえ、ある文明が地上《ちじょう》から消《き》えてしまうような事態《じたい》が生《しょう》じたとしても、「種子《しゅし》」が残《のこ》されていれば、その文明は必《かなら》ず復活《ふっかつ》する。外来《がいらい》の勢力《せいりょく》が蹂躙《じゅうりん》するなどしても、その「文明の根本《こんぽん》」が消滅《しょうめつ》しない限《かぎ》り、たった一人の人間からでも、文明はふたたび勃興《ぼっこう》する〟

私も賛同《さんどう》いたします。大事なのは、「一人」です。「一人の人間革命」です。

ゆえに、一人、本物《ほんもの》の革命児の心に、不屈《ふくつ》の〝火種《ひだね》〟が燃《も》えていれば、そこから、勝利の炎《ほのお》は燎原《りょうげん》の火のごとく広がっていくものであります。

なお中西教授は、私のハーバード大学での第一回の講演《こうえん》「ソフト・パワーの時代と哲学」にも、いちはやく、過分《かぶん》な評価《ひょうか》を寄《よ》せてくださったお一人であります。

八年前（一九九一年）、私が論《ろん》じた、この「ソフト・パワー」は、（電通総研《でんつうそうけん》によって）今年のキーワードにも選ばれた。

時代を先取《さきど》りしなければならない。かつてクーデンホーフ・カレルギー伯《はく》と語《かた》り合《あ》った「ヨーロッパ統合《とうごう》」も、その方向に進んでいる。

一昨日（一九九九年四月十五日）も、私は、ナイジェリアのオバサンジョ次期大統領《だいとうりょう》に、「アフリカ合衆国《がっしゅうこく》」や「第二の国連《こくれん》」などのビジョンを申し上げた。興味深《きょうみぶか》く、うなずいておられました。世界は時々刻々《じじこっこく》と変化しております。時代を鋭敏《えいびん》にとらえ、リードする青年のみずみずしい着想《ちゃくそう》、行動力が、ますます重要《じゅうよう》になっている。ゆえに、諸君が大事なのです。「宝《たから》の中の宝」なのであります。

トインビー博士といえば、約十日間にわたって対談《たいだん》したことも懐《なつ》かしい。博士は「ぜひ池田会長とお会いしたい」と。しかし、お体のぐあいから来日《らいにち》できず、私がイギリスにうかがいました。

対談は毎日、朝十時ごろから夕方の五時ごろまで。午後のティータイムには、博士の夫人がお菓子《かし》をもってきてくださった。夫人も、妻《つま》も静《しず》かに同席していた。

ともあれ諸君も、博士の著作《ちょさく》のような〝よき書物《しょもつ》〟をひもといていただきたい。悪書《あくしょ》を読むことは、自分が損《そん》をするだけである。

トインビー博士は一九五六年、ペルーを訪問《ほうもん》し、その美しさを「この世《よ》のものと思えなかった」（「東から西へ」長谷川松治訳、『トインビー著作集 7』所収、社会思想社）と最大の讃辞《さんじ》をもって称《たた》えておられます。

私も訪問し、すばらしい国であると感じました。自然《しぜん》といい、人間の心といい、ほっとする。

さて、博士の透徹《とうてつ》した眼は、〝いにしえのアンデス世界の中心地が、どこに形成《けいせい》されてきたか〟に光《ひかり》を当《あ》てておられる。

すなわち、アンデス世界の中核《ちゅうかく》は、太平洋沿岸《えんがん》地方のオアシスの間ではなかった。むしろ、周囲《しゅうい》の恐《おそ》るべき敵《てき》からの外的圧力《がいてきあつりょく》にさらされた、辺境《へんきょう》の困難《こんなん》な地域にこそ、より偉大《いだい》な建設があった。それは、なぜか？

トインビー博士の答えは、明快《めいかい》であります。明快に――ここが大事である。何ごとも明快に語《かた》ってきたから創価学会は勝った。

日蓮大聖人も、八万法蔵《はちまんほうぞう》といわれる釈尊《しゃくそん》の膨大《ぼうだい》な教えを、ただ一句《いっく》、題目の七字に凝縮《ぎょうしゅく》して、わかりやすく、明快にされた。

トインビー博士は論《ろん》じる。厳《きび》しい圧迫《あっぱく》と絶《た》え間《ま》なく戦い、「応戦《おうせん》」している地域にこそ、一《いち》大偉業《だいいぎょう》を成《な》し遂《と》げるための「活力《かつりょく》」が呼《よ》び起《お》こされるからだ、と。

要《よう》するに、試練《しれん》に立ち向かい、敵《てき》に競《せ》り勝っていくなかに、成長がある。発展《はってん》がある。勝利がある。創造《そうぞう》がある。これが、「文明」の定理《ていり》であり、「人生」の方程式であります。

恵《めぐ》まれた、甘《あま》えた環境《かんきょう》は、幻《まぼろし》のようなものです。陽炎《かげろう》のように消《き》えて、何《なに》も残《のこ》らない。何の戦いもない人間は、人間の証《あかし》を残せない。

仏法でも、「味方《みかた》よりも、強敵《ごうてき》こそが、人間を立派《りっぱ》に鍛《きた》え上《あ》げる」と説《と》く。

試練《しれん》と戦っている団体が伸《の》びる。勝利する。戦いがなくなれば、緊張感《きんちょうかん》もなくなり、堕落《だらく》してしまう。創価学会も、仏敵《ぶってき》と戦っているから強い。敵がなくなれば衰亡《すいぼう》してしまう。ゆえに、わが敬愛《けいあい》する学生部諸君もまた、現実社会にあって、「さあ、何《なん》でも来《こ》い！」と、打って出ていく〝勇気ある青春〟を送っていただきたい。

またトインビー史観《しかん》は、「逆境《ぎゃっきょう》に打ちのめされた時に、それに負《ま》けずに立ち上がる人間」、また「敗北《はいぼく》によって奮起《ふんき》し、前よりもいっそう重大《じゅうだい》な決意で、ふたたび活動を始《はじ》める集団《しゅうだん》」に、一つの焦点《しょうてん》を定《さだ》めています。そこに本物《ほんもの》がある、と。

長い人生の戦い。当然、思いもよらぬ艱難《かんなん》に直面《ちょくめん》することもある。しかし、「仏法は勝負《しょうぶ》」である。日蓮仏法は、勝たねばならない。

何があろうと、負けない人間、あきらめない人間、その人が最後に勝つ。弱い人間は、敗北《はいぼく》する。敗北者は、みじめである。どんな言いわけをしても、みじめである。強い人間は、何があっても楽しい。敗《やぶ》れない。崩《くず》れない。

あくせくする必要はない。どっしりと構《かま》えて、時を待ち、時を創《つく》るべきである。忍耐《にんたい》と勇気と智慧《ちえ》を忘《わす》れてはならない。

一人も残《のこ》らず、「最後に勝つ」皆さんであっていただきたい。「永遠不滅《えいえんふめつ》の創価学会」を担《にな》っていただきたい。

ところで、きょうはお見えになっておりませんが、貴《き》大学のロドリゲス教授は、この十五年間、トインビー博士と私の対談集《たいだんしゅう》を、授業の教材《きょうざい》として用《もち》いてくださってきたと、うかがいました。この席をお借《か》りして、心より、感謝《かんしゃ》と敬意《けいい》を申し上げるものであります。

さて、一八二一年、ペルーの解放《かいほう》を達成《たっせい》した大英雄《だいえいゆう》サンマルチン将軍《しょうぐん》が、すぐさま「国民図書館」を創立し、みずからの貴重《きちょう》な蔵書《ぞうしょ》を寄贈《きぞう》したことは、有名な史実《しじつ》であります。

教育こそ力《ちから》です。「独立《どくりつ》をささえていくためには、軍隊《ぐんたい》よりも、精神《せいしん》の啓蒙《けいもう》の方《ほう》が、はるかに強い」。これが、彼の揺《ゆ》るぎない確信でありました。

「精神」の力は、私どもの団結《だんけつ》は、いかなる権力よりも、財力《ざいりょく》よりも、強いのであります。

民衆の無知《むち》は、恐《おそ》るべき独裁《どくさい》や専制支配《せんせいしはい》を招《まね》いてしまう。そのことを、人間指導者たる彼は危惧《きぐ》しておりました。

日本も国家主義の道に入ってきていると、心ある人は警告《けいこく》しております。悪《あく》を悪と鋭《するど》く見ぬかなければいけない。

ゆえに、ともかく、民衆を賢《かしこ》く、聡明《そうめい》にしていく「教育」に、全力をそそいでいくことです。

「宗教」もまた、同じであります。「教育」という普遍性《ふへんせい》の次元《じげん》へ開いていかない宗教は、どうしても独善《どくぜん》となってしまう。その意味からも、学生部の諸君の活躍《かつやく》が不可欠《ふかけつ》であることを知っていただきたい。

かつて、ペルーにおいても、二百五十年間にわたって、残酷《ざんこく》をきわめる宗教裁判《さいばん》の歴史が残《のこ》されております。

私も、首都《しゅと》リマで、この宗教裁判所の跡《あと》をとどめる博物館《はくぶつかん》を見学《けんがく》しました。その無残《むざん》さ――私は戦慄《せんりつ》しました。犠牲者《ぎせいしゃ》は、じつに五十万人とも推定《すいてい》されております。宗教の名のもとに。聖職者《せいしょくしゃ》の仮面《かめん》をつけた邪悪《じゃあく》な人間のために――。

狂《くる》った聖職者の嫉妬《しっと》が、どれほど恐《おそ》ろしいか。創価学会への迫害《はくがい》も、すべては、発展《はってん》への嫉妬であります。私たちは、身《み》にしみて、深く知っていますし、また知らねばならない。

すでに、十五世紀のインカ文明には、次のような箴言《しんげん》が残されております。

「嫉妬とは、嫉妬するその人自身の身を、内《うち》から少しずつ蝕《むしば》み腐《くさ》らせていくものである」、「嫉妬深い人間は、結局《けつきょく》、自分自身の身を滅《ほろ》ぼす」と。

創価学会のうるわしき「民衆の連帯《れんたい》」を、嫉妬から破壊《はかい》しようとした連中《れんちゅう》の末路《まつろ》も、このとおりであります。

ペルーの勇壮《ゆうそう》な国歌の一節《いっせつ》には、こうあります。

「首都《しゅと》リマは荘厳《そうごん》な誓《ちか》いを守る！　長きにわたって我々《われわれ》を弾圧《だんあつ》しようとした、この暴君《ぼうくん》も今は無力《むりょく》となった。我々は、厳《きび》しく怒《いか》りをもって暴君を追《お》い出《だ》そう！」と。

追撃《ついげき》の手をゆるめてはならない。油断《ゆだん》があってはならない。悪《あく》の根《ね》を、徹底《てってい》して断《た》ち切《き》っていくという「正義の執念《しゅうねん》」を忘《わす》れてはならない。


貴《き》大学の紋章《もんしょう》には、すばらしい名言《めいげん》が刻《きざ》まれております。

「私の言葉は、人類《じんるい》を育《はぐく》む」

教育の力《ちから》で、われらの大学から発信《はっしん》しゆく「言論の力」「文化の力」で、人類をさらに強く、さらに知性的《ちせいてき》に、向上《こうじょう》させていこう！　そして人類をより広く、より深く結《むす》び合い、連合《れんごう》させていこう！

――なんと高邁《こうまい》な、すばらしいモットーでありましょうか。

仏法では、「声、仏事《ぶつじ》（仏《ほとけ》の仕事）を為《な》す」と説《と》きます。

どうか諸君は、一人、また一人の友を、隣人《りんじん》を、確信ある「声の息吹《いぶき》」で揺《ゆ》り動《うご》かしていく人生であっていただきたい。これこそ青春であり、信心であり、すばらしき人生の生きがいであります。

若い今こそ、言論戦をやりきることです。弘教《ぐきょう》をやりきることです。それが必《かなら》ず、生涯《しょうがい》の宝《たから》となる。

そして、社会の「悪《あく》の結合《けつごう》」を打《う》ち破《やぶ》る「善《ぜん》の結合」を！

社会の「エゴの拡大《かくだい》」を浄化《じょうか》しゆく「正義の拡大」「幸福の拡大」を！

その方向へと厳然《げんぜん》とリードしていくのは諸君であります。

そして、二十一世紀の舞台《ぶたい》へ、朗《ほが》らかに、天高く、「われらは勝った！」と諸君の勝鬨《かちどき》を響《ひび》かせていただきたい。


二十五年前（一九七四年）の三月、緑美しき首都《しゅと》リマを私は訪問《ほうもん》させていただきました。

その折《おり》、光栄《こうえい》にも、民間人《みんかんじん》として初《はじ》めて「特別名誉市民《とくべつめいよ》」の称号《しょうごう》を賜《たまわ》りました。

私は芳名録《ほうめいろく》に記《しる》しました。

「私は今日より、リマのために働《はたら》く！　私は今日より、その責任《せきにん》をもった。

そして私は、誰《だれ》よりもペルーとリマのますますの発展《はってん》と興隆《こうりゅう》を祈《いの》る人生でありたい！」と。

この決意と行動は、今も、いささかも変《か》わってはおりません。

本日よりは、さらに、愛する「わが母校」たる貴《き》大学の無限《むげん》のご繁栄《はんえい》を、一生涯《いっしょうがい》、祈り続けていくことを、ここに謹《つつし》んでお約束《やくそく》し、私の感謝《かんしゃ》のスピーチとさせていただきます。

ムーチャス・グラシアス！（スペイン語で「たいへんに、ありがとうございました」）

「学生部の五十年の歩み」⑪——創価大学の開学

創価大学の建設現場を視察（1969.9.20）

池田名誉会長が、創価大学の設立を正式に発表したのは、1964年（昭和39年）6月30日に行われた第7回学生部総会の席上である。

創価大学の設立は、牧口初代会長、戸田第二代会長の念願だった。

1930年の11月18日から発刊された『創価教育学体系』にも、創価大学・学園につながる構想が記述されている。戸田会長が池田名誉会長に、最初に大学の構想を語ったのは、50年11月16日。戸田会長が経営していた会社が、経営不振から営業停止となり、責任をとって学会理事長職を辞した4日後であった。以来、戸田会長は何度も、名誉会長に大学の構想を語っている。

第7回学生部総会の翌年、65年11月には、創価大学設立審議会が発足。審議会の会長には、名誉会長が就いている。

69年5月3日の本部総会では、名誉会長は、創価大学の基本理念として「人間教育の最高学府たれ」「新しき大文化建設の揺籃たれ」「人類の平和を守るフォートレス（要塞）たれ」との3モットーを発表した。

そして、創価学園の開校（68年）に続き、71年、戸田会長の祥月命日にあたる4月2日、東京・八王子市に創価大学は開学した。

〈池田名誉会長の指導から〉

私は、創価大学の設立構想の段階から、〝大学は学生のためにあるべきだ〟と、繰り返し訴えてきた。（中略）

大学紛争に揺れていた時代であった。それだけに私は、一日も早く、真の学問・教育の場を出発させたかった。

そこで、創価大学の開学を急いでもらい、予定より二年も早め、昭和四十六年四月にスタートしたのである。

（「創価大学 創立の心」、『随筆 平和の城』所収）

第六章

新時代への飛翔《ひしょう》（二〇〇一年以降）

世紀に轟《とどろ》け、民衆の勝鬨《かちどき》

第一回全国学生部幹部会、本部幹部会　二〇〇一・六・二七

有名なフランスの哲学者《てつがくしゃ》、ベルクソンの言葉から始《はじ》めたい。

「未来は精一杯《せいいっぱい》努力する人たちのものである」（『ベルグソン全集　第八巻』花田圭介・加藤精司訳、白水社）

遊《あそ》んでばかりいる人間、困難《こんなん》を避《さ》ける人間、意気地《いくじ》のない人間――そういう、価値創造《かちそうぞう》をしない人間には、未来はない。「戦いぬいた人間」に、未来はある。この言葉どおりに、創価学会は前進している。

ドイツの文豪《ぶんごう》、ゲーテは謳《うた》う。「雷鳴《らいめい》には二倍、三倍、十倍にとどろく雷鳴をもって答えましょう」（『ファウスト（第二部）』相良守峯訳、岩波文庫）。

雷鳴には、それ以上の雷鳴をもって応《こた》えればよい。一つの暴論《ぼうろん》には、二倍、三倍、十倍の正《せい》

論《ろん》をもって反撃《はんげき》する。人間の信念《しんねん》の勝鬨《かちどき》を轟《とどろ》かせていくことだ。

そして近代中国の父、孫文《そんぶん》先生は、新時代の到来《とうらい》を高らかに宣言《せんげん》した。

「(=中華民国《ちゅうかみんこく》が成立《せいりつ》すると)人民《じんみん》は主人《しゅじん》に変わり、皇帝《こうてい》は召使《めしつか》い(奴僕《どぼく》)に変わったのであります」(「講演集」堀川哲男・近藤秀樹訳、『世界の名著 64』所収、中央公論社)。有名な言葉である。

民衆が主人である。今の日本も、「主権在民《しゅけんざいみん》」である。

当然、だれもが選挙権《せんきょけん》をもち、どの団体や個人が、だれを推《お》そうと、だれに投票《とうひょう》しようと、まったく自由である。そうした基本的人権《じんけん》を憲法《けんぽう》が保障《ほしょう》している。国民一人一人が「主権者」なのである。

かつて「貧乏人《びんぼうにん》と病人《びょうにん》の集まり」と侮蔑《ぶべつ》された学会は、今や日本の「平和の柱《はしら》」となった。すごい時代である。創価学会の勝利は、民衆自身が「偉大《いだい》なる最高の指導者群」として立ち上がった、誉《ほま》れの歴史である。広宣流布の確《たし》かなる前進の証《あかし》なのである。

きょうは第七回本部幹部会、第二回全国青年部幹部会、第六回常勝《じょうしょう》関西青年部総会、第一回全国学生部幹部会、さらに中部と静岡の第一回総会、本当におめでとう!

(会場に掲《かか》げられている肖像画《しょうぞうが》の)牧口先生と戸田先生も、きょうは、ひときわ、ほほ笑《え》んでおられるように見える。「みんな、一切に勝利して、幹部会に集《つど》ってきたな!」と。

今、世界各国から私どもへの顕彰《けんしょう》が相次《あいつ》いでいる。これこそ、まさに「二十一世紀の世界広布の象徴《しょうちょう》」であると、私は申し上げたい。

これも、すべて、広宣流布を進める皆さま方の子孫末代《しそんまつだい》に伝わりゆく栄光《えいこう》である。私は、皆さま方を代表してお受けしている。また、牧口初代会長、戸田第二代会長を宣揚《せんよう》する意義《いぎ》をこめて、お受けしている。

私の心は、ただ、それだけである。すべては、皆さま方の福運《ふくうん》である。皆さま方のお子さんやお孫《まご》さんに伝わっていく福運である。さらには、創価学会の福運であり、われらの正義と勝利の証明《しょうめい》であることを確信していただきたい。

◇

きょう（二〇〇一年六月二十七日）は、ブラジルの文豪《ぶんごう》、ギマランイス・ローザ（一九〇八年―六七年）の生誕《せいたん》の日である。彼はブラジル文学アカデミーの会員であった。

（池田SGI会長は、同アカデミーの在外《ざいがい》会員。一九九三年の就任式《しゅうにんしき》で記念講演《こうえん》を行《おこな》った）

ローザは、栄光あるアカデミー会員の就任式で語《かた》った。「われらは、生きたことを証明するために死《し》ぬのだ」と。

非常《ひじょう》に味《あじ》わい深い言葉である。いかなる哲学《てつがく》をもって、いかに生《い》き抜《ぬ》いたか。いかに戦い抜いたか。そして、最後の最後に、どう勝ち抜いたか。

その証《あかし》を明確《めいかく》に残《のこ》しゆくところに、人生の意義《いぎ》があり、勝負《しょうぶ》がある。ゆえに、広宣流布の途《と》上《じょう》で亡《な》くなられた功労者《こうろうしゃ》の方々は、皆、人生の偉大《いだい》な勝利者である。


御書では、「法華経の行者《ぎょうじゃ》」は「求羅《ぐら》」という虫に譬《たと》えられている。「求羅」は、その身《み》はきわめて小さいが、風を受けると、それを食べて非常に大きくなり、一切を飲《の》み込《こ》む、想像上《そうぞうじょう》の虫とされる。決して、グラグラしている酔《よ》っぱらいのことではない。

大聖人は「大風吹けば求羅は倍増《ばいぞう》するなり」（御書一一三六ジペー）と仰《おお》せである。有名な御書である。

日々、御書を拝《はい》することだ。多忙《たぼう》であっても、もう一度、挑戦《ちょうせん》していただきたい。御書にふれれば、わが生命が大きく変わる。人生勝利の大確信がわく。

さて、この「求羅」を倍増させる「大風」とは、いったい何か。それは、「大難《だいなん》」であると、大聖人は明快《めいかい》に示《しめ》されている。

法華経の行者は、大難との大闘争《だいとうそう》があるほど、ますます生命力が増《ま》し、福運《ふくうん》が増し、勢《いきお》いが増《ま》す。一切を人間革命へのエネルギーにして、変毒為薬《へんどくいやく》しながら、自分を大きくしていける。大境涯《だいきょうがい》を開いていける。だからこそ大聖人は、〝いかなる苦難《くなん》があろうと、いよいよ喜《よろこ》び勇《いさ》んで戦いぬきなさい〟〝難《なん》が来たら安楽《あんらく》と思え〟と仰《おお》せなのである。

「広宣流布へ戦う心」があれば、仏《ほとけ》になれる。いくら信心をしていても、「戦う心」がなければ、仏になれない。臆病《おくびょう》は畜生《ちくしょう》の生命である。

学会は、「戦う心」で走ってきた。だから、世界に発展《はってん》した。「戦う心」――これが、わが創価学会の真髄《しんずい》であり、仏法の魂《たましい》であると宣言《せんげん》したい。

ブラジルの「外交《がいこう》の模範《もはん》」と謳《うた》われるのは、リオ・ブランコ（一八四五年―一九一二年）である。彼は、あらゆる外交戦に、真剣《しんけん》かつ情熱的《じょうねつてき》に取り組んだ。「ありきたりの勝利」ではなく「圧倒的《あっとうてき》な勝利」を！――と。この心意気《こころいき》である。

「青年部、よろしく頼《たの》む！」と申し上げたい。

〝広布の外交戦〟で、決定的な青春の勝利を飾《かざ》っていただきたい。圧倒的な勝利で、栄光《えいこう》の歴史を残《のこ》す戦いを、今ふたたび、開始してまいりたい。

（抜粋）

平和へ対話の大攻勢《だいこうせい》

第一回学生部幹部会　二〇〇三・九・二七

本日は、わざわざ集まってくださり、本当に、ありがとうございます。御礼のごあいさつをさせていただきます。

貴《き》大学の尊《とうと》き名前に掲《かか》げられている、大教育者のバサドレ博士は、高らかに宣言《せんげん》されました。

「教育という営《いとな》みの中心的存在《そんざい》は、いったい何か。それは、学生自身である」と。私も、まったく同感《どうかん》です。この尊い精神《せいしん》を厳然《げんぜん》と受《う》け継《つ》いでこられた「学生中心の模範《もはん》の教育の城《しろ》」こそ、誉《ほま》れも高き、貴・国立ホルヘ・バサドレ・グロマン大学なのです。

（会合の席上、ペルー共和国《きょうわこく》「国立ホルヘ・バサドレ・グロマン大学」から池田ＳＧＩ会長に対する顕《けん》彰《しょう》が行われた。カスタニェダ総長《そうちょう》一行が出席し、同大学の「名誉《めいよ》博士」の称号《しょうごう》が贈《おく》られた）

きょうは創価大学をはじめ、全国百五十五大学の若き英才《えいさい》が、晴《は》れ晴《ば》れと集《つど》い合《あ》いました。

とくに、東京工業大学、また法政大学など二十の「大学会」の結成、おめでとう！　さらに九州青年部の皆さん方、北陸青年部の皆さん方、本当に、ありがとう、ご苦労《くろう》さま！　留学生《りゅうがくせい》の皆さん方も、ありがとう！　大切な未来の指導者の皆さんです。ご健闘《けんとう》をお祈《いの》りしています。

心より尊敬《そんけい》申し上げるカスタニエダ総長《そうちょう》ご夫妻、さらに、マンサナレス副総長。ただ今、私は、最高に意義深《いぎぶか》き、名誉《めいよ》博士の学位《がくい》を賜《たまわ》りました。二十一世紀を担《にな》い立つ若き英知《えいち》の指導者とともに、この栄誉《えいよ》を拝受《はいじゅ》させていただき、これほどの喜《よろこ》びはございません。厚《あつ》くまた厚く、御礼を申し上げます。

貴《き》大学の原点《げんてん》であるバサドレ博士は、愛する青年に向かって、常にこう訴《うった》えました。

「知識のためだけの知識は、危険《きけん》をはらむ。人間に奉仕《ほうし》する知性《ちせい》こそが、実《みの》りをもたらすのだ」。確《たし》かな原理《げんり》・原則《げんそく》であります。

ここにも、わが学生部の重大《じゅうだい》な精神闘争《せいしんとうそう》の意義があります。

さらに博士は「真の教養《きょうよう》の根本的《こんぽんてき》な使命《しめい》は、多くの扉《とびら》と窓《まど》を開くことである」と言われました。そして「対話《たいわ》の力《ちから》を学べ！　そこに希望がある」と呼《よ》びかけております。

それは、平和と人道《じんどう》のために、友情を結《むす》ぶことです。味方《みかた》をつくることです。

これまた、創価学会の青年部による、目覚《めざ》ましい対話《たいわ》の大攻勢《だいこうせい》と一致《いっち》しております。人間に奉仕《ほうし》し、社会へ、世界へ、正義の連帯《れんたい》を拡大《かくだい》していく。それでこそ、真実《しんじつ》の知性《ちせい》であります。その真髄《しんずい》のリーダーシップを発揮《はっき》してこられたのが、ここに、きょうお迎《むか》えしたカスタニエダ総長《そうちょう》ご一行なのであります。

高名《こうめい》な農学博士であられるカスタニェダ総長は、留学先《りゅうがくさき》のヨーロッパの有名大学に残《のこ》って、研究生活を続ける道も大きく開かれておりました。

しかし、あえて愛する祖国《そこく》ペルーに舞《ま》い戻《もど》られ、青年の育成《いくせい》と、理想《りそう》の社会の大建設のため、死力《しりょく》を尽《つ》くしてこられたのであります。

総長は、教育への信念《しんねん》を尋《たず》ねられ、こう語《かた》っておられる。

「私は、給料《きゅうりょう》を得るためでなく、教育という尊《とうと》き作業《さぎょう》のために、命を捧《ささ》げています。私はかつて、ペルー社会の発展《はってん》に貢献《こうけん》できる、優秀《ゆうしゅう》なプロフェッショナルの育成に役立《やくだ》ちたいとの思いから、帰国《きこく》を決意しました。

この三十年間、若者の育成と、よりよき社会を築《きず》くことに取り組んできました。今、その努力が実《み》を結《むす》んでいます。

最《もっと》もうれしいことは、学生たちに慕《した》われていることです。今、私が代表を務《つと》めている大学は、ペルーでは、最《もっと》も安定した高等教育機関《きかん》であるといえます」

まことに深く、素晴《すば》らしい信念《しんねん》の言葉である。

本日は、創価大学の教員の皆さまも出席してくださっている。「最もうれしいことは、学生たちに慕《した》われること」との言葉を深くかみしめていきたい。

貴《き》大学の源流《げんりゅう》であるバサドレ博士は、崇高《すうこう》な貢献《こうけん》の人生を突《つ》き進《すす》まれたゆえに、卑《いや》しい嫉妬《しっと》の誹謗中傷《ひぼうちゅうしょう》を、多く受けておられます。その嵐《あらし》の中を、博士は、「嘘《うそ》や陰謀《いんぼう》などに対する弱さ、すなわち臆病《おくびょう》こそ、最も悪質《あくしつ》な弱さである」と喝破《かっぱ》し、勝《か》ち抜《ぬ》いていかれた。皆さんも、断《だん》じて、臆病な人間、弱い人間になってはいけない。

そして博士は、青年たちに、「民衆を侮辱《ぶじょく》し、沈黙《ちんもく》させようとする輩《やから》を、鋭《するど》く監視《かんし》せよ！讒言《ざんげん》や暴言《ぼうげん》を武器《ぶき》にする輩を、厳《きび》しく正《ただ》せ！」と託《たく》された。それが正義の勝利のしるしだからであります。

私も皆さんに頼《たの》みたい。邪悪《じゃあく》は厳しく打《う》ち倒《たお》せ！——その気迫《きはく》がなければ、勝利の道は開けない。

このペルーの哲人《てつじん》の師子吼《ししく》を、若き皆さん方は、深く生命に刻《きざ》みつけていただきたい。きょう集《つど》った全員が、男性は「偉《えら》い人」「勝利者」になっていただきたい。女性は「立派《りっぱ》な人」に、そして「幸福者」になっていただきたい。そのためには、哲学《てつがく》と勇気がなければなりません。

今、私の胸《むね》の琴線《きんせん》には、貴国《きこく》を代表する青春の詩人《しじん》、ホセ・ガルベスの「青年に捧《ささ》げる詩」の一節《いっせつ》が響《ひび》いてまいります。

「誇《ほこ》り高き闘士《とうし》たちよ、旗《はた》を掲《かか》げたまえ。

苦《くる》しみの悲哀《ひあい》と利己《りこ》主義の卑劣《ひれつ》さと戦う純白《じゅんぱく》の理想《りそう》の旗を掲げよ！

青春の明るい輝《かがや》きの中で、高々と！

誇り高き闘士たちよ！

笑いと夢見《ゆめみ》ることを忘《わす》れず、弱々しい涙《なみだ》を乗《の》り越《こ》え、わが人生を深く生きよ！　そして、勝利することを学びたまえ！」

断《だん》じて勝利することを学べ――この言葉を、私は若き皆さんに贈《おく》りたい。皆さんが六十歳になった時、どういう人生を迎《むか》えるか――。荒《あ》れ果《は》てた「精神《せいしん》のスラム街《がい》」をさまようような人生は不幸である。

いい人生を生き抜《ぬ》いてもらいたい。そのための教育である。戦う人生は美しい。希望に燃《も》え、勇気を燃やして、この一生を戦おう！　そして断じて勝とう！　これを、きょうの「決《けっ》議《ぎ》」としたいが、どうだろう。（会場から「ハイ！」と力強《ちからづよ》い返事）

戸田先生は、青年部、そして学生部に遺言《ゆいごん》として語《かた》られました。

「戦いは長い。すべては君たちに託《たく》す以外ない」

また、水滸《すいこ》会《かい》のメンバーに言われました。

「私の真の弟子《でし》ならば、難《なん》を恐《おそ》れず最後まで続け！　断《だん》じて負《ま》けてはならぬ」

どうか将来《しょうらい》、全世界で勝利の人生を飾《かざ》っていただきたい。また、できたら、ぜひペルーへ行《い》って、ホルヘ・バサドレ・グロマン大学を訪《おとず》れていただきたい。

結《むす》びに、貴《き》大学の永遠《えいえん》の興隆《こうりゅう》、貴国の無限《むげん》の繁栄《はんえい》を、心からお祈《いの》り申し上げます。本日は、まことにありがとうございました。

君には無限《むげん》の可能性《かのうせい》の宝《たから》が！

学生部・未来部合同大会　二〇〇五・四・二九

新世紀の希望の太陽である学生部、未来部の皆さん、お休みのところ、本当にご苦労《くろう》さまです！

若き皆さんは、断《だん》じて幸福になってください。学問の目的も、信仰の目的も、人生の目的も、さまざまに言えるけれども、究極的《きゅうきょくてき》には、幸福になるためです。「幸福になる」ことが勝利です。人生は、そのための戦いです。

当然、つらいと思うこと、負《ま》けそうになることもあるだろう。しかし、忍耐強《にんたいづよ》く、希望を持ち、勇気を奮《ふる》い起《お》こして、努力していくことだ。その繰《く》り返《かえ》しのなかで、何があっても揺《ゆ》るがない自分自身が築《きず》かれていくのです。強い自分をつくった人が真実《しんじつ》の勝利者です。幸福者です。皆さん、よろしく頼《たの》みます！

学生部、未来部の皆さんは、親孝行《おやこうこう》の人であってください。今はまだできないけれども、いつかは必《かなら》ず、偉《えら》くなって、お父さん、お母さんに楽《らく》をさせてあげるんだ。立派《りっぱ》になって喜《よろこ》んでもらうんだ——そう決意できる人は強い。親孝行をしようという心が、自分自身を成長させるのです。

また皆さんは、ご両親に感謝《かんしゃ》の言葉を伝えていける人であってほしい。心で思っていても、それだけでは伝わらないものです。だから、勇気を出して、劇《げき》を演《えん》じるようなつもりで、心の思いを言葉にしていくのです。

〝きょうは、私が食事《しょくじ》の用意《ようい》をしますから、ゆっくり休んでいてください。いつもありがとうございます〟〝しっかり勉強していますから、心配《しんぱい》しないでください。将来《しょうらい》、必ず力《ちから》をつけて、世界中、旅行《りょこう》に連《つ》れて行《い》ってあげますから〟等々——なんでもいいのです。

お父さん、お母さんにとって、皆さんの真心《まごころ》の言葉が、どれほどうれしいか。また、皆さんも、どれほど気持ちがすっきりするか。どうか、聡明《そうめい》で朗らかな家庭をつくっていける諸君であってください。

南米の心臓部《しんぞうぶ》パラグアイ共和国《きょうわこく》の尊《とうと》き先人《せんじん》たちは、こう語《かた》りました。

「勇敢《ゆうかん》なる人間は、戦いによって自《みずか》らを高める」(Miguel Ángel Pangrazio, *Arriero Porte*, Editorial El Lector)

その通りです。青春も戦いです。精神《せいしん》の闘争《とうそう》のない青年は、伸《の》びない。勝てない。確固《かっこ》たる哲学《てつがく》をもって、正義のために、人生のために、勇敢《ゆうかん》に、真剣《しんけん》に戦う青年ほど、美しいものはありません。

創価大学をはじめ、百三十大学の学生部の皆さん！　南米からの優秀《ゆうしゅう》な留学生《りゅうがくせい》の皆さん！　そして、未来部の皆さん！　学生部・未来部の合同大会の開催《かいさい》、本当におめでとう！　また、関西創価学園の皆さんも、遠くから、ご苦労《くろう》さまです。さらに同時中継《ちゅうけい》で結《むす》ばれた八王子市の東京牧口記念会館には、大好きな滋賀《しが》県の同志《どうし》が集《つど》ってくださっています。本当に、ようこそ！　ありがとう！

本日の集いを記念して、参加者全員のお名前を、永久《えいきゅう》に学会本部に保管《ほかん》していくことを提案《ていあん》したい。そして三十年後、一人ひとりが、どうなっているか。どれだけ立派《りっぱ》に成長しているか——それを目標《もくひょう》として、また楽しみとして、大いなる未来へ、希望を持って、ともどもに出発してまいりたいと思いますが、いかがですか！

未来は、すべて皆さんの胸中《きょうちゅう》にある。地球の未来も、世界の行方《ゆくえ》も、だれかが、どこかで決めるだろうと思ってはいけない。全部、諸君によって決まるのです。諸君の手にかかっているのです。

私は、皆さんの力《ちから》で、もう一度、世界中から信頼《しんらい》され、敬愛《けいあい》される日本をつくっていってもらいたい。また、あらゆる差別《さべつ》や紛争《ふんそう》のない「平和と共生《きょうせい》の二十一世紀」を築《きず》いていってもらいたい。

そのためにも、今は、自分の土台《どだい》をつくる時です。徹《てっ》して学ぶ時です。また、最《もっと》も身近《みぢか》な家族を大切にし、友人をたくさんつくっていく時です。そう心に決めて、挑戦《ちょうせん》また挑戦の青春を飾《かざ》ってください。

◇

私が戸田城聖先生に初《はじ》めてお会いしたのは、十九歳のときでした。きょう、参加された皆さんと同じ年代のころです。

この中に、十九歳の方はいますか？（元気な返事とともに、会場から何人かの手が挙《あ》がった）

どうか、今の決意を、一生涯《いっしょうがい》、忘《わす》れないでください。

皆さんは、若い。若いことは、本当に素晴《すば》らしい。皆さんの目には、壇上《だんじょう》に座《すわ》っている先輩《せんぱい》が立派《りっぱ》そうに見えるかもしれないが、じつは先輩たちのほうこそ、皆さんの「若さ」を、心の底《そこ》から、うらやましく思っているのです。

皆さんの、心の宝《たから》は無限《むげん》です。本当にすごい未来を持っている。皆さんの未来は、「財宝《ざいほう》」であり、「勝利」であり、「幸福」に輝《かがや》いているのです。

私が戸田先生と出会ってから、今年（二〇〇五年）で五十八年。さらに、創価学会の第三代会長に就任《しゅうにん》してからは、満《まん》四十五年。

仏法で説《と》かれる「悪口罵詈《あっくめり》」「猶多怨嫉《ゆたおんしつ》」の難《なん》を受けきりながら、すべて勝ち越《こ》えることができました。そして、世界に、人間主義の平和と文化と教育の連帯《れんたい》を築《きず》き上《あ》げてきました。これらは、同志《どうし》の皆さんのお陰《かげ》であり、私の最大の誇《ほこ》りです。

今、この誇り高き使命《しめい》と信念《しんねん》の道を、すべて託《たく》しゆく後継者《こうけいしゃ》こそ、学生部の皆さんであり、未来部の皆さんである。きょうは、このことを、高らかに宣言《せんげん》しておきます！

忘《わす》れもしません。五十年以上前、戸田先生が第二代会長に就任してまもなく、男子青年部の結成式が行われたときのことです。（一九五一年七月十一日）

その日は、強い雨が降《ふ》っていました。場所は、西神田《にしかんだ》にあった、小さな学会本部の一室。その部屋に、約百八十人の青年部員が集《つど》いました。

祝辞《しゅくじ》に立たれた戸田先生は、開口《かいこう》一番、こう言われた。

「今日《きょう》、ここに集まられた諸君のなかから、必《かなら》ずや次の創価学会会長が現《あらわ》れるであろう。必ずや、私は、このなかにおられることを信ずるのであります。その方に、私は深く最敬礼《さいけいれい》をしてお祝《いわ》い申し上げたい」

さらに戸田先生は、お話の最後でも、「今日は、この席から、次の会長たるべき方にご挨拶《あいさつ》申し上げ、男子部隊の結成を心からお祝い申し上げる」と、深々《ふかぶか》と頭を下げられたのです。

多くの参加者は、〝戸田先生は、いったい何を言っているのだろう〟と思いました。その真意《しんい》が分《わ》かる者など、ほとんどいませんでした。

当時は、牧口初代会長の門下生《もんかせい》をはじめ、多くの年配《ねんぱい》の幹部もおりました。しかし、戸田先生は、あえて青年部の会合で、「この中から次の会長が現れる」と、宣言《せんげん》されたのです。

そして、私ただ一人が、戸田先生のお言葉を深い誓《ちか》いの心で受け止め、生命に刻《きざ》みつける思いで聞いていたのです。

皆さんは今、さまざまな悩《なや》みがあるのは当然だろう。しかし、悩みのない人などいません。生きているかぎり、必ず悩みはあるものです。悩みは、貴重《きちょう》な建設の力《ちから》であり、勝利の原動力《げんどうりょく》です。偉大《いだい》な人間になればなるほど、悩みも大きい。世界をどうしていくのか、人類《じんるい》をどう幸福にしていくか——偉大な悩みは、偉大な人間の条件《じょうけん》です。

悩《なや》みがあるからこそ、強くなれる。悩みがあるからこそ、人間が大きくなる。真剣《しんけん》に悩むからこそ、脳《のう》も大《おお》いに刺激《しげき》され、心も成長していくのです。皆さんは日々の活動の中で、人々のために悩み、祈《いの》り、行動している。なんと、尊《とうと》いことであろうか。

私が語《かた》り合《あ》った、アメリカの世界的な医学者は、「脳は使えば発達《はったつ》するし使わなければ衰《おとろ》える」（ルネ・デュボス著『人間であるために』野島徳吉・遠藤三喜子訳、紀伊國屋書店）と、明快《めいかい》に断《だん》言《げん》しております。（デュボス博士とSGI会長は、一九七三年十一月に会見《かいけん》している）

なかんずく、人のため、法《ほう》のため、社会のため、今、苦《くる》しみ、もがきながら、努力し抜《ぬ》いたことが、どれほど大きな力《ちから》となることか。結局《けつきょく》、自分も得《とく》をするのです。

仏法では「未来の果《か》を知らんと欲せば其《そ》の現在の因《いん》を見よ」（御書二三一ページ）と説《と》きます。未来を知りたいのならば、現在の自分自身の人生のあり方、人間のあり方を見よということです。

ところで、この中に、お母さんのいない人はいますか？（何人かの手が挙《あ》がる）

すべての方にお題目を送ります。つらいこともあるでしょうが、朗《ほが》らかであってください。自分も、きょうだいも、ほかの家族も、朗らかに生き抜くことです。それが聡明《そうめい》な生き方であり、その生き方を教えているのが仏法です。

悲《かな》しい姿《すがた》を見せてはいけない。「一人立つ」ことです。そして、「勝つ」ことです。（「ハイ！」

と元気な返事が会場に響《ひび》いた）

◇

「パラグアイ」には、「大河《たいが》の集まる国」との意義《いぎ》があると言われます。貴国《きこく》の大河のごとく、私は、一段《いちだん》と大きな人材《じんざい》の流れをつくりたい。

大切なのは「人材」です。財産《ざいさん》ではない。名声《めいせい》でもない。未来を築《きず》く力《ちから》は「人材」しかないのです。

皆さんは、人類《じんるい》の「善《ぜん》と正義の勝利」の大海原《おおうなばら》へ、どうかたゆみなく、自分らしく、走《はし》り抜《ぬ》いてください。

ともかく動くことだ。学ぶことだ。語《かた》ることだ。そして戦って、断固《だんこ》として一人ひとりが「勝利博士」「幸福博士」「大勝利の哲人《てつじん》博士」となってほしい。

そのことを誓《ちか》い合《あ》って、私の御礼のスピーチを終わります。ありがとう！

（抜粋）

青年よ　躍《おど》り出《で》よ　勇敢《ゆうかん》に進め！

大学会合同総会、本部幹部会　二〇〇五・一〇・一三

十九世紀のイギリスの文学者オスカー・ワイルド。彼は、由緒《ゆいしょ》ある文化遺産《いさん》であるＳＧＩのタプロー・コート総合文化センターの建物にも足を運《はこ》んでいる。

ワイルドは謳《うた》った。「青春にかなうものはないのだ」、「青春は『人生の帝王《ていおう》』なのだ」（『オスカー・ワイルド全集　２』西村孝次訳、青土社）と。まったく、その通りだと思う。青年は素晴《すば》らしい。うらやましい限《かぎ》りだ。

明年は「青年・躍進《やくしん》の年」。おめでとう！

青年時代に、悔《く》いなく戦い、成長する。躍進する。これは、人生において最《もっと》も尊《とうと》いことである。「青春の勝利」は「人生の勝利」となる。「青年」「躍進」——この意義《いぎ》深《ぶか》い年《とし》に大《おお》いに活《かつ》躍《やく》することは、勝利と幸福の人生を開く実質的《じっしつてき》な因《いん》となろう。

日々前進！――それが仏法の精神《せいしん》である。わが青年部は、新しい「躍進《やくしん》」の歴史を、思《おも》う存《ぞん》分《ぶん》、残《のこ》していただきたい。人が見ていようがいまいが、自分自身が悔《く》いなく戦い抜《ぬ》くことだ。妙法に生き抜くことだ。

「冥《みょう》の照覧《しょうらん》」を確信することである。諸天善神《しょてんぜんじん》が、大聖人が、我らの戦いをすべて、きちっと見てくださっている。頑張ってください！

古代《こだい》ギリシャの大哲学者《だいてつがくしゃ》プラトンは、このように綴《つづ》っている。

「学んだものと学ばない者、訓練《くんれん》を受けた者と受けない者とでは、まさに大違《おおちが》いなのです」

（『法律（下）』池田美恵訳、岩波文庫）

プラトンは、この学ぶということについて、体育などの「身体を向上《こうじょう》させる学習」と、音楽などの「魂《たましい》をよくする学習」の二つに分類《ぶんるい》している。

いずれにせよ、学んだ人と学んでいない人、訓練を受けた人と受けていない人とでは、後になって大きな違いが出る。

私も、多くの人を見てきて、そう実感《じっかん》する。自由に遊《あそ》んで暮《く》らせるほうが、幸《しあわ》せのように思うかもしれない。しかし、それは、とんでもない錯覚《さっかく》である。欲望《よくぼう》に振《ふ》り回《まわ》されて生きるだけならば、動物にも劣《おと》る。

「あのとき学んでおけばよかった」「もっと自分を磨《みが》いておけばよかった」と後悔《こうかい》しても、なかなか取り返しがつかない。青春時代に悔《く》いなく学んだ人。何かに徹《てっ》して打《う》ち込《こ》んだ人。その人は、時がたつほどに光ってくる。勝利者となる人である。

なかんずく、われわれは日々、妙法という大宇宙《だいうちゅう》を貫《つらぬ》く「生命の根本《こんぽん》の法則《ほうそく》」を学び、実践《じっせん》している。広宣流布の大願《だいがん》に向かって、友のため、社会のため、世界のため、悩《なや》みながら、戦い進んでいる。これほどの尊《とうと》い生き方はない。すべてが、自分の力《ちから》となり、福運《ふくうん》となっていくのである。

十八世紀から十九世紀にかけて活躍《かつやく》したドイツの作家ジャン・パウルを、ご存《ぞん》じだろうか。教育者の家庭に生まれた彼は、文学作品《さくひん》だけでなく、有名な教育論も執筆《しっぴつ》している。そのなかで、このように言っている。「快活《かいかつ》にして愉快《ゆかい》な気持を保《たも》つのは、活動だけである」(『レヴァーナあるいは教育論』恒吉法海訳、九州大学出版会)。

人生の「喜《よろこ》び」というものは、安逸《あんいつ》の中にあるのではない。なすべきことに前向きに取り組んでいるときが、人間は一番、充実《じゅうじつ》して楽しい。快活な生命の勢《いきお》いは、闘争《とうそう》の中でこそ、生まれてくるものだ。そして、その闘争に勝ってこそ、歓喜《かんき》を味《あじ》わえる。

さらにいえば、「歓喜の中の大歓喜」の生き方を教えているのは、大聖人の仏法以外にはない。仏道修行《ぶつどうしゅぎょう》こそ、学会活動こそ、最《もっと》も快活《かいかつ》にして、最も愉快《ゆかい》な生命力の源泉《げんせん》なのである。

◇

仏法の世界は「異体同心《いたいどうしん》」が根本《こんぽん》である。しかし、実際《じっさい》には、それほど簡単《かんたん》なことではない。

では、そのために、何が大事なのか。

それは、大聖人の仰《おお》せのごとく、「心」である。「ただ心こそ大切なれ」（御書一一九二㌻）である。

大切なのは、「同心」と言われるように、年齢《ねんれい》や立場の違《ちが》いを超《こ》えて、全員が心を一つにしていこうとすることだ。「同じ心」で、広宣流布に進んでいくことである。その心と心を深く合わせ、団結《だんけつ》していくならば、どんな戦いでも勝つことができる。「異体同心なれば万事《ばんじ》を成《じょう》し」（御書一四六三㌻）と仰せになっている通りである。

きょうは、歴史的な三百五十大学会の合同総会でもある。縁深《えにしふか》き大学会の皆さん、本当におめでとう！

学会にとっても、社会にとっても、全員が、大事な人材《じんざい》である。正義の師子《しし》の陣列《じんれつ》である。

私は、皆さんのお名前を、また、ご家族のお名前を、アメリカ創価大学に永久《えいきゅう》に残《のこ》して差《さ》し上《あ》げたい。きょうは、それを提案《ていあん》したい。本当によく来てくださった。ご苦労《くろう》さま！

牧口初代会長と同世代《どうせだい》の、フランスの詩人《しじん》に、有名なシャルル・ペギーがいる。

ペギーは、「卑小《ひしょう》な哲学《てつがく》とは、かならず、戦うことのない哲学である」（『ペギー　第二部』山崎庸一郎・村上光彦訳、『ロマン・ロラン全集16』所収、みすず書房）と綴《つづ》った。

現実との格闘《かくとう》なき哲学は、卑《いや》しく、みすぼらしい存在《そんざい》となる。宗教もまた、同じであろう。自《みずか》ら信じる正義を守り貫《つらぬ》く戦いにこそ、その人の哲学の真価《しんか》は現《あらわ》れる。そして、邪悪《じゃあく》と戦う知《ち》性《せい》こそ真《しん》の知性である。

大聖人は、「佐渡《さど》御書」で「畜生《ちくしょう》の心は弱きをおどし強きをおそる当世の学者等は畜生の如《ごと》し」（御書九五七ページ）と喝破《かっぱ》しておられる。「当世（＝今の世）の」と仰《おお》せだが、現代も同じであろう。いったん地位《ちい》や力《ちから》を得《え》たら、とたんに威張《いば》りだし、〝弱きをおどし、強きを恐《おそ》れる〟輩《やから》が、いかに多いことか。こうしたニセの知識階級《かいきゅう》の傲慢《ごうまん》によって、けなげな庶民《しょみん》が、どれほど侮辱《ぶじょく》されてきたか。

そしてまた、陰険《いんけん》な邪知《じゃち》によって、正義の人がどれほど圧迫《あっぱく》され、いじめられたか。悪人《あくにん》に仕立《した》て上げられたか。それが、今までの歴史の常《つね》であったと言わざるをえない。

その流れを転換《てんかん》して、民衆の幸福のために、すべての哲学と知性を総動員《そうどういん》する社会をつくらねばならない。この〝大革命〟が、大聖人の慈悲《じひ》であり、釈尊《しゃくそん》の慈悲であった。また、偉大《いだい》な哲人《てつじん》たちの願望《がんぼう》だった。

ゆえに、大聖人の御遺命《ごゆいめい》である広宣流布の前進を阻《はば》む、〝畜生《ちくしょう》〟のごとき輩《やから》とは、断固《だんこ》として戦い、勝たねばならない。これが本当の仏法である。平和と幸福の道であり、真《しん》の勝利なのである。

「彼らは陰謀《いんぼう》を叡知《えいち》の城壁《じょうへき》によって阻止《そし》した」（ガルテールス・デ・カステリオーネ著『中世ラテン叙事詩　アレクサンドロス大王の歌』瀬谷幸男訳、南雲堂フェニックス）――『アレクサンドロス大王の歌』という、名高《なだか》い叙事詩《じょじし》の一節《いっせつ》である。

「叡知の城壁」とは、私たちの広布の戦いにおいては仏法の「智慧《ちえ》」であり、「教学」である。強靱《きょうじん》な智慧の力《ちから》、教学の力によって、あらゆる広布破壊《はかい》の策略《さくりゃく》や陰謀、悪人《あくにん》の攻撃《こうげき》を阻止し、打《う》ち破《やぶ》ることができる。

また、戸田先生は、峻厳《しゅんげん》に叫《さけ》ばれた。

「ひとたび、正義の学会に牙《きば》をむき、仏子《ぶっし》の和合《わごう》を破壊しようとしてきたならば、その邪悪《じゃあく》とは徹底的《てっていてき》に戦え。そうでなければ、創価学会が壊《こわ》され、広宣流布が撹乱《かくらん》されてしまう。一番大事なのは広宣流布だ。

邪悪を放置《ほうち》しておくのは、慈悲《じひ》では絶対にない。悪と戦い、勝ってこそ、正義であり、慈悲である」

この「戦う心」を、皆さんは、よく銘記《めいき》しておいていただきたい。邪悪《じゃあく》と戦わないのは、無《む》慈悲《じひ》である。〝悪は、静《しず》かにして、放《ほう》っておけばいい〟――その心は、悪に通《つう》じてしまうのである。

皆さまの中には、大学に行けなかった方もいらっしゃるかもしれない。しかし、信心と学歴《がくれき》はまったく関係ない。私たちは、学会の中で、最高の〝永遠不滅《えいえんふめつ》の哲学《てつがく》〟を学んでいる。信心は「人生行路《じんせいこうろ》の指針《ししん》」なのである。

私の友人であり、アメリカの高名《こうめい》な哲学者であったデイビッド・ノートン博士は語《かた》っておられた。「学会は、それ自体が『校舎《こうしゃ》なき大学』」、「学会の人間教育運動の世界的な広がりに、期《き》待《たい》しています」。

現在、私が対談《たいだん》を進めているソロー協会《きょうかい》のロナルド・ボスコ前会長も、「（池田SGI会長の）教育は、一人の人間がもつ個性《こせい》と特質《とくしつ》を、最大に開花《かいか》させゆくものです」「創価学会は、人々が人生で何が重要《じゅうよう》であるかを学び、正しく生きる道を教える場なのです」と賞讃《しょうさん》してくださっていた。

きょうは、わが偉大《いだい》な「多宝会《たほうかい》」（高齢者《こうれいしゃ》の集《つど》い）の方々も、参加《さんか》してくださっている。皆さまが、陰《かげ》でどれほど広布のために尽《つ》くしてくださっているか。功績《こうせき》があるか。私は、よく知っているつもりである。私は、多宝会《たほうかい》の皆さまこそ、学会という「人生の大学校」の最優秀《さいゆうしゅう》の「勝利博士」であり、「幸福博士」であると讃《たた》えたい。

ご家族に多宝会の方がいる人は、最大に賞讃《しょうさん》し、感謝《かんしゃ》していただきたい。功労《こうろう》ある皆さまの、全員の名前を後世《こうせい》に残《のこ》したい——これが私の思いである。

◇

御本仏は仰《おお》せである。

「このような者（＝日本第一の法華経の行者《ぎょうじゃ》である日蓮大聖人）の弟子《でし》檀那《だんな》となる人々は、宿縁《しゅくえん》が深いと思って、日蓮と同じく法華経を弘《ひろ》めるべきである」（御書九〇三ジペー、通解）

私たちは、この御聖訓《ごせいくん》の通りに、崇高《すうこう》なる人生を生き、崇高なる法戦《ほうせん》の魂《たましい》を光らせてまいりたい。

偉大《いだい》なるスクラムを組んで、増上慢《ぞうじょうまん》の輩《やから》、反逆《はんぎゃく》の徒《と》を悠然《ゆうぜん》と見おろし、断固《だんこ》と破折《はしゃく》しながら、大きく長い広宣流布の道、世界一、有意義《ゆういぎ》にして幸福な道をば、断固としてつくり、勝ち進んでまいりたい。

（抜粋）

一騎《いっき》当千《とうせん》の正義の師子《しし》に（メッセージ）

飛翔会《ひしょうかい》結成三十周年記念大会　二〇〇五・一二・四

いま、飛翔会出身《しゅっしん》の先輩方《せんぱいがた》が、学会の中枢《ちゅうすう》として、また、広宣流布の言論戦の中核《ちゅうかく》として、さらに、社会の指導者として大活躍《だいかつやく》をしております。

やはり、青春時代、人一倍苦労《くろう》しながら、歯を食いしばって学び抜《ぬ》いていくなかにこそ、真《しん》実《じつ》の英知《えいち》と人格《じんかく》が鍛《きた》えられる。労苦《ろうく》を誇《ほこ》りとし、栄光《えいこう》とする皆さんであってください。

私自身、飛翔会の先輩であることに誇りを持っております。

ともあれ、ドイツの大哲学者フィヒテは語《かた》りました。〝つねに断固《だんこ》としている一人の善《ぜん》の人間は、百人の人間たちよりも強い〟（「幸いなる生への導き」量義治訳、『フィヒテ全集 第一五巻』所収、晢書房、参照）と。

その通りであります。善の中の極善《ごくぜん》である広宣流布に生きゆく皆さんは、必《かなら》ずや、人生で勝ち、社会で勝ってゆける大使命《だいしめい》の英雄《えいゆう》なのであります。

（抜粋）

「女性の世紀」の一番星《いちばんぼし》に（メッセージ）

首都圏女子学生部幹部会　二〇〇六・二・一〇

はつらつと創価の師弟《してい》の殿堂《でんどう》に集《つど》いあった、若き英知《えいち》の女性リーダーの皆さん方、新出発、おめでとう！

三千名の聡明《そうめい》な乙女《おとめ》のスクラムを、戸田先生もどれほど喜《よろこ》び、見守っておられることでしょうか。私は喜び勇《いさ》んで、祝福《しゅくふく》のメッセージを贈《おく》らせて頂《いただ》きます。

私と妻《つま》の心からの願《ねが》い――

それは、大切な女子学生部の皆さん方が、父母を大切に、学会と共《とも》に、同志《どうし》と共に、向上《こうじょう》と充実《じゅうじつ》の青春を乱舞《らんぶ》しながら、一人ももれなく、揺《ゆ》るぎない勝利と幸福の人生を、必《かなら》ず築《きず》き上《あ》げて頂きたいということであります。

その根本《こんぽん》が、「信心の力《ちから》」であり、仏意仏勅《ぶついぶっちょく》の広宣流布の行動をしゆく「学会活動」であります。日蓮大聖人は、「此《こ》の御本尊も只《ただ》信心の二字にをさまれり」（御書一二四四ジペー）と仰《おお》せであります。

信心に勝《まさ》る力《ちから》はありません。学会は正しい。学会活動は、絶対に正しいのです。学会の思想《しそう》と行動は、偉《い》大《だい》なる世界の歴史の著名《ちょめい》な方々の正義の叫《さけ》びと一致《いっち》しているのであります。

アメリカの良心《りょうしん》カズンズ博士は叫びました。

「世界中で原爆《げんばく》よりも強力なのは、人間精神《せいしん》の力だけです」（「平和への探究」松田銑訳、『潮』87年12月号）と。その精神の力を最大に発揮《はっき》していくのが、正しき信仰なのであります。

また、十九世紀フランスの女性作家ジョルジュ・サンドは、こう綴《つづ》っています。

「美しい情熱《じょうねつ》は魂《たましい》を大きくする」（『我が生涯の記　2』加藤節子訳、水声社）と。まさに、皆さま方の青春です。

さらに、サンドは言いました。

「各人の生活の苦悩《くのう》や戦いの物語《ものがたり》は、すべての人にとって教訓《きょうくん》となる」（『我が生涯の記　1』加藤節子訳、水声社）と。悩《なや》んだ分、苦《くる》しんだ分、そして、すべてに打ち勝った分、皆に無限《むげん》の励《はげ》ましを贈《おく》っていけるのであります。

また、私が親《した》しく語《かた》り合《あ》った、アフリカの〝環境《かんきょう》の母〟マータイ博士は、こう言っています。

――私は、一人では、何事《なにごと》も成《な》し遂《と》げられないことを肝《きも》に銘《めい》じています。とにかくチームワークです。一人でやっていたら、自分の後を、引《ひ》き継《つ》いでくれないからです――と。(『モッタイナイで地球は緑になる』福岡伸一訳、木楽舎、参照)

ゆえに、皆で団結《だんけつ》していくことが大事です。そして、後輩《こうはい》を、温《あたた》かく、大きな心で伸《の》ばし、育《そだ》てていくことです。

終わりに、有名な劇作家《げきさっか》バーナード・ショーの戯曲《ぎきょく》に綴《つづ》られた、フランスの救国《きゅうこく》の乙女《おとめ》ジャンヌ・ダルクの叫《さけ》びを贈《おく》りたい。

〝私が先頭《せんとう》に立ちます! 私が勇気を贈ります! 勝つまで戦うのみ!〟(「聖女ジャンヌ・ダーク」福田恆存・松原正訳、『ノーベル賞文学全集 20』所収、主婦の友社、参照)

皆さん方の健康を祈《いの》ります。幸福を祈ります。友情を祈ります。そして、青春の勝利を祈ります。

「女性の世紀」の一番星《いちばんぼし》と輝《かがや》く、わが女子学生部、万歳《ばんざい》!

わが女子学生部よ、断《だん》じて負《ま》けるな!

仲良《なかよ》く、朗《ほが》らかに、そして粘《ねば》り強《づよ》く勝ち進め!

「学生部五十年の歩み」⑫——女子学生部の日

「女子学生部の日」の淵源は、1975年（昭和50年）の9月9日である。この日、女子部学生局（当時）の幹部会が、信濃町の創価文化会館で開催された。池田名誉会長は、他の会合と執務の合間を縫って、激励にかけつけた。

席上、名誉会長は「詮ずるところは天もすて給え諸難にもあえ身命を期とせん」（御書232㌻）との「開目抄」の一節を通し「いかなることがあろうとも、御本尊を根本に自身を磨き、福智輝くリーダーに成長してください」との指針を示した。

2年後の77年9月9日に行われた記念の勤行会には、名誉会長はメッセージを。〝人生の福運の方向へと正確な道を歩んでいく時代である〟〝そのためにも、決して焦ることなく「一日の進歩」を志す人であってもらいたい〟〝学会を大切に、信心を大切に、同志を大切に〟などと呼びかけた。

95年（平成7年）9月には、池田名誉会長は、女子部学生局に対し、「女子学生部」との新名称とともに、「『正義』と『友情』の若きスクラム」「智慧光る　哲学の青春」「平和の世紀へ　女性リーダーの新しき波」とのモットーを贈った。女子学生部は、新時代に向けて、幸福のスクラム拡大と、本格的な人材育成の出発をきった。

〈池田名誉会長の指導から〉

一人の女子学生が真剣に立ち上がる時、その波動は同世代の心を掴み、社会を変え、時代を動かし、そして歴史を創りゆく巨大な力を持っています。

（2003年12月19日、女子学生部首都圏大会へのメッセージ）

先日、女子学生部の友が学会本部に来られた。その姿を見かけた私は、心から歓迎し、伝言を託した。

「仲良く幸せに！　幸せになるために、正義の道を歩みゆくことです」と。

（2006年5月10日、5・3記念最高幹部協議会でのスピーチ）

皆さんの青春時代は、長い人生の幸福の土台を築くための最も大切な時であります。だからこそ、何ものにも紛動されない「強さ」と「賢さ」と、そして「正しさ」を持って、揺るぎない人格と信念を築き上げていってください。そのための「信仰」であり、「学問」だからであります。

（2005年7月23日、首都圏女子学生部幹部会へのメッセージ）

未来は学生部に託《たく》す

全国代表協議会　二〇〇六・六・二七

後輩《こうはい》の育成《いくせい》――この一点が大事だ。広宣流布も、令法久住《りょうぼうくじゅう》も、要《よう》するに「人」で決まる。「新しい人材《じんざい》」が出ているかどうかである。

威張《いば》ったり、自分勝手《かって》な振《ふ》る舞《ま》いで、後輩が伸《の》びていくのを抑《おさ》えつけるような先輩《せんぱい》ではいけない。後輩が伸び伸びと活躍《かつやく》できる舞台《ぶたい》を用意《ようい》してあげるのが、先輩の役目《やくめ》である。

戸田先生は、よくこうおっしゃった。

「内外《ないがい》ともに激動《げきどう》の最中《さなか》であるが、今こそ、君たち青年が勉強しておかなければならない時だ。

僕が舞台はつくっておく。新しい平和の戦士《せんし》となって、その舞台で活躍するように」と。

私も、戸田先生と同じ気持ちで、青年のために、後輩のために、体当《たいあ》たりでぶつかり、一つ一つ手を打ち、道を開いてきた。

ともあれ、多くの困難《こんなん》を乗《の》り越《こ》え、勝ち越えて、海外は見事《みごと》に発展《はってん》している。とくに、次の世代《せだい》を担《にな》う後継《こうけい》の人材《じんざい》が陸続《りくぞく》と育《そだ》っている。この点では、海外のほうが、日本より進んでいるのではないか。

◇

6・30「学生部結成記念日」、おめでとう！　学生部は、明年（二〇〇七年）で結成五十周年を迎《むか》える。本日は、全国ならびに各方面の男子学生部長、女子学生部長が元気に出席してくれている。未来はすべて、君たちのものだ。本当にありがとう！

インド独立《どくりつ》の父マハトマ・ガンジーは言った。

「学生たちが社会変革《へんかく》のバロメーターであるが、バロメーターになるためには、学生たちが正しい態度《たいど》を身《み》につけなくてはならない」（N・ラダクリシュナン著『ガンジー・キング・イケダ——非暴力と対話の系譜』栗原淑江訳、第三文明社）。その通りである。

また、マハトマはこのようにも——。

「学生たちをたくましく、そして志操堅固《しそうけんご》に育てるためなら、わたしはどのような努力も惜《お》しみません」（ハリーバーウ・ウパッデャイ著『バープー物語——われらが師父、マハトマ・ガンジー』

池田運訳、講談社出版サービスセンター）

戦う青年の中心には、いつも学生がいた。学生こそ、時代の変革《へんかく》の先駆《さきが》けである。青年部、なかんずく学生部を、一段と伸《の》ばすことが、「未来の勝利」の源泉《げんせん》となる。新しい人材《じんざい》を見つけることは、希望の光《ひかり》を放《はな》つ「新しい星《ほし》」を見つけることである。

戸田先生は厳《きび》しく言われた。

「こういう悪辣《あくらつ》な時代に、広宣流布をやろうとするんだから、容易《ようい》なことではない。我々《われわれ》の宗教革命は、よほどの信心と勇気と智慧《ちえ》がなければ、とうてい遂行《すいこう》できない大偉業《だいいぎょう》なのだ」と。

ここに、知勇兼備《ちゆうけんび》の学生部の重大《じゅうだい》な使命《しめい》がある。

青年を、学生を、すべて、力《ちから》ある「最高の指導者」に育《そだ》てたい。民衆のため、人々の幸福のため、無私《むし》の心で戦える本物《ほんもの》のリーダーをつくりたい。今、私の心は、そのことで一杯《いっぱい》である。

（現在、世界各地の大学や学術機関《がくじゅつきかん》で、名誉会長の思想《しそう》と行動に関する研究が進んでいる。中国・北京大学の日本研究センターに「池田大作研究会」が設立《せつりつ》されたのをはじめ、アルゼンチン、デンマーク、インド、台湾《たいわん》などに、「一三」に及ぶ研究機関が生まれているのである〈二〇〇七年六月現在「二一」〉。

世界の学生の間でも、〝池田思想〟への関心《かんしん》が高まっている。中国の新疆《しんきょう》ウイグル自治区のイリ師範《しはん》学院《がくいん》では、名誉会長の本を読んだ感動《かんどう》の声が、同学院のホームページに次のように寄《よ》せられていた。

「人生に悩《なや》む青年にとって、池田氏の本こそ最《もっと》もふさわしい」「池田氏の本は、すべて、読者との『対《たい》話《わ》』に貫《つらぬ》かれ、人生で大切なことは何かを私たちに、分《わ》かりやすく教えてくれる」「私は、池田氏の本が大好きだ」「池田氏の本は苦難《くなん》の中でこそ人格《じんかく》が磨《みが》かれると、私たちを励《はげ》ましてくれる」「池田氏の本には、偉大《いだい》な人格の力《ちから》があり、大いなる思想《しそう》があり、智慧《ちえ》に輝《かがや》いている」）

戸田先生は、私たち青年に強く呼《よ》びかけられた。

「青年よ、高く大《おお》いなる理想《りそう》に生きよ！　炎《ほのお》となって進め！」と。

広宣流布ほどの偉大な理想はない。それに向かって、私たち青年は、「全員が戸田城聖である」との自覚《じかく》で戦った。一人ひとりが広布の全責任《ぜんせきにん》を担《にな》って行動した。だから、勝った。何をやっても、成功《せいこう》したのである。

「だれかがやるだろう」という無責任な姿勢《しせい》からは、何も生まれない。「自分が広宣流布をするのだ」という強い一念《いちねん》を持つことだ。役職《やくしょく》とか立場ではない。「心こそ大切」（御書一一九二ページ）である。広宣流布に向かう「信心」の強い人こそ、生命の「最高の位《くらい》」を持った人なのである。

戸田先生は、師匠《ししょう》の牧口先生に、まっすぐに仕《つか》えていかれた。牧口先生に命を捧《ささ》げ、牢獄《ろうごく》にまでお供《とも》された。牧口先生と戸田先生の心は一体《いったい》であった。そこに本当の師弟不二《していふに》があった。師匠を大事にした人は、永遠《えいえん》に栄《さか》える。

反対に、大恩《だいおん》ある師匠を裏切《うらぎ》り、苦《くる》しめるような忘恩《ぼうおん》の輩《やから》は、必《かなら》ず破滅《はめつ》していく。それが仏法の厳《きび》しき法則《ほうそく》である。

青年部の皆さんは、全員が、今いる場所で、〝いてもらわなくては困《こま》る人〟になっていただきたい。

日々発心《ほっしん》、日々挑戦《ちょうせん》である。〝きょう一日、何をなすべきか〟を明確《めいかく》にし、心に張《は》り合《あ》いを持ちながら、献身的《けんしんてき》に動き、自分らしく輝《かがや》いてもらいたいのである。

終戦後《しゅうせんご》、私は、夜学《やがく》に通《かよ》いながら、昼間、西新橋《にししんばし》の昭文堂《しょうぶんどう》という小さな印刷《いんさつ》会社で働《はたら》いた。職場《しょくば》の雰囲気《ふんいき》はとても家族的で、工場の引《ひ》っ越《こ》しのときも、皆で協力《きょうりょく》してやった。かなづちや釘《くぎ》をもって、新しい工場づくりを手伝《てつだ》ったことも懐《なつ》かしい。その会社の主人《しゅじん》は、私の仕事を全《ぜん》面的《めんてき》に信頼《しんらい》してくださった。

できるだけ長く自分の会社で仕事をしてもらいたいと期待《きたい》してくださっていたようだが、病《びょう》弱《じゃく》だった私は、そこを退社《たいしゃ》せざるをえなくなり、自宅《じたく》に近い蒲田工業会《かまたこうぎょうかい》の事務《じむ》員書記《いんしょき》として働くようになった。ここでも良《よ》い先輩《せんぱい》や仲間《なかま》に恵《めぐ》まれた。

そして一年三カ月後、戸田先生の会社にお世話《せわ》になることが決まり、蒲田工業会を退職《たいしょく》した。上司《じょうし》や同僚《どうりょう》が「どうしても辞《や》めなければいけないのか」と別《わか》れを惜《お》しんで、心のこもった送《そう》別会《べつかい》を開いてくれたことが忘《わす》れられない。

〝いなくてはならない人〟〝どうしても、いてほしい人〟になることだ。これが牧口先生の教えであった。青年部の諸君は、たとえ目立《めだ》たなくとも、信頼厚《しんらいあつ》き人生を歩《あゆ》んでもらいたい。

今、この会場（創価文化会館内の広宣会館）に飾《かざ》られている「道」の写真は、一九九一年六月二十七日、イギリスのウィンザー城《じょう》を訪《おとず》れた際《さい》に、私が撮影《さつえい》したものである。ウィンザー城は、エリザベス女王が週末などに滞在《たいざい》する居城《きょじょう》としても有名であった。

私はこれまで、イギリスのアン王女やチャールズ皇太子《こうたいし》と会見《かいけん》した。忘《わす》れ得《え》ぬ思い出である。

十五年前の九一年（平成三年）といえば、宗門《しゅうもん》が非道《ひどう》な学会攻撃《こうげき》を仕掛《しか》けてきた翌年である。私は、嫉妬《しっと》に狂《くる》った邪宗門《じゃしゅうもん》の謀略《ぼうりゃく》を打《う》ち破《やぶ》り、新《あら》たな世界広布の道を開こうと立ち上がった。

日本は狭《せま》い。醜《みにく》い妬《ねた》みやデマばかりが横行《おうこう》している。そんなものは悠然《ゆうぜん》と見おろして、世界を舞台《ぶたい》に戦おう！——これが私の決意であった。

卑劣《ひれつ》にも学会を裏切《うらぎ》り、広宣流布を阻《はば》もうとする輩《やから》もいた。そうした人間たちが、今、後悔《こうかい》に暮《く》れ、哀《あわ》れな末路《まつろ》をたどっていることは、皆さんがご存《ぞん》じの通りだ。

私は戸田先生の弟子《でし》として、ただ一人、先生の全指導をわが身《み》に刻《きざ》んできた。

先生は私に言われた。

「一生涯《いつしょうがい》、お前が第三代会長だ。私の精神《せいしん》を受《う》け継《つ》いだ、ただ一人の私の弟子《でし》だ」師弟不二《していふに》なれば、恐《おそ》れるものなどは何もない。私は一人、超然《ちょうぜん》として戦った。戦い抜《ぬ》いてきた。そして私は勝ったのである。

今、私はさらに先の先のことを考え、後に続く若き皆さんのために道を開いている。手を打っている。青年のために——これが本物《ほんもの》の指導者である。こうした三代の指導者がいたからこそ、学会は世界的に発展《はってん》したのである。

この「道」の写真については、ノーベル平和賞を受賞《じゅしょう》したアフリカの〝環境《かんきょう》の母〟マータイ博士も賞讃《しょうさん》してくださっていた。

(博士は二〇〇五年二月に名誉会長と会見《かいけん》した際《さい》、名誉会長撮影《さつえい》の写真集を見ながら、「私が一番好きなのは、このウィンザー城《じょう》の道の写真です。〝至上《しじょう》の幸福〟へと続く道です」と語《かた》っていた)

私はマータイ博士をはじめ、これまで世界中の平和の指導者とお会いしてきた。皆、SGIの活動に深い共感《きょうかん》と賞讃を寄《よ》せてくださっている。

私が世界の諸大学など学術機関《がくじゅつきかん》から贈《おく》られた「名誉《めいよ》博士」「名誉教授」等は現在(二〇〇六年六月)、百九十七。すべて皆さまを代表しての栄誉《えいよ》であり、SGIが進める平和・文化・教育運動への賞讃の証《あかし》なのである。

それは、戦時下《せんじか》の昭和十八年（一九四三年）六月二十七日――六十三年前のきょうのことであった。

当時、軍部《ぐんぶ》政府は国家神道《しんとう》を中心とした思想統制《しそうとうせい》を強めていた。そうしたなかで、牧口先生は政府の政策《せいさく》を批判《ひはん》し、活発《かっぱつ》な折伏《しゃくぶく》・弘教《ぐきょう》を展開《てんかい》しておられた。

軍部権力の弾圧《だんあつ》を恐《おそ》れた宗門《しゅうもん》は、この日、戸田先生、牧口先生を本山《ほんざん》に呼《よ》びつけた。そして、法主《ほっす》・日恭《にっきょう》の立ち会いのもと、学会として「神札《かみふだ》」を受けるように迫《せま》ったのである。

牧口先生は、言下《げんか》に拒否《きょひ》された。

「承服《しょうふく》いたしかねます。神札は絶対に受けません」

戸田先生は、のちに私にこう語《かた》っておられた。

――この牧口先生の勇気ある一言が、学会の命運《めいうん》を分《わ》け、殉難《じゅんなん》の道へ、死身弘法《ししんぐほう》の大聖人門《もん》下《か》の誉《ほま》れある正道《せいどう》へと、学会を導《みちび》いたのだ。学会なくば、大聖人の御精神《ごせいしん》は途絶《とだ》えていた、と。

牧口先生は、本当に偉大《いだい》な方であった。牧口先生、そして戸田先生の命を賭《と》しての闘争《とうそう》があったからこそ、今日《こんにち》の学会の発展《はってん》がある。アジアをはじめ、世界の人々が、学会を深く信頼《しんらい》してくださっているのである。

御聖訓《ごせいくん》には、「師《し》はまた、邪道《じゃどう》を閉《と》じて正道に趣《おもむ》かせる等の恩《おん》が深い」（御書四三五ジペー、通解）

と仰《おお》せである。

偉大《いだい》な師匠《ししょう》があればこそ、弟子《でし》は正義と幸福の正しき道を歩《あゆ》むことができる。

ゆえに「師弟《してい》の道」こそ、人間として最《もっと》も正しい道である。また「師匠への報恩《ほうおん》の道」こそ、人間として最も深き道なのである。

◇

いくつかエジソンの格言《かくげん》を紹介《しょうかい》させていただきたい。

「私にとって仕事は楽しみだ。義務《ぎむ》と思ったことは一度もない」（ヘンリー幸田著『天才エジソンの秘密　母が教えた7つのルール』講談社）

その通りだ。人間、こういう気概《きがい》があってこそ、偉大な仕事ができる。

「人間の最大の欠陥《けっかん》はすぐにあきらめることにある。成功《せいこう》するための最善《さいぜん》の方法は、もう一度やってみることだ」（同）

大事なのは、忍耐《にんたい》である。決してあきらめない執念《しゅうねん》である。その人に最後の勝利は輝《かがや》く。

さらに、エジソンはいった。

「頭は筋肉《きんにく》と同様《どうよう》、鍛《きた》えるほど強化《きょうか》される」（同）

確《たし》かに、学ぶことに限界《げんかい》はない。愚《おろ》かでは広宣流布の指揮《しき》はとれない。リーダーは、常に学ぶことを怠《おこた》ってはならない。
『三国志《さんごくし》』の英雄《えいゆう》・諸葛孔明《しょかつこうめい》も、指導者にあってはならない「八悪《はちあく》」の一つとして、「智慧《ちえ》に欠《か》ける。したがって未知《みち》の事態《じたい》に備《そな》えることができない」点を挙《あ》げたと伝えられる。(『諸葛孔明の兵法』守屋洋編・訳、徳間書店、引用・参照)

今年もまた、師弟《してい》の魂《たましい》を刻《きざ》む七月が巡《めぐ》り来る。「創価の師弟」の殉難《じゅんなん》の歴史は、永遠《えいえん》に輝《かがや》きわたる。

ご存《ぞん》じの通り、正法正義《しょうほうしょうぎ》を掲《かか》げ、国家悪《こっかあく》と戦い抜《ぬ》いた牧口先生、戸田先生は、昭和十八年(一九四三年)七月六日に逮捕《たいほ》。

牧口先生は昭和十九年十一月十八日に獄死《ごくし》され、戸田先生は昭和二十年七月三日に出獄《しゅつごく》された。

法華経を持ち行《ぎょう》ずる人は、必《かなら》ず迫害《はくがい》される。「悪口罵詈《あっくめり》」され、「猶多怨嫉《ゆたおんしつ》」の難《なん》を受ける。これが法華経に説《と》かれた方程式であり、広宣流布を成《な》し遂《と》げんとする人にとっての、いわば〝宿命《しゅくめい》〟である。

この経文《きょうもん》の通りに、牧口先生も戸田先生も、弾圧《だんあつ》され、投獄《とうごく》された。

第三代の私も、さんざんに嫉妬《しっと》された。追《お》い落《お》とすために、どれほど、ありもしない作り話《つくりばなし》を書かれ、迫害《はくがい》を受けてきたことか。

広宣流布を前進させたがゆえに、私も両先生と同じく、権力の迫害を受け、牢《ろう》に入った。「大阪事件《じけん》」である。

しかし、法華経の眼から見れば、それらは、むしろ名誉《めいよ》なことだ。最《もっと》も正しく、広宣流布を成《な》し遂《と》げている証拠《しょうこ》だからである。

（「大阪事件」は、一九五七年〈昭和三十二年〉の参院選《さんいんせん》大阪地方区補欠選挙《ほけつせんきょ》で、一部の会員に公職選挙《こうしょくせんきょ》法の違反者《いはんしゃ》が出たのに伴《ともな》い、同年七月三日、支援責任者《しえんせきにんしゃ》だった名誉会長が不当逮捕《ふとうたいほ》された事件。事件の背景《はいけい》には、急速《きゅうそく》に発展《はってん》する学会への、当局の警戒感《けいかいかん》があったと考えられる。大阪地裁《ちさい》での裁判《さいばん》で検察側《けんさつがわ》は、一連の違反のうち戸別訪問《こべつほうもん》が池田名誉会長の指示《しじ》によるものとの主張《しゅちょう》を展開《てんかい》。しかし公判《こうはん》を通《つう》じて、検察側の言い分は崩《くず》された。「禁固《きんこ》十カ月」が求刑《きゅうけい》されたものの、昭和三十七年〈一九六二年〉一月二十五日、田中勇雄裁判長から、名誉会長の「無罪《むざい》」の判決《はんけつ》が下《くだ》された。

もとより無実《むじつ》の罪《つみ》であり、当然の公正な判決であるが、月刊誌「潮」の連載《れんさい》「平和と文化の大城　池田大作の軌跡《きせき》」によれば、田中裁判長はのちに、「池田会長は他の人と違《ちが》う。輝《かがや》いている。この人は将来《しょうらい》、ものすごく偉《えら》くなる人」と周囲《しゅうい》に印象《いんしょう》を語《かた》っていた。

また、公判担当の検察官も、判決の直後に、池田名誉会長に「このような結果《けっか》になるのではないかと思っていた」と語りかけたという）

きょうは、牧口先生、戸田先生の遺徳《いとく》を偲《しの》びつつ、両先生が逮捕された経緯《けいい》がどのようなものであったのか、あらためて確認《かくにん》しておきたい。

牧口先生は昭和十八年（一九四三年）七月二日、二人の会員を伴《ともな》い、伊豆《いず》の下田《しもだ》へ折伏《しゃくぶく》に行かれた。二日、三日、四日と連日《れんじつ》、折伏のための座《ざ》談会《だんかい》に出席。五日も現・下田市須崎《すざき》へ赴《おもむ》かれている。同行した友の父親を折伏するためであった。

そして六日の朝、須崎で特高刑事《とっこうけいじ》二人に同行を求められる。下田署まで四・七キロの道のりを歩かれ、逮捕《たいほ》された。

暑《あつ》い季節《きせつ》。しかも老齢《ろうれい》の先生である。どれほど、お疲《つか》れであったろうか。

この先生が連行《れんこう》された道沿《みちぞ》いには、先生の殉教《じゅんきょう》から六十年となる二〇〇四年一月に「下田牧口記念会館」が開館し、敷地《しきち》内《ない》には「牧口常三郎先生　法難頌徳之碑《ほうなんしょうとくのひ》」が立っている。

先生の逮捕の容疑《ようぎ》は「治《ち》安《あん》維《い》持《じ》法違《ほうい》反《はん》」ならびに「不《ふ》敬罪《けいざい》」であった。

すでに逮捕の数年前から、弾圧《だんあつ》の手は伸《の》びていた。

一九四二年（昭和十七年）五月には、機《き》関紙《かんし》「価値《かち》創造《そうぞう》」が廃刊《はいかん》に追《お》い込《こ》まれる。座談会等も昭和十六年ころから特高刑事に監視《かんし》されるようになっていた。

一九四三年（同十八年）五月には、牧口先生が約一週間、東京・中野《なかの》署《しょ》に留置《りゅうち》され、神札《かみふだ》問題について取《と》り調《しら》べを受けている。

そういう状況《じょうきょう》にあってなお、牧口先生は、遠路《えんろ》、折伏に赴かれ、座談会に出席された。逮捕のその時まで、広宣流布に一身《いっしん》を捧《ささ》げておられたのである。
戸田先生も同じ七月六日朝、同じ二つの罪状《ざいじょう》で、東京・白金台《しろかねだい》の自宅《じたく》で逮捕《たいほ》され、高輪署《たかなわしょ》に留置《りゅうち》された。

一方、牧口先生は翌七日、下田署《しもだしょ》から警視庁《けいしちょう》に移《うつ》される。

逮捕の際《さい》には、牧口先生の目白《めじろ》の自宅をはじめ、創価教育学会本部、時習学館《じしゅうがっかん》も家宅捜索《かたくそうさく》され、御書や牧口先生の著作《ちょさく》などが押収《おうしゅう》された。結局《けつきょく》、翌年までに、逮捕者は二十一人に上《のぼ》った。

その中で、ただお一人、戸田先生が、牧口先生とともに法難《ほうなん》を忍《しの》び、獄死《ごくし》した師匠《ししょう》の遺志《いし》を継《つ》ぎ、師匠の仇《あだ》を討《う》つために立ち上がったのである。

「師弟《してい》」「師弟」と口で言うのは簡単《かんたん》である。しかし戸田先生の牧口先生に対する思いがどれほどのものであったか。私はそれを、だれよりも知っている。そして、戸田先生が牧口先生にお仕《つか》えしたのと寸分違《すんぶんたが》わぬ決意で、私は、戸田先生にお仕えしてきた。

お二人の大闘争《だいとうそう》を偲《しの》び、世界に宣揚《せんよう》してきた。ご遺族《いぞく》も、誠心誠意《せいしんせいい》、お守りしてきた。

創価の三代にこそ、仏法の精神《せいしん》が脈動《みゃくどう》している。「師弟不二《ふに》」がある。これ以上に尊《とうと》い人間の関係はないと、私は信じている。

逮捕から二カ月後の九月、警視庁特高課《とっこうか》の取調室《とりしらべしつ》で、牧口先生と戸田先生は一緒《いっしょ》になられた。

牧口先生の七回忌《かいき》の法要《ほうよう》で、戸田先生は、牧口先生が特高刑事《とっこうけいじ》に怒鳴《どな》られた時の悔《くや》しさを述《じゅっ》懐《かい》されている。

（家族からの差《さ》し入《い》れの中にカミソリがあり、牧口初代会長がそれを懐《なつ》かしそうに手に取ると、特高刑事が大声で「牧口、おまえは何をもっているのか。ここをどこと思う。刃物《はもの》をいじるとはなにごとだ」と怒鳴《どな》った。戸田第二代会長は法要で、「先生は無念《むねん》そうに、その刃物をおかれました。身《み》は国法《こくほう》に従《したが》えども、心は国法に従わず。先生は創価学会の会長である。そのときの、わたくしのくやしさ」と心《しん》情《じょう》を述べている）

そして同じ九月、牧口先生は、警視庁《けいしちょう》から巣鴨《すがも》の東京拘置所《とうきょうこうちしょ》に移送《いそう》された。

そこは三畳間《じょうま》の独房《どくぼう》であった。

移送の途中《とちゅう》、警視庁内で、戸田先生は牧口先生と出会われた。

「先生、お丈夫《じょうぶ》で」

戸田先生が声をかけられると、牧口先生は無言《むごん》でうなずかれた。これがお二人の最後の別《わか》れとなった。

以後、東京拘置所において、思想検事《しそうけんじ》による、牧口先生への本格的《ほんかくてき》な取《と》り調《しら》べが始《はじ》まった。

「特高月報《げっぽう》」（昭和十八年七月分）は、逮捕理由《たいほりゆう》になった牧口先生の言動《げんどう》について、こう記《しる》している。

「会長牧口を中心とする関係者等の思想《しそう》信仰には幾多不逞不穏《いくたふていふおん》のものあり」「『法華経、日蓮を誹謗《ひぼう》すれば必《かなら》ず罰《ばち》が当《あた》る』『伊勢神宮《いせじんぐう》など拝《おが》む要《よう》はない』等不逞教説《きょうせつ》を流布せる」

国家神道《しんとう》を全国民に強要《きょうよう》した戦時下《せんじか》にあって、それが、どれほど勇気ある発言《はつげん》であったか。牧口先生は、過酷《かこく》な尋問《じんもん》に対しても、主張《しゅちょう》を曲《ま》げなかった。看守《かんしゅ》を折伏《しゃくぶく》され、絶《た》えず御書を拝《はい》しておられた。あまりにも偉大《いだい》な「創価の父」であられた。

「特高月報《とっこうげっぽう》」（昭和十八年十二月分）には、牧口先生の起訴状《きそじょう》が掲載《けいさい》されている。

主《おも》な起訴理由《りゆう》として、逮捕《たいほ》までの約二年間に、〝毎月約一回、幹部会を開催《かいさい》〟〝四回にわたり総会を開催〟〝二百四十余回の座談会《ざだんかい》を開催〟〝十回の地方指導〟などを行《おこな》ったことが列挙《れっきょ》されている。「特高月報」が、厳然《げんぜん》と、先師《せんし》の偉大さを証明《しょうめい》しているのである。

それでは、両先生が広宣流布のため、命をかけて国家権力と戦っている間、宗門《しゅうもん》はどういう行動をとったのか。あろうことか宗門は、牧口・戸田先生が逮捕された七月、両先生らを「登《と》山止《ざんど》め」「末寺参詣禁止《まつじさんけいきんし》」処分《しょぶん》。さらに、牧口先生を「信徒除名《しんとじょめい》」にした。

同月、牧口先生の留守宅《るすたく》に宗門の坊主《ぼうず》が訪《おとず》れ、ご家族に、牧口先生に退転《たいてん》を勧《すす》めるよう要請《ようせい》し、断《ことわ》られている。すべて、宗門に累《るい》が及《およ》ぶのを恐《おそ》れての、卑劣《ひれつ》な行動であった。

宗門は戦時中《せんじちゅう》、神札容認《かみふだようにん》など、さんざんに謗法《ほうぼう》をくり返したあげく、一九四五年（昭和二十年）六月十七日に、大石寺《たいせきじ》で火災《かさい》を起《お》こした。神札《かみふだ》が祭《まつ》られていた書院《しょいん》をはじめ主要《しゅよう》な建物《たてもの》を焼失《しょうしつ》し、時の法主《ほっす》・日恭《にっきょう》は、逃《に》げ遅《おく》れて焼死《しょうし》している。

この時、宗門《しゅうもん》には、広宣流布の「信心の血脈《けつみゃく》」は途絶《とだ》えていた。ただ創価学会にのみ、厳然《げんぜん》と流れていたのである。

ここで再《ふたた》び、戸田先生のご指導を紹介《しょうかい》したい。

「〝私はつまらない人間ですが、広宣流布にお使いください〟——と、そういう人間になれ」よく先生が、青年に言われた言葉である。後継《こうけい》の青年たちが、一生涯《いっしょうがい》、謙虚《けんきょ》な気持ちを忘《わす》れないよう教えてくださった。「弟子《でし》の生き方」を示《しめ》してくださった。

求道《きゅうどう》の心を失《うしな》い、慢心《まんしん》に陥《おちい》れば、ただちに人間としての堕落《だらく》が始《はじ》まる。それを教えてくださる師匠《ししょう》の存在《そんざい》は、本当にありがたいものである。

「悔《く》いのない戦いとは、事前《じぜん》の作戦《さくせん》にかかっている。これから将来《しょうらい》にわたっての広宣流布の法戦《ほうせん》も、この原理《げんり》を忘《わす》れてはならない」

このように、先生は「作戦」の大切さを力説《りきせつ》してやまなかった。よく考えよ、頭を使え、周《しゅう》到《とう》に準備《じゅんび》せよ、と。勝負《しょうぶ》の大部分は、作戦の段階《だんかい》で決まってしまうからだ。面倒《めんどう》くさがって準備《じゅんび》をおろそかにしたり、作戦を軽視《けいし》することは、敗北《はいぼく》の「因《いん》」をつくっていることになる。すべてリーダーの責任《せきにん》である。

また戸田先生は、外交《がいこう》のできない人間は深く信頼《しんらい》できないと言われていた。とくに青年に対して、外部《がいぶ》とのしのぎを削《けず》る打ち合いの中でこそ、人間の地金《じがね》が磨《みが》かれることを教えられた。

ゆえに私は、先生の教えのままに、先生のもとで、あらゆる外交戦の矢面《やおもて》に立って戦った。


続いて、女性に対する戸田先生のご指導である。

「女性は、常に勇敢《ゆうかん》に働《はたら》ききっていく生命力を持ちなさい」

「若さとは、生命力から湧《わ》くものだ」

年《とし》は若くても、老《お》いた感じを受ける人がいる。何歳《なんさい》になっても、若々しく輝《かがや》いている人がいる。その差《さ》は、「生命力」にある。

とくに女子部の皆さんに、次の先生の言葉を贈《おく》りたい。

「女性の幸福は青春時代では決まらない。青春時代は一生の幸福の土台《どだい》を築《きず》く鍛錬《たんれん》の時代だ」

先生は、女子部が一人残《のこ》らず、幸福になることを願《ねが》われていた。

どれほど外面《がいめん》を飾《かざ》っても、真実《しんじつ》の幸福はつかめない。妙法によってこそ、崩《くず》れざる絶対的幸福の基盤《きばん》を築くことができる。そのための信行学《しんぎょうがく》の実践《じっせん》である。

「信行学に励《はげ》んで、自分の生命に、盤石《ばんじゃく》の福運《ふくうん》をつけることです」と、厳《きび》しくも温《あたた》かく、先生は女子部を激励《げきれい》なされた。

「だれでも苦労《くろう》すると人間が卑屈《ひくつ》になるが、それではいけない。どんなに苦労をしても、いつまでも伸《の》び伸びとしていなければね」——これも女子部に対するご指導であった。

人生に悩《なや》みはつきものである。悩みのない人生などありえない。ましてや、深き使命《しめい》に生きる皆さまは、さまざまな壁《かべ》にぶつかることがあるだろう。しかし、決して負《ま》けてはいけない。

苦労が自分を磨《みが》き、鍛《きた》えてくれる。妙法を持った女性が幸福になりゆくことは、絶対に間違《まちが》いない。最《もっと》も苦《くる》しんだ人が、最も幸福になる。それが妙法である。

鍛えなくして、強い人間にはなれない。

「厳《きび》しく言われ、また厳しく言われながら、時が経《た》てば、どんな人でもよくなるのだ」と、先生は言っておられた。

戸田先生は、青年が社会で生きる姿勢《しせい》について、「その職場《しょくば》、職場で喜《よろこ》んで生きていくことだ。青年は、自分の使命に生きることが大切である」と訴《うった》えていた。

そして、「人生は地道《じみち》に生きよ！　虚栄《きょえい》のために生きるな。真実《しんじつ》に生きよ！　忍耐強《にんたいづよ》く生きよ！」と励《はげ》ましてくださったのである。

また、「捨《す》て身《み》でない狭《せま》い根性《こんじょう》は人に好かれない」とのお言葉も忘《わす》れられない。

自分のことばかり考えている、ずるい人間、利己《りこ》主義の人間は嫌《きら》われる。リーダーが、人から好かれなくなったら終わりである。広布のリーダーは、公平《こうへい》でなければならない。自分自身の利害《りがい》が、いつも念頭《ねんとう》にあるような人間は、公平に人を見ることができない。そうならないためには、深き信心に徹《てつ》するしかない。

「『組織《そしき》の目』だけではなく、つねに『信心の目』で人を見なければならない。とくに、役職《やくしょく》は高くなくても、本当にまじめな信心の方がおられる。その方々を尊《たっと》び、心から讃《たた》え、励《はげ》まし、守っていく心が、自分自身の信心の証《あかし》であることを忘《わす》れてはならない」

幹部の皆さんは、この戸田先生のご指導を肝《きも》に銘《めい》じていただきたい。

最後に、御聖訓《ごせいくん》を拝《はい》したい。

「外道《げどう》や悪人《あくにん》は、如来《にょらい》の正法《しょうほう》を破《やぶ》ることはできない。必《かなら》ず、仏弟子《ぶつでし》らが仏法を破るのである。師子身中《しししんちゅう》の虫《むし》が師子を内《うち》から食《く》うとはこのことである」（御書九五七ジペー、通解）

外《そと》の敵《てき》ではない。内部《ないぶ》から仏法は破壊《はかい》されるとの御金言《ごきんげん》である。仲間《なかま》うちから、反逆《はんぎゃく》の輩《やから》が現《あらわ》れる。これが方程式である。同志《どうし》を裏切《うらぎ》る卑劣《ひれつ》な行《おこな》いは、永久《えいきゅう》に許《ゆる》してはならない。

仏法が、どれほど「恩《おん》」を重視《じゅうし》しているか。御書には、「二乗《にじょう》は父母《ふぼ》・師匠《ししょう》・国主《こくしゅ》・主君《しゅくん》・一切衆生《いっさいしゅじょう》・仏《ほとけ》などへの報恩《ほうおん》が皆欠《か》けている。ゆえに一念《いちねん》も二乗の心を起《お》こすことは、十悪《じゅうあく》や五《ご》逆罪《ぎゃくざい》を犯《おか》すよりも過《す》ぎたことである」（御書四三五ジペー、通解）と仰《おお》せである。

二乗《にじょう》の心とは、利他《りた》を忘《わす》れて、自《みずか》らの利に執着《しゅうちゃく》する心である。それでは恩《おん》に報《むく》いることができない。ゆえに、十悪《じゅうあく》や五逆罪《ごぎゃくざい》を犯《おか》すよりも、成仏《じょうぶつ》の道を閉《と》ざすことになるのである。

名声《めいせい》、学歴《がくれき》、権力、地位《ちい》を持った人間は、忘恩《ぼうおん》の心に陥《おちい》りやすい。忘恩の人間は、例外《れいがい》なく苦悩《くのう》の底《そこ》に沈《しず》んでいく。その末路《まつろ》は悲惨《ひさん》である。私はこれまで、大勢《おおぜい》の人間を見てきたが、まさしく大聖人の御言葉《おことば》の通りであった。だからこそ仏法では、不知恩《ふちおん》、忘恩を厳《きび》しく戒《いまし》めるのである。

日蓮大聖人は、いかなる困難《こんなん》をもかえりみず、ひとえに国を思い、民《たみ》の幸福を思い、正しき道を為政者《いせいしゃ》に指《さ》し示《しめ》した。

ところが当時の権力者は、その正義の声に耳を傾《かたむ》けるどころか、大悪人《だいあくにん》と結託《けったく》し、命にも及《およ》ぶ迫害《はくがい》で報いた。

これについて大聖人は、「『大悪人を用《もち》いる大罪《たいざい》』と『正法《しょうほう》の大善人《だいぜんにん》を辱《はずかし》める大罪』という二つの悪が、鼻《はな》を並《なら》べて、この国に出現《しゅつげん》したのである」（御書三五七ジペー、通解）と仰《おお》せになり、だから「前代未聞《ぜんだいみもん》の大事」（同）がこの国に起《お》きたのであると述べられている。

「正法の大善人」をいかに遇《ぐう》するか。それによって、その社会の未来は決まる。

大聖人は「人に食を施《ほどこ》す」功徳《くどく》について、「力《ちから》を授《さず》けることで、人間界、天上界《てんじょうかい》に生まれて威徳《いとく》を備《そな》えた人となって、多くの人々がその周《まわ》りに集まる」（御書一二三七ジベー、通解）等といわれている。

日夜《にちや》、勇気と希望の励《はげ》ましに奔走《ほんそう》し、人々に「生きる力《ちから》」を送っておられる皆さまの功徳《くどく》も、きわめて大きい。生々世々、各界《かっかい》のリーダーとなり、多くの人が周囲《しゅうい》に集まってくる立場となっていくことは間違《まちが》いない。

結《むす》びに、フランスの文豪《ぶんごう》ロマン・ロランの名作《めいさく》の一節《いっせつ》に、我《われ》らの決意を託《たく》したい。

「予《よ》はただ勝利によって己《おの》が道を開いているのだ」（『ジャン・クリストフ（四）』豊島与志雄訳、岩波文庫）

私どもも、これでいこう！　勝利によって「道」を開こう！　どこまでも、学会のために、勝っていこう！

私は、後に続く皆さんのために、盤石《ばんじゃく》なる広布の基盤《きばん》を整《ととの》えておく。

それは、私の、後輩《こうはい》に対する贈《おく》り物《もの》である。そのために今、着々《ちゃくちゃく》と手を打っているとお伝えし、私のスピーチを終わります。

（抜粋）

偉《い》大《だい》なる「普《ふ》賢《げん》の力《ちから》」で勝て（メッセージ）

六・三〇「結成の日」首都圏記念大会　二〇〇六・六・三〇

晴《は》れ晴《ば》れと結成記念の総会、おめでとう！　各地からご苦労《くろう》さま！

学生部の前進が、広宣流布の前進である。人材《じんざい》の城《しろ》の勝利の前進である。優秀《ゆうしゅう》な学生部の成長が、私は何よりもうれしい。優秀であることは、社会の力であり、光《ひかり》である。そして、勝利の象徴《しょうちょう》であるからだ。

ともあれ君たちこそ、使命《しめい》深き未来の大指導者であり、前途《ぜんと》洋々《ようよう》たる創価城《じょう》の城主《じょうしゅ》であり、旭日《きょくじつ》である。私は、学生部を最大に信頼《しんらい》しております。

ご存《ぞん》じのように、「御義口伝《おんぎくでん》」には「此《こ》の法華経を閻浮提《えんぶだい》に行《ぎょう》ずることは普賢菩薩《ぼさつ》の威神の力に依《よ》るなり」（御書七八〇ジベー）と断言《だんげん》されております。普《あまね》く賢《かしこ》い知性《ちせい》の力がなければ、世界広宣流布は決してできないのであります。

ゆえに君よ、学べ！　君よ、断《だん》じて学び抜《ぬ》け！

そして絶対に栄光《えいこう》の勝利者になるのだ。これが信心である。これが仏法の方程式である。

私も学んだ。戸田先生は、「大作は〝戸田大学〟の最優秀《さいゆうしゅう》の学生である」と、賞讃《しょうさん》してくださった。

君たちは通常《つうじょう》、四年間の大学時代である。私は、十年間の〝戸田大学〟の学生であった。師《し》匠《しょう》は一人、弟子《でし》も一人の〝戸田大学〟で、毎朝毎朝、さらに日曜日は一日中、個人授業である。

経済学、法学、化学、天文学《てんもんがく》、生命論、日本史、世界史、漢文、政治学、そして大仏法の教学と、ありとあらゆる学問を学びました。

先生は読書にも峻厳《しゅんげん》であった。「今は何を読んでいるか。どういう内容か」「今日《きょう》は何を読んだか。その出だしの文章は暗記《あんき》しているか」等々、それはそれは、厳《きび》しかった。恐《こわ》かった。苦《くる》しかった。

しかし、その薫陶《くんとう》があればこそ、今や世界一九七の一流の大学から名誉学術称号《めいよがくじゅつしょうごう》を受けられるようになった。全部、因果《いんが》の理法《りほう》の結果《けっか》である。

ハーバード大学やフランス学士院《がくしいん》など、世界三十一の学術機関《きかん》でも講演《こうえん》を行《おこな》ってきました。

さらに今も多くの依頼《いらい》が来ております。世《よ》の真実《しんじつ》の識者《しきしゃ》は、真実の学ぶべき人を見逃《みのが》すことはない。その知性《ちせい》の眼は、それはそれは厳しいものです。

偉大《いだい》なる「普賢《ふげん》の力《ちから》」を発揮《はっき》して、この誇《ほこ》り高き創価の道に続くのは、学生部の君たちしかおりません。

◇

さらに名誉会長は、男子学生部の友に、アメリカの哲学者《てつがくしゃ》デューイの〝人間は戦わねばならない。困難《こんなん》こそ、進歩《しんぽ》するためのチャンスとなるのだ〟(John Dewey, *Creative Intelligence*, Henry Holt and Company、参照)との思想《しそう》を紹介《しょうかい》。

「どうか、わが〝池田大学〟の戦う英才《えいさい》として、全青年部の先頭《せんとう》に立って、智慧《ちえ》第一の舎利弗《しゃりほつ》の如《ごと》く聡明《そうめい》に、説法《せつぽう》第一の富楼那《ふるな》の如く雄弁《ゆうべん》に、論議《ろんぎ》第一の迦旃延《かせんねん》の如く堂々《どうどう》と、いかなる邪説《じゃせつ》も打《う》ち破《やぶ》っていただきたい」と呼《よ》びかけた。

また、女子学生部の友には、アメリカの人権《じんけん》の母パークス女史《じょし》の「私たちは、平等《びょうどう》という目標《もくひょう》を実現するために、闘《たたか》い続けなければならないのです」(『ローザ・パークスの青春対話』高橋朋子訳、潮出版社)との言葉を贈《おく》り、「どうか、わが〝池田大学〟の福運《ふくうん》と智慧のリーダーとして、女性の世紀の先頭に立って、賢《かしこ》く朗《ほが》らかに、忍耐強《にんたいづよ》く、平和と正義のスクラムを広げていってください」と祝福《しゅくふく》した。

そして男女学生部の友に、皆さんの新しい大前進で、広布の新しい勝利の時代を断固《だんこ》と切り開いていただきたいと念願《ねんがん》。友の「健康」と「勝利」を祈《いの》り、メッセージを結《むす》んだ。

「学生部五十年の歩み」⑬――二〇〇の名誉学術称号

2006年（平成18年）10月7日、東京・八王子市の創価大学で中国の名門・北京師範大学から池田名誉会長に「名誉教授」の称号が贈られた。これで、名誉会長が世界中の大学・学術機関から受章した名誉学術称号が200となった。（2007年6月現在216）

池田名誉会長は常々、受章の際に語っている。

「全世界の同志の代表として拝受します」

「この栄誉を、牧口先生、戸田先生に捧げます」

名誉会長は、ほとんどの授与式において、学生部をはじめとする青年部の代表を同席させている。

そして、折あるごとに、「後継の青年たちと拝受することは、何よりの喜びです」等と真情を吐露している。

先頭に立って、全世界に人間主義の哲学を発信し、対話の連帯を広げている池田名誉会長。その卓越した行動に、世界の知性の学府が、賞讃を惜しまない。

こうした世界一の指導者を師匠にもったことこそ、学生部にとって、最大であり永遠の誇りである。

〈池田名誉会長の指導から〉

私は諸君のために道を開いてきた。広い世界を相手にしてきた。私の五大州からの157（当時）の名誉博士・名誉教授の栄誉の決定は、その証である。

皆さん方がこれから歩み進む「世界との友情の道」そして「知性のネットワーク」は、千年、万年の未来に向かって、完璧に開いてある。

後は諸君である。

私は諸君に、後の一切を託したいのである。

（2003年3月19日、創価大学卒業式でのスピーチ）

世界の大学・学術機関からの
知性の宝冠は二百を超えた。
（中略）
これは
すべてにわたって
恩師・戸田先生の
凱歌の栄誉であられる。

師匠の勝利は
弟子の勝利。
弟子の勝利が
師匠の勝利なのだ。

（長編詩「師弟不二の詩　ああ恩師 戸田城聖先生」）

第七章　随　筆

第七章の各編冒頭の年月日は、「聖教新聞」の掲載日をもとに記しました。

炭労事件《たんろうじけん》と学生部結成

民衆を守れ！　民衆と共《とも》に戦え！

一九九九・六・三〇

「この上とも頑張れ、わが兄弟、わが姉妹《しまい》よ！
投《な》げだしてはならない——『自由』はどんなことがあっても、護《も》りたててゆかねばならぬ、
一度や二度の失敗《しっぱい》で、また幾度《いくど》失敗しようと、逼塞《ひっそく》してしまうなどとは何ごとか、
また、民衆の冷淡《れいたん》、忘恩《ぼうおん》、あるいはまた裏切《うらぎ》りなどのために、
あるいは権力や軍隊《ぐんたい》、大砲《たいほう》や刑法《けいほう》などのおどかしで蟄伏《ちっぷく》させられるとは何ごとか」（『ホイットマン詩集』長沼重隆訳、白凰社）

この一節《いっせつ》から始まるホイットマンの詩《し》が、私は大好きだ。

一九五七年（昭和三十二年）の六月のことである。

事件《じけん》は、炭鉱《たんこう》の街《まち》・北海道夕張《ゆうばり》で起《お》こった。

前年の七月に行われた参議院《さんぎいん》議員選挙《ぎいんせんきょ》で、夕張炭鉱の学会員が、学会推薦《すいせん》の候補者《こうほしゃ》を推《お》したところから、炭労《たんろう》（日本炭鉱労働組合《ろうどうくみあい》）は、「統制《とうせい》を乱《みだ》した」として、学会員の締《し》め出《だ》しを図《はか》り、公式《こうしき》にも〝対決《たいけつ》〟を決議《けつぎ》したのだ。いわゆる「夕張炭労事件」である。

当時、炭労といえば、「泣《な》く子と炭労には勝てない」と言われるほど、組合員に対しては、絶大《ぜつだい》な権力を誇《ほこ》っていた。それまでにも、何人もの同志《どうし》が、組合の事務所《じむしょ》に呼《よ》び出され、「信心をやめなければ、組合をやめてもらう」と、迫《せま》られた。組合を除名《じょめい》になることは、そのまま、失職《しっしょく》を意味していた。

学会員というだけで、村八分《むらはちぶ》同然《どうぜん》の仕打《しう》ちを受けた。親ばかりでなく、子どもまでもが除《の》け者《もの》にされた。悪質《あくしつ》なビラが、電柱《でんちゅう》や家の壁《かべ》に張《は》られた。有線放送《ゆうせんほうそう》でも、非難《ひなん》・中傷《ちゅうしょう》が流された。労働者の権利を守る組合が、「信教《しんきょう》の自由」を侵《おか》し、人権《じんけん》を踏《ふ》み躙《にじ》るという、転倒《てんとう》であり、卑劣《ひれつ》なる暴挙《ぼうきょ》であった。

私たちは、激怒《げきど》した。そして、決然《けつぜん》と立ち上がった。

〝愛する同志《どうし》を、断固《だんこ》として守ろう！　断じて勝ってみせる！〟と。

六月二十八日、若き師子《しし》は、北海道に飛《と》んだ。

わが師《し》・戸田先生の逝去《せいきょ》の九カ月前である。先生のお体の衰弱《すいじゃく》は、すでに甚《はなは》だしく、私は、師《し》に代《か》わって、いっさいの学会の責任《せきにん》を担《にな》う〝船長《せんちょう》〟の立場にいた。そして、庶民《しょみん》の人権闘争《じんけんとうそう》の先頭《せんとう》に立っていた。

既成《きせい》の権力が、非道《ひどう》な弾圧《だんあつ》を仕掛《しか》けるなら、我《われ》らは正義の旗《はた》のもとに立ち上がる！　不屈《ふくつ》の勇気を燃《も》え上《あ》がらせる！

私は、信仰に励《はげ》む健気《けなげ》な庶民の家々を駆《か》け巡《めぐ》り、訴《うった》え抜《ぬ》いた。

「同志《どうし》よ、共《とも》に戦おう！」

「絶対に、負《ま》けてはならぬ！」

その渦中《かちゅう》の六月三十日、東京・麻布公会堂《あざぶこうかいどう》で、学生部の結成大会が、行われた。

私は、この朝、若き学生たちの喜《よろこ》びと誓《ちか》いの顔《かお》を思《おも》い浮《う》かべながら、長文《ちょうぶん》の電報《でんぽう》を打った。

——新しき世紀を担《にな》う秀才《しゅうさい》の集《つど》いたる学生部結成大会、おめでとう。戸田先生のもとに、勇《いさ》んで巣立《すだ》ちゆけ——と。

戸田会長は、生前《せいぜん》最後に実《み》を結《むす》んだ学生部の誕生《たんじょう》を、「ただ嬉《うれ》しい」と心から喜ばれた。

「この中から半分は重役《じゅうやく》に、半分は博士に」と、学生部員の輝《かがや》く未来に期待《きたい》された。

先生は、民衆のために戦い、民衆を守り抜く、慈悲《じひ》と英知《えいち》の新時代の大指導者を心から待ち望《のぞ》んでおられた。「指導者革命」であり、「エリート革命」である。そこにこそ、学生部の永遠《えいえん》不変《ふへん》の使命《しめい》がある。

ところが、自己《じこ》の栄誉《えいよ》栄達《えいたつ》に狂《くる》って、民衆を踏《ふ》みつけ、民衆を見下《みくだ》す、「才能《さいのう》ある畜生《ちくしょう》」のいかに多きことか。一時の享楽《きょうらく》を求め、遊興《ゆうきょう》にふけり、二度と来《きた》らざる人生の建設の時代を無《む》にする青年のいかに多いことか。

邪悪《じゃあく》と戦わずして、なんの知性《ちせい》か！　民衆を守らずして、なんの学問か！　自《みずか》らを鍛《きた》えずして、なんの青春か！

「キューバの使徒《しと》」ホセ・マルティは言った。

「人間の能力《のうりょく》は、それを引き出し、伸《の》ばしてくれる民衆のためにある。民衆に奉仕《ほうし》するために、自分の力《ちから》を使わなければ、それは無価値《むかち》であり、恥《は》ずべきものである」

私は、学生部諸君が後に続くことを信じ、臨時《りんじ》の大会が行われた北の天地で、炭労《たんろう》への抗議《こうぎ》の矢《や》を放《はな》ち、決然《けつぜん》として宣言《せんげん》した。

「わが学会は、日本の潮《うしお》であり、その叫《さけ》びは、師子王《ししおう》の叫びである！」と。

やがて炭労側は、学会員を排除《はいじょ》しようとする闘争方針《とうそうほうしん》を改《あらた》めていくことになる。民衆の真実《しんじつ》の団結《だんけつ》と雄叫《おたけ》びが、傲慢《ごうまん》な弾圧攻勢《だんあつこうせい》を打《う》ち破《やぶ》ったのである。

御聖訓《ごせいくん》には、「始《はじ》めは事《こと》なきやうにて終《つい》にほろびざるは候《そうら》はず」（御書一一九〇ページ）と。

それが我《われ》らの確信であり、厳然《げんぜん》たる仏法の法理《ほうり》である。
強大《きようだい》な力《ちから》をもった炭労《たんろう》も、やがて衰《おとろ》え、時代の表舞台《おもてぶたい》から去《さ》っていった。（二〇〇四年十一月十九日には解散《かいさん》し消滅《しようめつ》）

大阪府警《ふけい》から、私に出頭《しゆつとう》の要請《ようせい》が来たのは、この北海道の激戦《げきせん》のさなかであった。四月に行われた参院《さんいん》大阪地方区の補欠選挙《ほけつせんきよ》で、一部の会員のなかから選挙違反《いはん》の容疑者《ようぎしや》が出たことから、支援《しえん》活動の最高責任者《せきにんしや》であった私に、出頭せよというのである。そこには、創価学会という新しき民衆運動の波《なみ》を恐《おそ》れ、打《う》ち砕《くだ》こうと動き始《はじ》めた、国家権力のどす黒《ぐろ》い意図《いと》があったことはいうまでもない。

学生部は、この波瀾《はらん》の大海《たいかい》に船出《ふなで》し、新時代の開幕《かいまく》を告《つ》げる暁鐘《ぎようしよう》を打ち鳴《な》らしていったのだ。「願《ねが》くは我《わ》が弟子《でし》等は師子《しし》王《おう》の子となりて群狐《ぐんこ》に笑わるる事《こと》なかれ」（御書一五八九ジペー）とは、蓮祖《れんそ》の厳父《げんぷ》の仰《おお》せである。

我らは、背信《はいしん》の輩《やから》が勝ち誇《ほこ》るような時代を、断固《だんこ》、変えねばならぬ。無名《むめい》の庶民《しよみん》の真の英雄《えいゆう》たちが、人生の勝利の讃歌《さんか》を、高らかに謳《うた》い上《あ》げていける時代をつくらねばならぬ。そのためには、何ものにも、臆《おく》せず、動《どう》ぜず、忍耐強《にんたいづよ》く、断《だん》じて戦い抜《ぬ》くことだ！

七月三日の朝、私は飛行機《ひこうき》で北海道を発《た》ち、自《みずか》ら出頭《しゅっとう》するために、大阪に向かった。そして、無実《むじつ》の罪《つみ》で獄《ごく》につながれることになる。「大阪事件《じけん》」であった。

知性《ちせい》の英雄《えいゆう》・学生部

民衆と共《とも》に　真の人間指導者たれ！

二〇〇二・七・二

「学《がく》なければ卑《いや》し」とは、ある裁判長《さいばんちょう》の言われた有名な言葉である。その通りだ。

「学《まな》ばざるは卑し」である。私も、若き日より大好きな言葉であった。

学びゆく人には、未来があり、希望があり、輝《かがや》く勝利が待っている。

学ばざる人は、未来は闇《やみ》のごとく、人間の魂《たましい》の輝きがなくなっていく。

人生の勝利と幸福の決定打の一つは、学びゆく人に軍配《ぐんばい》があがる。

ともあれ、激動《げきどう》の時代である。国家であれ、企業《きぎょう》であれ、いかなる団体も組織《そしき》も、生《い》き残《のこ》りをかけて熾烈《しれつ》な戦いをしている。

その一方で、政界、官界《かんかい》、財界《ざいかい》をはじめ、率先垂範《そっせんすいはん》をすべき指導者層の不祥事《ふしょうじ》が後を絶《た》たない。

何《なん》のための指導者か。

私欲《しよく》を捨《す》てて責任《せきにん》を貫《つらぬ》く、至誠《しせい》のリーダーはいないのか。

「日本国には・かしこき人人《ひとびと》はあるらめども大将《たいしょう》のはかり事つたなければ・かひなし」（御書一二二〇㌻）とは、現在をも映《うつ》す仏法の永遠《えいえん》の鏡《かがみ》である。

今日《こんにち》ほど、リーダーシップの「質《しつ》」が問《と》われている時代はないであろう。

「改革《かいかく》が必要なのか、改革は君がするのか、改革が必要であればあるだけ、その成就《じょうじゅ》には『人格《じんかく》』が必要になる」（『草の葉（下）』酒本雅之訳、岩波文庫）

全《まった》く、この大詩人《だいしじん》ホイットマンの言葉の通りだ。この言葉を、現在の政治家に伝えてほしいものだ。

日本国中の人びとが心から待望《たいぼう》しているのは、高潔《こうけつ》なる「人格」を磨《みが》き上《あ》げた、人間主義の新しきリーダーである。

ここに、我《わ》が学生部の出現《しゅつげん》の使命《しめい》もあるはずだ。

人間は、それぞれ何かを持ちたいという希望がある。

ある人は社会的地位《ちい》を。

ある人は財産《ざいさん》を。

それは複雑雑多《ふくざつざった》である。

すべて自由ではあるが、「法妙《ほうみょう》なるが故《ゆえ》に人貴《とうと》し」（御書一五七八ジペー）との御文《ごもん》の通り、もっとも大事なことは、永遠不滅《えいえんふめつ》の絶対的幸福への妙法という大法を持つことである。

これが釈尊《しゃくそん》の結論《けつろん》であり、蓮祖《れんそ》の結論であられた。そこにのみ、永遠にわたる我《わ》が身《み》と我が一族《いちぞく》の、正義と幸福の大道《だいどう》が厳然《げんぜん》とあることを忘《わす》れまい。


学生部の結成。それは四十五年前（一九五七年）の、六月三十日であった。

東京・麻布公会堂《あざぶこうかいどう》に勢揃《せいぞろ》いした、瞳《ひとみ》も涼《すず》やかな学徒《がくと》のその数は、約五百人であった。

戸田先生は、慈父《じふ》のごとく喜《よろこ》ばれ、最大に激励《げきれい》された。

〝今日《きょう》、ここに集まった学生部のなかから半分は博士に、そして半分は、それぞれの分野の大指導者に！〟

学生部は、恩師《おんし》が作られた最後の組織《そしき》であった。体の衰弱《すいじゃく》が進んでいた先生にとって、学生部への指導は最後の遺言《ゆいごん》となった。

この日、私は北海道から、長文《ちょうぶん》の祝電《しゅくでん》を送った。「夕張炭労事件《ゆうばりたんろうじけん》」で、労働組合《ろうどうくみあい》の不当《ふとう》な人権弾圧《じんけんだんあつ》から学会員を守るために奔走《ほんそう》していたのである。

――新しき世紀を担《にな》う秀才《しゅうさい》の集《つど》いたる学生部結成大会、おめでとう。戸田先生のもとに、勇《いさ》んで巣立《すだ》ちゆけ。

その直後《ちょくご》の七月三日、魔性《ましょう》の権力は、私を狙《ねら》い撃《う》ちにし、無実《むじつ》の選挙違反《せんきょいはん》の容疑《ようぎ》で逮捕《たいほ》したのだ。「大阪事件《じけん》」である。

正義の勢力《せいりょく》が、つねに傲慢《ごうまん》なる黒《くろ》き権力から嫉《ねた》まれ、憎《にく》まれるのは、人間社会の一つの方程式であるといってよい。ゆえに広宣流布の途上《とじょう》にあって、迫害《はくがい》は必然《ひつぜん》の法理《ほうり》であり、悲《かな》しむよりも喜《よろこ》ぶべき方程式なのだ。

この学会の弾圧《だんあつ》のなかに、若き未来に勝利の勝鬨《かちどき》をあげゆく学生部は結成されたのである。

迫害のなかの誕生《たんじょう》！

弾圧のなかの出現《しゅつげん》！

なんと素晴《すば》らしい学生部の原点《げんてん》であったことか。

古代《こだい》ギリシャの哲学者《てつがくしゃ》プラトンは叫《さけ》んだ。

〝炎《ほのお》の中で精錬《せいれん》されて、初《はじ》めて黄金《おうごん》が出来上《できあ》がる〟（「国家」岡田正三訳、『プラトーン全集　第四巻』所収、全国書房、参照）

私と先生とは、よくプラトンなどを語《かた》り合《あ》った。懐《なつ》かしい、懐かしい思い出である。そしてまた、プラトンのこの言葉を、先生と確認《かくにん》し合ったものだ。

往々《おうおう》にして、知性派《ちせいは》は臆病《おくびょう》である。学歴《がくれき》を持つ者に臆病な人が多い。それに対して、庶民《しょみん》は大胆《だいたん》である。勇気がある。

ゆえに、まず、庶民の勇気ある土台《どだい》を作り上げたうえに、知性派を組織《そしき》してゆこうとは、先生との結論《けつろん》であった。そこに、相互《そうご》がより良《よ》い方向へ、一段《いちだん》と昇華《しょうか》されてゆくにちがいないと、先生と私の対話《たいわ》が結《むす》ばれたのである。

ともあれ、有名なクラーク博士は、「青年よ、大志《たいし》を抱《いだ》け」と言った。

私は、「青年よ、怒濤《どとう》を乗《の》り越《こ》え、勝利者になれ」と申し上げたい。

現在、北海道の広宣流布の指導者として、雄々《おお》しく戦っている、ある幹部の体験を聞き、忘《わす》れることができない。

彼は、北海道から千葉の大学に入った。

幼少《ようしょう》のころから、長い間、父は不在《ふざい》。病弱《びょうじゃく》な母は、喀血《かっけつ》しながら、懸命《けんめい》に働《はたら》いて四人の子どもを育《そだ》てた。

三玉《たま》のウドンで、一家五人が三日間暮《く》らさねばならないこともあったという。

しかし、彼は向学《こうがく》の思いやみがたく、岩《いわ》に爪《つめ》を立てるように苦学《くがく》を重《かさ》ね、遂《つい》に大学の進学《しんがく》を果《は》たすことができた。

旅立《たびだ》ちの日、母は息子《むすこ》に手紙《てがみ》を託《たく》した。

そこに、次のような歌がつづられていた。

「己《おの》が心　磨《みが》き磨きて　世《よ》の中《なか》の　鑑《かがみ》となりて　人に愛《め》されよ」

苦労《くろう》し抜《ぬ》いた母の願《ねが》いは、ただ〝世のため、人のために生きよ〟ということであった。

今日《こんにち》の大創価学会を築《きず》いたのは、この偉大《いだい》なる母たちであった。

若き諸君は、その「心」の深さを知らねばならない。

この健気《けなげ》な母たちのために、一切の学問もあるのだ。

この人間の天地への感謝《かんしゃ》を忘《わす》れてしまえば、そこから尊《とうと》き求道心《きゅうどうしん》も消えてしまうことを自覚《じかく》していただきたい。その揚《あ》げ句《く》、力《ちから》のない、見栄《みえ》っ張《ぱ》りの愚《おろ》かな虚栄《きょえい》の人間に陥《おちい》っては絶対にならない。

学問も、教育も、人格《じんかく》の価値《かち》を高めるためにある。

〝この目的観の上に立つ教育の実現される日こそ、社会の持つすべての虚偽《きょぎ》と悲惨《ひさん》とが解決《かいけつ》される時となる〟とは、牧口先生の指導である。

学生部結成の翌年の六月三十日――この日、私は学会の総務《そうむ》に任命《にんめい》され、ただ一人、広布の全責任《ぜんせきにん》を担《にな》い立った。

「六・三〇」とは、いわば、恩師《おんし》の構想《こうそう》の実現へ、弟子《でし》が一人立ち上がる日である。

「学会創立百周年」の佳節《かせつ》となる二〇三〇年。

その時、今の学生部諸君は五十歳前後となろうか。

広宣流布の大組織《だいそしき》にあっても、さらには現実社会にあっても、重要《じゅうよう》な、そして貴重《きちょう》な責任者《せきにんしゃ》としての年齢《ねんれい》となっているだろう。

ありとあらゆる分野で、さらには、世界のあらゆる国々で、大人材《だいじんざい》となりて、生き生きと活躍《かつやく》する諸君の勇姿《ゆうし》を思《おも》い描《えが》く時、我《わ》が胸《むね》は躍《おど》る。

敗北者《はいぼくしゃ》は、創価の世界には一人もいらない。

新しき世紀の偉大《いだい》なる旗手《きしゅ》である男女学生部の友よ！

自分自身の旗《はた》を振《ふ》りながら、愉快《ゆかい》に立ち上がれ！

そして、愉快に勇気をもって勝ち進め！　後悔《こうかい》なき我が青春の一日一日たれ！

そこに、自分の勝利とともに、友達の勝利も築《きず》かれゆくからだ。

新世紀の指導者、君たちよ、アメリカ民主主義《みんしゅしゅ》の父・トマス・ジェファーソン第三代大統《だいとう》領《りょう》は叫《さけ》んだ。

「各世代《かくせだい》が先人《せんじん》の獲得《かくとく》した知識を継承《けいしょう》し、それに自《みずか》らの習得《しゅうとく》と発見《はっけん》を付加《ふか》し、それを後世《こうせい》に伝え、絶《た》え間《ま》なく集積《しゅうせき》していくことによって、人類《じんるい》の知識と幸福が増進《ぞうしん》されるにちがいない……何人《なんぴと》も決めたり予想《よそう》したりできないところまで、無限《むげん》に」（ラルフ・L・ケッチャム著『アメリカ建国の思想』佳知晃子他訳、時事通信社）

この言葉を、私は君たちに贈《おく》りたい。

――二〇〇二年六月三十日、学生部結成四十五周年を記念して。

偉大《いだい》なる才知《さいち》の学生部

若き精神闘争《せいしんとうそう》の戦士《せんし》よ！〝正義の剣〟を振《ふ》りかざせ

二〇〇四・八・三一

イギリスの詩人《しじん》のシェークスピアは叫《さけ》んだ。

「いたずらに好機《こうき》を逸《いっ》するのは、その人間の怠慢《たいまん》だ」（「ヘンリー四世」小田島雄志訳、『シェイクスピア全集Ⅴ』所収、白水社）。そして「美徳《びとく》は勇敢《ゆうかん》であり、善良《ぜんりょう》は恐《おそ》れを知らぬものだ」（「尺には尺を」小田島雄志訳、『シェイクスピア全集Ⅱ』所収、白水社）と。

リーダーには、過酷《かこく》な現実を背負《せお》って、嵐《あらし》の海で舵取《かじと》りをしていくべき、重大《じゅうだい》なる使命《しめい》と責《せき》任《にん》がある。

「頭に立つもののいない社会というものは考えられない」（『人生をよりよく生きる技術』中山真彦訳、講談社）との、フランスの作家モロワの言葉は有名である。

文豪《ぶんごう》ビクトル・ユゴーも、詩人《しじん》としての汝《なんじ》自身の使命を、血涙《けつるい》を絞《しぼ》りながら謳《うた》った。

「憎《にく》しみや破廉恥《はれんち》なおこないが／ざわめく民衆を苦《くる》しみにおとしいれているとき、／旅仕度《たびじたく》をして去《さ》りゆく者にわざわいあれ！（中略）／役《やく》にもたたぬたわごとを吐《は》きちらし、／町の門《もん》をあとにする思索屋《しさくや》に恥《はじ》あれ！」（辻昶著『ヴィクトル・ユゴーの生涯』潮出版社）

彼の苛烈《かれつ》な呵責《かしやく》は、時を超《こ》えて、今日《こんにち》の指導者たちをも叱咤《しつた》してやまない。

諺《ことわざ》にも「魚は頭から腐《くさ》る」とある。

社会をリードすべき責任《せきにん》ある人間が、エゴと保身《ほしん》の腐った性根《しようね》の連中《れんちゆう》ばかりになったら、この世《よ》は闇《やみ》だ。「民衆のために」決然《けつぜん》と立ち上がる不動《ふどう》の信念《しんねん》と、「民衆と共《とも》に」勇敢《ゆうかん》に戦い抜《ぬ》く人間修行《しゆぎよう》がなければ、真の指導者とはいえないのである。

韓国独立《かんこくどくりつ》の闘士《とうし》であり、大詩人《だいしじん》である韓龍雲《ハンニヨンウン》の箴言《しんげん》に、「家庭、社会、国家はもちろんのこと、青年に力《ちから》がなければ、それがどこであれ、健全《けんぜん》であるはずはない」（『萬海　韓龍雲　語録——朝鮮の青年に告げる』キム・サンヒョン編、詩と詩学社）とある。その通りだ。

思えば、広宣流布の未来を託《たく》して、戸田第二代会長が生涯《しようがい》の最後に結成された組織《そしき》こそ、戦う知性《ちせい》・学生部であった。

未来に生き抜く青年よ！
偉大《いだい》なる才知《さいち》の学生よ！
社会悪と戦い、あらゆる矛盾《むじゆん》に鋭《するど》く切《き》り込《こ》め！

断《だん》じて、悪《あく》への批判力《ひはんりょく》を、烈火《れっか》の如《ごと》く持て！

偉《えら》ぶった人間の傲慢《ごうまん》な態度《たいど》や、無責任《むせきにん》な言論に対して、その非道《ひどう》を厳《きび》しく打《う》ち破《やぶ》りゆく、強き強き破折力《はしゃくりょく》を持ち続けていくのだ！

それが青年だ！

それが学生だ！

そのためには――

英知《えいち》の剣を磨《みが》け！

正義の剣を高く振《ふ》りかざしゆけ！

君よ、観念《かんねん》の遊戯《ゆうぎ》者《しゃ》になるな！

利口《りこう》ぶった人気《にんき》取《と》りの愚者《ぐしゃ》になるな！

浅《あさ》はかな、平々凡々《へいへいぼんぼん》たる人生を送るな！

人生それぞれに、使命《しめい》があるはずだ。その使命に生きゆく、若き精神闘争《せいしんとうそう》の戦士《せんし》であるべきだ。

ノーベル賞を受賞《じゅしょう》した、ドイツの物理化学者アイゲンは語《かた》った。

「新しい大学は自分の殻《から》の中に閉《と》じこもっていることは許《ゆる》されない。外《そと》に向けて働《はたら》きかけ、世界に開かれていなければならない」（「ドイツの大学――形式の多様性と改革の単一性」赤刎弘也訳、『大学の理念』所収、玉川大学出版部）と。この通りだ。

君たちよ、新しき広布のフロンティア（開拓最前線《かいたくさいぜんせん》）への挑戦者《ちょうせんしゃ》たれ！

わが学生部には、戸田城聖先生が、「正義の懐刀《ふところがたな》」、そして「正義の智慧《ちえ》の快刀《かいとう》」となりゆけと、深く深く期待《きたい》していたことを、決して忘《わす》れてはならない。

今年（二〇〇四年）は、南アフリカの「民主化《みんしゅか》」から十周年である。

今月（八月）、その南アフリカで、アメリカのモアハウス大学・キング国際《こくさい》チャペル主催《しゅさい》の「ガンジー・キング・イケダ――平和建設の遺産《いさん》」展《てん》が開催《かいさい》された。出席されたジョーダン芸《げい》術《じゅつ》・文化大臣《だいじん》の言葉を紹介《しょうかい》しておきたい。

「平和という大きな理想《りそう》を実現するためには、長い道のりを進みゆくことが必要です。そのためには、断《だん》じて躊躇《ちゅうちょ》してはならない」

全《まった》く同感《どうかん》である。大事なのは、臆病《おくびょう》を破《やぶ》る勇気だ。不屈《ふくつ》の忍耐《にんたい》と執念《しゅうねん》だ。

南アフリカは、マハトマ・ガンジーの非暴力抵抗運動《ひぼうりょくていこううんどう》の出発点であった。

そしてまた、私自身、マンデラ前大統領《ぜんだいとうりょう》やデクラーク元《もと》大統領、ムベキ現《げん》大統領らと、南アフリカの平和と、一人ひとりの人間の幸福を願《ねが》い、思い出深き語《かた》らいを重《かさ》ねてきたのだ。

〝人類《じんるい》への犯罪《はんざい》〟といわれた悪夢《あくむ》のアパルトヘイト（人種隔離《じんしゅかくり》）政策《せいさく》。この悪政《あくせい》を撤廃《てっぱい》させゆく闘争史上《とうそうしじょう》に、一つの重要《じゅうよう》な契機《けいき》があった。

それは、民衆に「黒人《こくじん》の誇《ほこ》り」という自覚《じかく》を燃《も》え上《あ》がらせた、学生たちの「炎《ほのお》の心」であった。ナタール大学の医学部生であったスティーヴ・ビコらが始《はじ》めた、「黒人意識《いしき》運動」である。

彼は語《かた》る。

「物質的欠乏《ぶっしつてきけつぼう》は十分《じゅうぶん》にひどい、しかし、それは精神《せいしん》の貧困《ひんこん》と一対《いっつい》となって人を殺《ころ》すのである」(『俺は書きたいことを書く』峯陽一他訳、現代企画室)と。

精神の貧困——それは、数百年にわたる植民地支配《しょくみんちしはい》によって植《う》え付《つ》けられた無力感《むりょくかん》と劣等感《れっとうかん》であった。

「人は誇りをもって生きているのでなければ、死《し》んでいる」(同)。だからこそ、ビコは、「彼らの希望に再《ふたた》び火をつけること」(同)に生命を捧《ささ》げた。

いわば、「南アフリカの人間革命運動」である。

それまで地面《じめん》に、はいつくばっていた民衆は、決意深く立ち上がったのだ。前途《ぜんと》に向かって、大《おお》いなる勝利と希望の瞳《ひとみ》を、輝《かがや》かせながら!

民衆の背中《せなか》に乗《の》っていた権力者は慌《あわ》てふためいた。

ビコら学生の勇気が人びとに伝染《でんせん》し、やがてアパルトヘイト政策《せいさく》の撤廃《てっぱい》へと、社会を動かしていったのだ。

いつの時代でも、学生の革命の力《ちから》は、社会を生き生きと覚醒《かくせい》させ、大変革《だいへんかく》させゆく力となっている。これが、歴史であった。

日蓮大聖人は、「心こそ大切なれ」（御書一一九二ジペー）と仰《おお》せである。急所《きゅうしょ》のなかの急所の御指南《ごしなん》をなされている。

その一切の原点《げんてん》である「心」が、戦う正義の炎《ほのお》と燃《も》えてこそ、民衆の心に飛《と》び火《ひ》していくのだ！

ともあれ、未来をめざし、情熱《じょうねつ》に燃える知性《ちせい》の学生部の雄々《おお》しき姿《すがた》を見ると、わが同志《どうし》たちは、先輩《せんぱい》も、後輩《こうはい》も、心から安堵《あんど》する。希望をいだく。誇《ほこ》りを感じる。勇気が燃える。

ゆえに、全同志から期待《きたい》され抜《ぬ》いている君たちよ、庶民《しょみん》の川に、民衆の海の中へ、身《み》を投《とう》じるのだ！　そして、あの人と、この人と、共々《ともども》に手を取り合って、我《われ》らが正義を、真剣《しんけん》に叫《さけ》び抜いてくれ給《たま》え！

「学《がく》は光《ひかり》」であり、「知《ち》は力」である。学理《がくり》、道理《どうり》には、国境《こっきょう》を越《こ》えて、万人《ばんにん》を納得《なっとく》させる普《ふ》遍《へん》の光がある。暴君《ぼうくん》さえも屈服《くっぷく》させる正義の力がある。

世界の広宣流布は、「普賢菩薩《ふげんぼさつ》の威神の力に依《よ》る」（御書七八〇ジペー）と、蓮祖《れんそ》は明言《めいげん》された。

「普《あまね》く賢《かしこ》い」英知《えいち》が、絶対に必要なのである。

濁世《じょくせ》の末法《まっぽう》だ。「才能《さいのう》ある畜生《ちくしょう》」の如《ごと》き似非《えせ》インテリの悪事《あくじ》は、ますます多くなっていくであろう。しかし、だからこそ、その悪を断《だん》じて許《ゆる》さぬ真正《しんせい》の英知《えいち》の英雄《えいゆう》、無限《むげん》の力《ちから》である戦う知性《ちせい》が、涌出《ゆじゅつ》しなければならないのだ！

「智者《ちしゃ》と申すは国のあやうきを・いさめ人の邪見《じゃけん》を申しとどむるこそ智者にては候《そうろう》なれ」（御書一一五六ジペー）と、蓮祖《れんそ》は断言《だんげん》なされている。

これまた、知性の学生部が心すべき、重要《じゅうよう》な一節《いっせつ》である。

大聖人は、民衆を幸福の王道《おうどう》へ導《みちび》かんと、「日本第一の智者たらん」との大誓願《だいせいがん》を立てられた。そして、その根本《こんぽん》の法《ほう》を求めて諸国《しょこく》を遊学《ゆうがく》され、一切経《いっさいきょう》を学びに学ばれた青春であられた。

学ぶのだ、民衆のために！

学ぶのだ、勝利のために！

「悩《なや》める一人を幸福にするため」に、貪欲《どんよく》に学ぶのだ。

いかなる苦悩《くのう》の闇夜《あんや》をさまよっても、君よ、この「何《なん》のため」という、動かぬ北極星《ほっきょくせい》を見失《みうしな》ってはならない！

戸田先生は、荷車《にぐるま》を引いて働《はたら》きながら、苦学《くがく》の時代を過《す》ごされた。その時の写真《しゃしん》を関西の青年に贈《おく》り、〝行《ゆ》く手《て》に逆巻《さかま》く、風や嵐《あらし》を恐《おそ》れずに進め！〟と励《はげ》ましてくださったこともある。

私も苦学《くがく》した。働きながら夜学《やがく》に通《かよ》った。恩師《おんし》を支《ささ》えるために、途中《とちゅう》でその夜学も断念《だんねん》した。だが、学ぶ戦いは、絶対にやめなかった。そして、わが師《し》の個人教授「戸田大学」という稀有《けう》の大学で学び通した。

一点の悔《く》いもない、最高に幸福な青春だった。私には、師弟《してい》勝利の使命《しめい》の光《ひかり》が輝《かがや》いていたからだ。

尊《とうと》い使命の君たちだ。一にも二にも、自身を鍛《きた》えねばならぬ。〝鉄《てつ》は熱《あつ》いうちに打て〟だ。心も、頭脳《ずのう》も、今こそ鍛え抜《ぬ》くのだ。

今や、学生部の連帯《れんたい》は、全世界に広がっている。

南北アメリカでも、ヨーロッパでも、アフリカでも、アジアやオセアニアでも、妙法を持った学徒《がくと》が、大仏法の哲理《てつり》を学び、正義の対話《たいわ》を広げている。

また、日本では、これまで優《ゆう》に三百を超《こ》える「大学会」が結成。大情熱《だいじようねつ》のスクラムを燃《も》えたぎらせている。

諸君には、貴女《あなた》たちには、誇《ほこ》り高き母校がある。そしてまた、一生涯《いつしようがい》を貫《つらぬ》く「学生部出身」「女子学生部出身」の原点《げんてん》がある。

さあ、広布に走れ！

君たちは「次の五十年」を担《にな》いゆく、二十一世紀の広布責任世代《せきにんせだい》だ！

ゆえに君たちよ、快活《かいかつ》に、また勇敢《ゆうかん》に、友情《ゆうじょう》の輪《わ》を幾重《いくえ》にも、世界中に拡大《かくだい》し抜《ぬ》いていくことだ。それが、必《かなら》ず広布の大波《おおなみ》となり、夢《ゆめ》に見た人間主義の人類史《じんるいし》に輝《かがや》き残《のこ》る勝利となっていくことを忘《わす》れまい。

自身、苦学《くがく》の青春を生きた歴史家ミシュレは、学生たちに烈々《れつれつ》と訴《うった》えた。

「あなた方、若い人々なのです！　未来への責任《せきにん》を担《にな》うべきなのは。世界はあなた方を必要としています」（『学生よ――１８４８年革命前夜の講義録』大野一道訳、藤原書店）

使命《しめい》深き、妙法の学生部の諸君よ、偉《えら》くなれ！　強くなれ！　勝ち抜け！

そして、人のために、平和のために、邪悪《じゃあく》を倒《たお》しながら、一生を大きく高く築《きず》き上《あ》げ、笑《え》みをたたえて飾《かざ》りゆけ！

君たち、貴女《あなた》たちが勝利へ、また勝利へと乱舞《らんぶ》しゆく姿《すがた》を、私は祈《いの》り見つめている。

――８・31「学生部の日」、９・９「女子学生部の日」を記念して。

学生部の使命《しめい》を讃《たた》う

新しき世界を諸君の力《ちから》で！

二〇〇五・一・二一

「人類《じんるい》に対する奉仕《ほうし》が目的のはずだと悟《さと》るように、若者たちには責任《せきにん》ある成長をしてもらいたい」（ウィリアム・ヘルマンス著『アインシュタイン、神を語る』雑賀紀彦訳、工作舎）

青年を愛したアインシュタイン博士は、大学教育に携《たずさ》わる一人の友に語《かた》った。

「自分の使命に背《せ》を向けてはいけない。世の中の変革《へんかく》を助《たす》けるべきだ」（同）

私には、それが、二十一世紀を担《にな》う使命をもった、わが男女学生部への熱《あつ》い期待《きたい》の如《ごと》く感じられるのだ。

寒風《かんぷう》の今日《きょう》も、全国のキャンパスで、向学《こうがく》の炎《ほのお》を燃《も》やしながら、そして、学友《がくゆう》たちと対話《たいわ》を繰《く》り広《ひろ》げながら、若き英才《えいさい》が奮闘《ふんとう》している。

私も、君たちと同じころ、それはそれは苦学《くがく》した。必死《ひっし》になって、学びに学んだ。

敗戦《はいせん》日本の焼《や》け野原《のはら》の地獄《じごく》の街《まち》で、私は、平凡《へいぼん》な一人の貧《まず》しい青年にすぎなかった。古《ふる》い価《か》値観《ちかん》は大きく崩壊《ほうかい》し、誰《だれ》も彼も、暗闇《くらやみ》に手《て》探《さぐ》りの一日一日の生活であった。

昭和二十二年（一九四七年）、私が十九歳で戸田先生に初《はじ》めてお会いしたころは、読んだ本から感銘《かんめい》を受けた個所《かしょ》を、ザラ紙の雑記帳《ざつきちょう》に書き留《かと》めるのが日課《にっか》であった。

勝海舟《かつかいしゅう》、カーライル、エマソン、石川啄木《いしかわたくぼく》、ヘルダーリン、ダーウィン、プラトン、モンテーニュ、内村鑑三《うちむらかんぞう》、ルソー、バイロン……。

古今東西《ここんとうざい》の名著《めいちょ》、名作《めいさく》のなかから、手に入るものは片《かた》っ端《ぱし》から読みあさった。何から読めばいいのかと迷《まよ》う前に、〝嵐《あらし》に揺《ゆ》るがぬ大樹《たいじゅ》〟を求める若き魂《たましい》は、精神《せいしん》の滋養《じよう》を欲《ほっ》してやまなかった。

少しずつ蓄《たくわ》えたお金を握《にぎ》っては、神田《かんだ》の古本屋《ふるほんや》へ飛《と》んで行《い》った。やっと望《のぞ》みの一冊《さつ》を手にした嬉《うれ》しさは、今なお懐《なつ》かしい。

貧しくとも、青春時代の探求心《たんきゅうしん》は、最高に幸福であった。

難解《なんかい》な本だと、同じページを納得《なっとく》できるまで何度も読み返した。疲《つか》れ果《は》てて帰宅《きたく》した夜、本をめくるうち、そのまま引《ひ》き込《こ》まれ、朝を迎《むか》えたこともあった。

戸田先生の事業《じぎょう》が暗礁《あんしょう》に乗《の》り上《あ》げた時も、向学《こうがく》の意欲《いよく》が衰《おとろ》えることはなかった。

「人は気力《きりょく》さえあれば、どこにいても学問を求めることができる」（『周恩来「十九歳の東京日記』』矢吹晋編、鈴木博訳、小学館）とは、かの周恩来総理《しゅうおんらいそうり》が、若き日の日本留学中《りゅうがくちゅう》に記《しる》された覚悟《かくご》である。

「学び」は、自分自身との戦いだ。「力《ちから》」は、苦闘《くとう》の果《は》てに勝ち取るものだ。

それはまた、真の指導者に絶対的に必要な条件《じょうけん》なのだ。

どんなに忙《いそが》しかろうが、苦《くる》しかろうが、徹《てっ》して学んだ者が勝利者だ。

頭脳《ずのう》も肉体《にくたい》も、それらをひっくるめた心も、徹して徹して強く鍛《きた》えゆくことだ。

その刻苦奮闘《こっくふんとう》のなかから、君でなければ果《は》たせぬ、偉大《いだい》な「使命《しめい》」が、必《かなら》ず明確《めいかく》な姿《すがた》を現《あらわ》してくるにちがいないからである。

私が若き日に愛読《あいどく》した文豪《ぶんごう》ゲーテは、悠然《ゆうぜん》として、自分の敵《てき》の数は「一軍団《レギオーン》ほどもある」と語《かた》っている。

「まず第一に、無知ゆえの敵がいる」

「つぎに、数の上では多勢いるのが、私を嫉妬する連中だ」

「つづいては、自分の成功がたいしたものではなかったので、敵にまわった連中《れんちゅう》がいる」等々（エッカーマン著『ゲーテとの対話（上）』山下肇訳、岩波文庫）。

正義の人は、必ず迫害《はくがい》の嵐《あらし》を受ける。偉大な人生には、必ず卑劣《ひれつ》な嫉妬《しっと》の攻撃《こうげき》がある――これは、私が青春時代の読書から学んだ真理《しんり》であった。

古今《ここん》の多くの偉人《いじん》たちも、必《かなら》ず迫害《はくがい》と中傷《ちゅうしょう》の波風《なみかぜ》を受けていた。いな、嵐《あらし》のなかでこそ、偉《い》大《だい》なる仕事を成《な》し遂《と》げていったのだ。

釈尊《しゃくそん》、また日蓮大聖人も、讒言《ざんげん》に次ぐ讒言、迫害に次ぐ迫害の御生涯《ごしょうがい》であられた。

獄死《ごくし》なされた牧口先生の口癖《くちぐせ》は――

「大聖人の大難《だいなん》から見れば、自分の難などは九牛《きゅうぎゅう》の一毛《いちもう》である」

そして、弟子《でし》・戸田先生は、「牧口先生の獄中《ごくちゅう》での死《し》の法難《ほうなん》から見れば、自分自身の難など、九牛の一毛に過《す》ぎない」と、幾《いく》たびとなく声を詰《つ》まらせながら語《かた》られていた。

ともあれ、わが師《し》・戸田先生も、牧口先生に続いて、敢然《かんぜん》と正法正義《しょうほうしょうぎ》を叫《さけ》びながら、闘争《とうそう》また闘争の連続《れんぞく》であった。

事業《じぎょう》が破綻《はたん》し、窮地《きゅうち》に陥《おちい》った時、多くの弟子が逃《に》げた。一人去《さ》り、二人去り、恩師《おんし》を支《ささ》えるのは、事実上、私一人となった。

先生に大変お世話《せわ》になりながら、状況《じょうきょう》が悪くなると、都合《つごう》のいい弁解《べんかい》をして逃げる。ずる賢《がしこ》き保身《ほしん》であり、臆病《おくびょう》な豹変《ひょうへん》であった。

その揚《あ》げ句《く》、恩師を「ペテン師」「詐欺師《さぎし》」等と、悪口《あっこう》する恩知らずもいた。

「忘恩《ぼうおん》は悪徳《あくとく》の内《うち》の最悪《さいあく》の悪徳なり」とは、私の胸《むね》の奥《おく》から離《はな》れていかない一節《いっせつ》である。

我《わ》が身《み》かわいさに師匠《ししょう》まで平然《へいぜん》と裏切《うらぎ》りゆく、その忘恩《ぼうおん》の所業《しょぎょう》に、私は憤怒《ふんぬ》に震《ふる》えた。

仏法は「勝負《しょうぶ》」だ。

この時、私は誓《ちか》った。

「師《し》の正義を、断《だん》じて世界に宣揚《せんよう》してみせる！」

師への報恩《ほうおん》とは、弟子《でし》が勝つことだ。

歓《よろこ》びの輝《かがや》く勝利の無言《むごん》の歌こそ、私の心に響《ひび》きわたる。それが、日蓮仏法の正しさを、師匠の正義を、満天下《まんてんか》に示《しめ》しゆく道であるからだ。

大学進学も断念《だんねん》し、師を守るために一心不乱《いっしんふらん》の弟子を、師もまた、その生命を削《けず》って教育しようとされた。

「俺《おれ》が全部、教えてやるからな！」

先生は、早朝《そうちょう》の始業前《しぎょうまえ》のひと時、私のために、政治、経済、法律、歴史、漢文、化学、物理等々、百般《ひゃっぱん》の学問を、さらに教学の奥義《おうぎ》を個人教授してくださった。

戸田先生は、大学者であられた。その深遠《しんえん》な講義には驚《おどろ》いた。驚嘆《きょうたん》した。

これは、逝去《せいきょ》なさるまで続けてくださった。日曜も祝日《しゅくじつ》もなかった。

このあまりにも崇高《すうこう》にして偉大《いだい》な「戸田大学」が、今の私の土台《どだい》となった。

私が、「戸田大学」の卒業生の誇《ほこ》りを胸《むね》に、アメリカのハーバード大学など、世界の大学・

学術機関《がくじゅつきかん》で行《おこな》った講演《こうえん》も三十一回を数えた。

また、これまで世界の英知《えいち》の殿堂《でんどう》から、百七十に近い知性《ちせい》の宝冠《ほうかん》たる名誉称号《めいよしょうごう》を頂戴《ちょうだい》した。

全部、恩師《おんし》と私の「師弟不二《していふに》」の歓《よろこ》びの歌を歌いながらの勝利の証《あかし》なのだ。

君たちも、青春時代を大切にすることだ。

真剣《しんけん》なる勉学と精神闘争《せいしんとうそう》の果《は》てに、新世紀の「師弟勝利」の勝鬨《かちどき》を、断《だん》じて轟《とどろ》かせてくれ給《たま》え！

学生の使命《しめい》は、すべてにわたって先駆《せんく》だ。これが、世界の歴史であった。偉大《いだい》なる社会変革《へんかく》の烽火《のろし》が上がる時、そこに、必《かなら》ずといっていいほど、理想《りそう》に燃《も》えた学生の活躍《かつやく》があった。

一九一九年の五月四日――当時、中国は、列強諸国《れっきょうしょこく》や日本による侵略《しんりゃく》を受け、軍閥《ぐんばつ》政府や官《かん》僚《りょう》たちは、自己《じこ》の権益《けんえき》を守ることに腐心《ふしん》していた。

その時、中国の学生たちが澎湃《ほうはい》と立ち上がった。有名な「五四運動《ごしうんどう》」である。

この学生たちの運動に、留学先《りゅうがくさき》の日本から帰国《きこく》したばかりの、二十一歳の周恩来《しゅうおんらい》青年が飛《と》び込《こ》んだ。

運動に疲《つか》れが兆《きざ》し始《はじ》めたころ、周青年は連帯《れんたい》の中核《ちゅうかく》となる学生組織《そしき》「覚悟社《かくごしゃ》」を結成する。

そのなかに、十五歳の鄧穎超《とうえいちょう》先生（後の周総理夫人《しゅうそうりふじん》）もいた。

結成当初《とうしょ》は男女各十人の学生からなる、小さな小さな組織《そしき》であった。

だが、彼らの胸中《きょうちゅう》には、「断《だん》じて勝利してみせる！」という、来《きた》るべき新時代を喜《よろこ》び迎《むか》えゆく、運命《うんめい》に輝《かがや》き光る確信があった。

新時代は、必《かなら》ず我《われ》らが達成《たっせい》してみせる！

陰気《いんき》であった長い長い歳月《さいげつ》、奴隷《どれい》の如《ごと》く、圧政《あっせい》に支配《しはい》されたこの鎖《くさり》を、木《こ》っ端微塵《ぱみじん》に断《た》ち切《き》ってみせる！

「苦悩《くのう》の魂《たましい》」は、栄光《えいこう》輝く「勝利の魂」と変わった。

若き革命児・周青年や、女性リーダー・鄧先生たちのめざすものは、何《なん》であったか。

その第一は「革心《かくしん》」――自《みずか》らの思想《しそう》と精神《せいしん》の革命であった。

そして、もう一つは「革新《かくしん》」――あらゆる悪《あく》を打《う》ち破《やぶ》り、社会を一新《いっしん》していくことであった。

彼らは、討論会《とうろんかい》や学習会で新思想を貪欲《どんよく》に吸収《きゅうしゅう》した。共《とも》に本を持《も》ち寄《よ》っては、次々と懸命《けんめい》に読破《どくは》し、学び合った。

また、自分たちの力《ちから》で小冊子《しょうさつし》『覚悟《かくご》』を発刊《はっかん》し、正義の言論戦を強く勇敢《ゆうかん》に繰《く》り広《ひろ》げていった。

権力の弾圧《だんあつ》にも屈《くっ》せず、街頭《がいとう》や農村《のうそん》で演説会《えんぜつかい》等を行《おこな》い、人びとの〝精神の覚醒《かくせい》〟のために走り抜《ぬ》いた。

「覚悟社《かくごしゃ》」のメンバーの燃《も》えたぎる情熱《じょうねつ》と英知《えいち》は、わずかの間に、同世代《どうせだい》の多くの友を糾合《きゅうごう》していった。それは「小さき明星《みょうじょう》」とも呼《よ》ばれ、社会に歴史転回《てんかい》の希望を広げていったのである。

まるで、わが学生部のグループ座談会《ざだんかい》や、女子学生部の少人数《しょうにんずう》の懇談会《こんだんかい》、また日々の友との真剣《しんけん》なる対話《たいわ》のようである。

数は少なくともいい。相手が一人でもいい。正義の哲学《てつがく》をもつ若人《わこうど》が、天空《てんくう》に輝《かがや》きわたる一《いち》番星《ばんぼし》の如《ごと》く、燦然《さんぜん》と光《ひかり》を放《はな》っていけば、新しき時代の夜明《よあ》けは必然的《ひつぜんてき》に開かれるのだ。

まして、偉大《いだい》なる妙法の学徒《がくと》が立ち上がるならば、その〝勇気の波動《はどう》〟はどれほど大きいか。

大聖人は、佐渡流罪《さどるざい》が決まった、命にも及《およ》ぶ大難《だいなん》のなか、こう仰《おお》せである。

「本《もと》より学文《がくもん》し候《そうらい》し事《こと》は仏教をきはめて仏《ほとけ》になり恩《おん》ある人をも・たすけんと思ふ」（御書八九一ジペー）

苦労《くろう》を重《かさ》ね抜いてきた父や母たちのため、そして、健気《けなげ》な民衆の幸福と勝利のために、断固《だんこ》として戦うのだ！　そして断固として勝つのだ！

君たちには、無限《むげん》の可能性《かのうせい》がある。そのことを絶対に疑《うたが》ってはならない。

フランスの女性思想家《しそうか》シモーヌ・ベーユは言った。

「未来は待つべきものではない、作り出さなければならないのだ」(「女子製錬工の生活とストライキ」根本長兵衛訳、『シモーヌ・ヴェーユ著作集 I』所収、春秋社)

未来を作り出すその力《ちから》とは、人間の不屈《ふくつ》の意志《いし》であり、みずみずしい創意《そうい》だ。
私たちの立場でいえば、大《おお》いなる広宣流布への誓願《せいがん》といってよい。
君よ！　貴女《あなた》よ！
自分自身の可能性《かのうせい》を信じ、決意と挑戦《ちょうせん》の連続《れんぞく》に身《み》を投《とう》じるのだ。
大願《だいがん》が偉大《いだい》な行動を生《う》む。
大願が偉大な自分を作る。
ゆえに、広宣流布の大願に生き切るなかで、君の無限《むげん》の可能性も開かれるのだ。
君が生《い》き抜《ぬ》き、戦った分だけ、広宣流布は進む。
不思議《ふしぎ》なる使命《しめい》を帯《お》びて、今、躍《おど》り出《で》た逸材《いつざい》たちよ！
断《だん》じて負《ま》けるな！　堕落《だらく》や安逸《あんいつ》の泥《どろ》などに、足を取られるな！
不屈《ふくつ》の革命児であれ！
多少《たしょう》のことで、へこたれるな！
自信満々《じしんまんまん》と、強気《つよき》で、朗《ほが》らかに青春を勝ち抜け！

平然《へいぜん》と、大胆《だいたん》に、すべてを乗《の》り越《こ》えて進め！

仏法の定理《ていり》である三障四魔《さんしょうしま》も、三類《さんるい》の強敵《ごうてき》も、完膚《かんぷ》なきまでに打《う》ち倒《たお》せ！

世界百九十カ国・地域の友も、君たちを見つめている。君たちが、新たな広宣流布の歴史の大局《たいきょく》を開きゆくのだ。

蓮祖《れんそ》は、「諸法実相抄《しょほうじっそうしょう》」をこう結《むす》ばれた。

「行学《ぎょうがく》の二道《にどう》をはげみ候《そうろう》べし、行学たへ《絶》なば仏法はあるべからず、我《われ》もいたし人をも教化候《きょうけそうら》へ、行学は信心よりをこるべく候、力《ちから》あらば一文一句《いちもんいっく》なりともかたら《談》せ給《たま》うべし」（御書一三六一ページ）

新世紀の先頭《せんとう》を走りゆく、誉《ほま》れ高き学生時代である。

「私はここまで戦い抜《ぬ》いた」「ここまで学び切った」と誇《ほこ》れる、闘争《とうそう》と学問の金字塔《きんじとう》を打ち立ててくれ給え！

わが本門《ほんもん》の男女学生部よ、「次の五十年」を、私と君、私と貴女《あなた》で創《つく》ろう！

君たち、貴女たちの成長と勝利こそ、新しき「人間主義の世紀」の到来《とうらい》を晴《は》れ晴《ば》れと告《つ》げる鐘《かね》なのだ！

第八章

和歌・句・指針

■学生部へ

君も師子《しし》
　我も師子《しし》なり
　　創価かな
大きく吼《ほ》えゆけ
　偉《えら》くなりゆけ

偉くなれ
　勝利を勝《か》ち取《と》れ
　　一生涯《いっしょうがい》

わが弟子《でし》の
　君達《きみたち》立ちて
　　勝ちまくり
創価の広布《こうふ》の
　大城《だいじょう》にぎやか

広宣《こうせん》の
　人生　生《い》き抜《ぬ》く
　　秀才《しゅうさい》を
諸天善神《しょてんぜんじん》
　讃《たた》え護《まも》らむ

君たちの
幾多《いくた》の完成
見つめなむ
知性《ちせい》と知識の
英雄《えいゆう》なりせば

我《わ》が陣営《じんえい》
断《だん》じて護《まも》れや
勝ちゆけや
真の学者《がくしゃ》は
真の指導者

轟然《ごうぜん》と
驀進《ばくしん》しゆく
列車《れっしゃ》より
壮大《そうだい》　極《きわ》まる
君の心よ

■女子学生部へ

輝《かがや》く青春
勝利の青春
幸福の青春
これが佛法《ぶっぽう》だ!
これが信仰《しんこう》だ!

永遠《えいえん》の
都《みやこ》に生きなむ
わが弟子《でし》よ
師弟不二《していふに》なる
喜《よろこ》び光りて

偉大《いだい》なる
広布《こうふ》の大道《だいどう》
美しく
戦い舞《ま》いゆく
姫《ひめ》の功徳《くどく》よ

美しき
姉妹《しまい》の語《かた》らい
なごやかに
未来の光《ひかり》を
浴《あ》びゆく幸《しあわ》せ

幸福と
平和に戦う
英才《えいさい》の
大運動の
何《なん》と尊《とうと》き

いざや立て
いざや征《ゆ》かなむ
青春の
誓《ちか》いと思い出
三世《さんぜ》に残《のこ》せや

大切な大切な使命《しめい》の皆様ゆえに
健康第一で御両親を大切に
絶対の幸福の人生を
歩《あゆ》みゆかれんことを祈《いの》りつつ

使命《しめい》ある
英知《えいち》と智慧《ちえ》の
学生部
女性の時代は
春爛漫《はるらんまん》

学問は
正義と幸福
創《つく》る道

幸福の
不滅《ふめつ》の人生
築《きず》くため
今日《きょう》も学べや
悔《く》いなき心で

晴《は》れ晴《ば》れと
女性の世紀の
先駆《せんく》をば
勝利で飾《かざ》れや
一人も残《のこ》らず

〈大学会へ〉

大学会
黄金輝《おうごんかがや》く
広宣《こうせん》の
柱《はしら》と光れや
創価の城《しろ》にて

〈飛翔会《ひしょうかい》へ〉

飛翔会
何《なん》と尊《とうと》き
使命《しめい》かな
真の人材《じんざい》
ここにあるかと

第九章　長編詩

一、第九章の各編冒頭の年月日は、執筆日、「聖教新聞」の掲載日等をもとに記しました。
一、長編詩のなかで、引用および参照した個所には番号を付し、各編末にその出典等を示しました。

革命の河《かわ》の中で

一九七一・九・五

時とともに
革命の厳《きび》しき河は流れる
今日《きょう》も　そして明日《あす》も――

若き君よ
清新《せいしん》の光《ひかり》を放《はな》つ君よ
君でなければならない
君のイメージを抱《いだ》き続けて
山河《さんが》鮮《あざや》かに

強靭《きょうじん》な　堤防《ていぼう》を築《きず》くことだ

君よ　走れ
民衆のために　走れ
君の無辺《むへん》の限界《げんかい》を探《たず》ねて　走れ

古来《こらい》　革命児は
この映像《えいぞう》と　極限《きょくげん》の河の中で
どれほどの軌跡《きせき》を描《えが》いたことか――

怒《いか》りの悶絶《もんぜつ》
嘆《なげ》きのテーゼ
皮肉《ひにく》の冷笑《れいしょう》
涙《なみだ》ぐんだ瞳《ひとみ》

しかし　先駆《せんく》を走る若人《わこうど》は
なお　この魅惑《みわく》の挑戦《ちょうせん》に
限《かぎ》りなき愛着《あいちゃく》を示《しめ》す
それが　若人の運命《うんめい》かも知れない
君よ　それでいいのだ
革命とは　所詮《しょせん》　ロマンであるからだ
夢《ゆめ》みる精神《せいしん》の徘徊《はいかい》　ロマンの接吻《せっぷん》
この人生と社会と歴史をキャンバスに
鮮烈《せんれつ》な点と線をとどめる

秀絶《しゅうぜつ》にも似《に》た　画匠《がしょう》の生涯《しょうがい》——
若き革命家の　英知《えいち》の勝利は
その一点にあるのだ

原初《げんしょ》の経典《きょうてん》に
心　如　工　画　師《こころはたくみなるえしのごとし》と
また　いわく
説　己　心　中　所　行　法　門《こしんのなかにぎょうずるところのほうもんをとく》と

人間という真実《しんじつ》から　表現《ひょうげん》を除《のぞ》けば
何が残《のこ》るか
表現　表現……必然性《ひつぜんせい》の表現
已《や》むにやまれぬ表現
この　壮麗《そうれい》なる自由を乱舞《らんぶ》して
三島《みしま》は叫《さけ》び　太宰《だざい》は死《し》んだ

彼らは　自《みずか》らの終末《しゅうまつ》すら
表現《ひょうげん》してみせたかったのかもしれない
でも　君の志向《しこう》する芸術《げいじゅつ》に
そんなナルシシズムは　要《い》らない
本来《ほんらい》　無作《むさ》の表現
それでいいのだ
それが　人間真実《しんじつ》の帰趨《きすう》の美《び》であるからだ

誰《だれ》が見ていなくてもよい
誰に凭《よ》りかからなくてもよい

ただ一元的《いちげんてき》な法《ほう》に則《のっと》り
汝《なんじ》の人生の真相《しんそう》と
人間党の絢爛《けんらん》たる　勝利の絶大《ぜつだい》を信じて
天座《てんざ》に　自在《じざい》に　舞《ま》いゆくことだ

われらは
いかなるセクトも必要ない
偏狭《へんきょう》なる党派《とうは》　門閥《もんばつ》の障壁《しょうへき》を
勇敢《ゆうかん》に　乗《の》り越《こ》えて
人間として
赤裸々《せきらら》な人間として
生き　動き　喜《よろこ》ぶ新社会のために
君よ　戦え！
僕《ぼく》も　戦う！

その　ノン・セクトのセクト
セクトにならない　人間というセクト
これを　人間党と　共《とも》に叫《さけ》ぼう
或《ある》いは　人は笑うかもしれぬ
不遜《ふそん》な権力者は　無視《むし》するだろう

冷淡《れいたん》な識者《しきしゃ》は　観念《かんねん》として退《しりぞ》けよう
しかし　嘆《なげ》くな　友よ
彼らに　人間党がわかるはずがない
傲慢《ごうまん》と専横《せんおう》と無知《むち》の酔《よ》いに　沈《しず》んだ人に
「汝自身《なんじ》」が
鏡《かがみ》に映《うつ》る道理《どうり》がないからだ――

汝の当体《とうたい》が　漠《ばく》としていて
民衆への慈愛《じあい》が　一欠片《ひとかけら》でもあろうか
それは　まさに不毛《ふもう》の砂漠《さばく》だ
カラカラに渇《かわ》ききった　生命の光《ひかり》は
決して　閉塞《へいそく》の霧《きり》の世界を
晴《は》らさないだろう
的確《てきかく》な
未来の路線《ろせん》も見えないであろう

宇宙《うちゅう》と世界と人生と
その　ザインの根底《こんてい》に流れる
厳《げん》たる法則《ほうそく》
その　不可思議《ふかしぎ》な
巧《たく》まざる　粛然《しゅくぜん》の法《ほう》に
汝が立つ時
初《はじ》めて　汝の曇《くも》れる秘中《ひちゅう》の鏡が
輝《かがや》き　磨《みが》かれ
汝自身を　正確《せいかく》に　投影《とうえい》するだろう

君よ――
君は　それを把《つか》んだ若き哲人《てつじん》だ
ゲーテが
パスカルが
アインシュタインが

垣間見《かいまみ》ようとして　果《は》たせなかった
究極《きゆうきよく》の世界の　知覚者《ちかくしや》なのだ

これほどの強いものはない
これほどの頼《たの》もしきものはない
君は　無冠《むかん》かもしれぬ
いや　無冠であることを喜《よろこ》ぼう

権力でも　財力《ざいりよく》でも　勲章《くんしよう》でも
かなわない
哲理《てつり》を抱《いだ》いた　横溢《おういつ》する人間の力《ちから》——
君は　それを
終極点《しゆうきよくてん》のごとく
心の底《そこ》に　体現《たいげん》しているからだ

ああ人間

この飾《かざ》りなき主体《しゆたい》
この正統《せいとう》なる存在《そんざい》
この落滅《らくめつ》なく　逞《たく》ましき真髄《しんずい》

君よ
君は　畢竟《ひつきよう》　この人間の　滔々《とうとう》たる
強くして　美しき歓声《かんせい》に
どこまでも　気高《けだか》く　会釈《えしやく》したまえ
そこにのみ　君の描《えが》く革命表現《ひようげん》の
唯一《ゆいいつ》の　人間図という　原則《げんそく》があるからだ

まさに　ここに
革命の　革命たる動悸《どうき》があり
革命が　千波万波《せんぱばんぱ》としての芸術《げいじゆつ》に
昇華《しようか》する実験《じつけん》が　あると思うのだ
そして　そこにこそ

哲理《てつり》革命の　発現《はつげん》の光《ひかり》がみえるのだ

源《みなもと》より　流れゆく　楽しき
革命の人生
苦悶《くもん》より　開眼《かいげん》の花　咲《さ》かせゆく
革命の青春
それは　純一《じゅんいつ》な　強き喜《よろこ》びの
革命の日々

若き心に　求めに求めた
歓喜《かんき》と感動《かんどう》の　津波《つなみ》が
此岸《しがん》から彼岸《ひがん》へ　押《お》し寄《よ》せる時
長遠《ちょうおん》たる　革命の河《かわ》の流れは
壮大《そうだい》なる
激流《げきりゅう》と　転《てん》じゆく

それは　誰人《たれびと》も　まだ見ぬ社会
そして　誰《だれ》もが　求めてきた故郷《ふるさと》

人は　ここに初《はじ》めて
暗夜《あんや》の変遷《へんせん》の中より
自己《じこ》に還《かえ》るであろう
人類《じんるい》は　また
永劫回帰《えいごうかいき》の　オアシスを　得るであろう

それは
二十一世紀への革命の河の流れの中に
英邁《えいまい》と　正義の舵《かじ》をにぎる
君達の腕《かいな》にあるだろう

わが親愛《しんあい》なる創価同窓《どうそう》と全国の学生部の諸君に贈《おく》る

滝山城址《たきやまじょうし》に立ちて

二〇〇〇・一・二四 掲載

はるか彼方《かなた》に
白雪《はくせつ》の富士《ふじ》が見える
真《ま》っ青《さお》な空

すべてが　詩《し》であり
絵《え》であり　音楽である
八王子よ！

明るい光《ひかり》が

この天地を包《つつ》む
冬のある朝
私は　妻《つま》と二人で
城址に　立った

城下《じょうか》の滝山街道《かいどう》の先には
知性《ちせい》の殿堂《でんどう》
わが栄《さか》えゆく創価大学が
輝《かがや》いて　見えた

連《つら》なる丘《おか》の　並《なら》びに立つ
優雅《ゆうが》な花の創価女子短大の
学舎《まなびや》も　光っていた

この歴史の天地は
物静《ものしず》かであった
彼処《かしこ》の複雑《ふくざつ》な喧騒《けんそう》は
まったく関係ない

一歩　踏《ふ》みいれば
一切のものが　静《しず》かに
一切のものが　青々として
生々《せいせい》の気に充《み》ちて　美しい
素晴《すば》らしい白雲《はくうん》を眺《なが》めながら
いかにも　ひそやかに
いかにも　透明《とうめい》に包《つつ》まれた別天地《べってんち》

もはや　武蔵野《むさしの》には
あの懐《なつ》かしき水車《すいしゃ》も
藁葺《わらぶ》きの家々も少ない

されどなお
無限《むげん》の歳月《さいげつ》を乗《の》り越《こ》え
今も残《のこ》されし
美しき自然《しぜん》の詩歌《しいか》の宝庫《ほうこ》あり
その名　滝山城址《たきやまじょうし》

澄《す》んだ空気に抱《いだ》かれて
木立《こだち》のトンネルは続く
落《お》ち葉《ば》の道は
孤児《こじ》さながらの寂《さみ》しさを
森に向かって訴《うった》えている

兵《つわもの》どもが祝杯《しゅくはい》をあげ
数多《あまた》の戦人《いくさびと》の
登《のぼ》り下《くだ》りし細道《ほそみち》を
私と妻《つま》は
頂上《ちょうじょう》に向かった

爽《さわ》やかな緑の映《は》える
小径《こみち》の両側《りょうがわ》には
歯を食《く》いしばって生《い》き抜《ぬ》く
安心立命《あんしんりつめい》を誇《ほこ》るがごとき
忘《わす》れ得《え》ぬ大木《たいぼく》が　そびえる

千変万化《せんぺんばんか》の植物相《しょくぶつそう》を示《しめ》しつつ
せり上がる丘《おか》の
斜面《しゃめん》いっぱいに
織《お》りなす　美事《みごと》な錦繍《きんしゅう》よ！

わくら葉《ば》は
深い諦《あきら》めの静寂《せいじゃく》の道を
敷《し》きつめる
そよ吹《ふ》く風に　枝々《えだえだ》の葉《は》は
一斉《いっせい》に　ひらめきて
茜色《あかねいろ》の吹雪《ふぶき》と　舞《ま》った

寂《せき》として　人影《ひとかげ》はなく
時に　ふと聞こえてくる
多くの野鳥《やちょう》の曲も
心を洗《あら》ってくれる
すばしこく鳥影《とりかげ》が走り
楽しく生きる鳴《な》き声《ごえ》は
木立《こだち》の奥《おく》へ　遠く去《さ》りゆく

梢《こずえ》の間から
眩《まばゆ》くにじむ　日射《ひざ》しは
細《こま》やかな葉末《はずえ》の
一つ一つの生命に煌《きら》めき
温《あたた》かい慈光《じこう》が
林に　ゆきわたる

高い崖《がけ》に　至《いた》れば
はるかに多摩《たま》の清流《せいりゅう》が
銀《ぎん》の糸《いと》を　縒《よ》るごとく
晴《は》れ渡《わた》る大空は
一片《いっぺん》の薄雲《うすぐも》を飛《と》ばした

その昔《むかし》
声張《こえは》り上《あ》げて
もののふたちの行列《ぎょうれつ》が
往《ゆ》き交《か》いし　この道

ある時は
声　高らかに
勝利の歌を　歌いながら
ある時は
疲《つか》れ果《は》てて
再《ふた》びの決意を　胸《むね》に

今日《きょう》も　戦い
明日《あす》も　守らむと

百千の鎧甲《よろいかぶと》の光《ひかり》と音が
旭日《あさひ》に　照《て》り輝《かがや》く
最愛《さいあい》の戦友《せんゆう》の君とともに
不敗《ふはい》の人生を　飾《かざ》らむと！

また　ある時は
深いため息《いき》を　つきながら
涙《なみだ》もなく　言葉もなく
沈黙《ちんもく》の足跡《あしあと》が残《のこ》りし　この道

ある時は
戦友《せんゆう》を　毛織《けおり》にくるんで
丁重《ていちょう》に　頭の上から
守りながら
決別《けつべつ》を強《し》いられし
戦《いくさ》と人生を綾《あや》なす
この歴史の道

荒《あ》れ果《は》てた
幻《まぼろし》の　もののふの

笑い　さざめいた
彷徨《ほうこう》の　この大地

眼に浮《う》かぶ――

春には
幾《いく》千本の桜吹雪《さくらふぶき》

夏には
すべてを　託《たく》して揺《ゆ》るがぬ
緑の大樹《たいじゅ》が　立《た》ち並《なら》ぶ

秋には
賑《にぎ》やかに虫の音《ね》の
素晴《すば》らしき交響楽《こうきょうがく》が

冬には
生《せい》と真実《しんじつ》を　語《かた》りゆかんと
銀世界《ぎんせかい》の強き樹林《じゅりん》――
その四季《しき》の折々《おりおり》に

わが創価の英才《えいさい》が　訪《おとず》れる

ある時は
鋼《はがね》の心身《しんしん》を鍛《きた》える
「滝山城址《たきやまじょうし》コース」の
ランニング場として

ある時は
若きダ・ヴィンチたちの
美《び》の錬磨《れんま》のアトリエとして——
その創造力《そうぞうりょく》ほとばしる絵《え》は
海外へも出品《しゅっぴん》され
円熟《えんじゅく》の画伯《がはく》たちから
絶賛《ぜっさん》を博《はく》した　創大《そうだい》の秀才《しゅうさい》よ

ある時は

時の経《た》つのも　忘《わす》れ
生涯《しょうがい》の友情を深めゆく
語《かた》らいの大自然の広場

ある時は
世界からの留学生《りゅうがくせい》が
喜々《きき》として
若き国際親善《こくさいしんぜん》の集《つど》いの場に

また　ある時は
悩《なや》める心を抱《いだ》きて
哲学《てつがく》と思索《しさく》の
思い出の　わが道となる

真新《まあたら》しい
創大の本部棟《とう》の窓《まど》からも

みずみずしい緑の城址《じょうし》を
眼下《がんか》に　一望《いちぼう》できる

私の思いは　つねに
創大生《そうだいせい》と共《とも》に
同じ道を　歩《あゆ》み
同じ場所に　たたずみ
同じ空気を　呼吸《こきゅう》している

そして　私は
創大生を　守り育《はぐく》み
広々と　抱《かか》えてくれる
今はなき　城主《じょうしゅ》に
敬意《けいい》の言葉を送る
「大切な我《わ》が息子《むすこ》
大事な我が娘《むすめ》が
お世話《せわ》になり、感謝《かんしゃ》！」

いにしえ――
ここは
激戦《げきせん》また激戦の戦場《せんじょう》であった
幾《いく》たびか　風雲《ふううん》動くも
断固《だんこ》と　守り抜《ぬ》いた
難攻不落《なんこうふらく》の名城《めいじょう》
天守閣《てんしゅかく》も石垣《いしがき》もなく
天然《てんねん》の谷や崖《がけ》を　活《い》かした
関東屈指《かんとうくっし》の山城《やまじろ》なるか

わけても　永禄《えいろく》十二年（一五六九年）
小田原《おだわら》の北条攻略《ほうじょうこうりゃく》にのぼる
武田信玄《たけだしんげん》は
滝山城《たきやまじょう》を　途上《とじょう》の血祭《ちまつ》りにと

拝島《はいじま》の森に　陣《じん》を張《は》り
二万の兵《へい》を　差《さ》し向《む》けた
迎《むか》え撃《う》つ　滝山城《たきやまじょう》の将兵《しょうへい》
その数　わずか二千
されど
信玄《しんげん》の目算《もくさん》は　外《はず》れた
「なぜ　落ちぬか」
「何をもたもた　手間取《てまど》るか」
城主《じょうしゅ》・北条氏照《ほうじょううじてる》は　下知《げち》した
「皆のもの　城《しろ》を枕《まくら》に
討《う》ち死《じ》にすべし」
「敵《てき》をして　一歩も
入《い》らしむべからず」

総大将《そうだいしょう》の氏照が
真《ま》っ先《さき》に　敵に切《き》り込《こ》み
勇敢《ゆうかん》に　陣頭指揮《じんとうしき》を執《と》った
呼応《こおう》しゆく　二千の精鋭《せいえい》の
意気《いき》は軒昂《けんこう》にして
無敵《むてき》であった
「我《われ》らの城《しろ》を　断《だん》じて守らむ！」
「戦わんかな！　命ある限《かぎ》り」
二の丸まで
攻《せ》め込まれながらも
断固《だんこ》　持ちこたえた
さらに討《う》って出た兵は
かの信玄の子・勝頼《かつより》を
完膚無《かんぷな》きまでに　脅《おびや》かした

かの信玄《しんげん》は
遂《つい》に　退却《たいきやく》し去《さ》った

おお　誉《ほま》れある
滝山城址《たきやまじようし》よ！
城兵《じようへい》は「我《わ》が城《しろ》」を
厳然《げんぜん》と　守り抜《ぬ》いた

やがて　氏照《うじてる》は
八王子城に移《うつ》り
滝山城は
草むす廃城《はいじよう》となる
幾《いく》百年の四季《しき》は
巡《めぐ》り　巡りて

底《そこ》深い壕跡《ほりあと》には
今も　なお
もののふが　いるがごとく
屋敷《やしき》の平坦地《へいたんち》は
当時の　そのままに残《のこ》る

武将《ぶしよう》たちが
月影《つきかげ》を　盃《さかずき》に浮《う》かべ
軍鼓《ぐんこ》を　空に響《ひび》かせた
その往時《おうじ》を　そのままに

数百年も
ただ　一日のごとく
歴史は　ここに歩《あゆ》みを止《とど》め
静謐《せいひつ》なる
緑と花の楽園《らくえん》として

人生と未来と平和を
呼吸《こきゅう》している

その滝山城址《たきやまじょうし》と
わが創価大学——
それは　あたかも
兄弟のごとく　友のごとく
隣《とな》り合《あ》う　絶《た》ちがたき縁《えにし》は
二つの緑の丘《おか》であり
永遠《えいえん》に　歴史と残《のこ》らむ

朝の目覚《めざ》めに
同じ陽光《ようこう》が　ほほ笑《え》みかけ
夕《ゆう》べの眠《ねむ》りを
星座《せいざ》は等《ひと》しく　見守ってきた
同じ風雪《ふうせつ》を　浴《あ》びながら

晴れた日には
はるか富士《ふじ》の眺望《ちょうぼう》を
仲睦《なかむつ》まじく　分《わ》かち合《あ》った
過去《かこ》の戦争のフォートレスは
新生《しんせい》の平和のフォートレスを
じっと　見つめていた

創大《そうだい》の建学《けんがく》より　三十星霜《せいそう》
滝山城址は
一つ　また一つ
広がりゆく学舎《まなびや》の
建設の槌音《つちおと》に　耳を澄《す》まし
若人《わこうど》が　伸《の》びやかに
学び鍛《きた》え　巣立《すだ》ちゆく
その青春の英姿《えいし》を
温《あたた》かく　見送ってきた

彼らが訪《おとず》れ来《き》れば
悩《なや》みも　悲《かな》しみも　苦《くる》しみも
喜《よろこ》びも　感動《かんどう》も　希望も
すべて　彼らのありのままを
「それで　いいんだよ」と
大きく　うなずきながら
やさしく　包《つつ》んでくれた——

ある時　私は
創大生《そうだいせい》と　楽しく語《かた》り合《あ》った
「私と君たちは　一心同体《いっしんどうたい》だ
何人《なんぴと》も　私たちの間は切れない」
また　ある時は揮毫《きごう》した
「私は君達を　一生守る

それが　私にとって
最大の幸福であるからだ」
諸君のために　道を拓《ひら》く
——それが　私のすべてである

「わが人生の晩年《ばんねん》は
ここ八王子で　過《す》ごしたい
創大生を見つめ　育《そだ》てながら……」
繰《く》り返《かえ》し　語ってきた
私の偽《いつわ》らざる心情《しんじょう》であった

わが創大のキャンパスで
もっと　多くの時間を
君たちと一緒《いっしょ》に　過ごしたい
できることは

何《なん》でも　してあげたい
創価大学は　私の生命であり
三世《さんぜ》に生《い》き抜《ぬ》く
同志《どうし》であるからだ！

いかなる巨木《きょぼく》も
また　大樹《たいじゅ》も
初《はじ》めは
大地の中の小さな胚子《はいし》
全力で　養分《ようぶん》を吸《す》い
たくましい根《ね》を　養《やしな》い
全力で　土をかき分《わ》け
多くの根を　伸《の》ばし
固《かた》く　大地と
結《むす》びついてゆくのだ

堅《かた》き地面を
打《う》ち破《やぶ》りながら
風霜《ふうそう》にも
敢然《かんぜん》と　揺《ゆ》るぎなく
厳然《げんぜん》と　伸びのびと
自己《じこ》自身らしく
高く　高く
大きく　大きく
育《そだ》ちゆくのだ

わが敬愛《けいあい》する
創価の学友《がくゆう》よ
青春は　強くあれ！
人生もまた　強くあれ！
徹《てっ》して　断《だん》じて
強くあれ！

そこに
一切の勝利が　あるからだ！

学び抜《ぬ》け！
徹《てつ》して　断《だん》じて
学び抜け！
そこに
厳《きび》しき現実の勝利が
勝ち取れるからだ！

一時《いっとき》のはかない感傷《かんしょう》に
決して　負《ま》けるな！
汝《なんじ》自身の胸中《きょうちゅう》を
制覇《せいは》していくのだ！

自分自身との戦いが
これが
現実の人生である
一生である

ともかく
眼前《がんぜん》の課題《かだい》に
勇敢《ゆうかん》に　知性《ちせい》の英雄《えいゆう》らしく
挑戦《ちょうせん》することだ

焦《あせ》るな
退《ひ》き下《さ》がるな！
前へ　進むのだ
ただ前へ　進むのだ！
これが
勝ちゆく青春であるからだ
君は　あくまでも　君らしく

君自身の道を　進めばよい！
建学《けんがく》の精神《せいしん》に　君らしい
それぞれの形《かたち》を　与《あた》え
光《ひかり》あらしめること——
それこそ
私が　期待《きたい》する
君たちの使命《しめい》だ

全国の学生部と
連帯《れんたい》しながら
また全世界の
親愛《しんあい》なる学生部と
二十一世紀の大舞台《おおぶたい》に
活躍《かつやく》しゆかんことを
夢見《ゆめみ》ると

あまりにも
願望《がんぼう》は　大きく
信念《しんねん》が　湧《わ》き立《た》つ！

天を衝《つ》く杉《すぎ》
つややかな幹《みき》のトネリコ
クヌギ　コナラ　桜……
滝山城址《たきやまじょうし》の丘《おか》も　また
百樹千樹《ひゃくじゅせんじゅ》の　それぞれが
個性《こせい》豊かに　佇立《ちょりつ》し
しかも
目に見えぬ　生命の連鎖《れんさ》に
結《むす》ばれている

君たちと——
絆《きずな》も太《ふと》き　兄や姉も

必死《ひっし》に　戦っている！
母校を愛し　誇《ほこ》りとし
永遠《えいえん》たらしめんと
現実社会の荒波《あらなみ》に
もまれながら
真剣《しんけん》に　戦っている！
その強く輝《かがや》く魂《たましい》が
創立者には
何よりも　嬉《うれ》しい

創価同窓《どうそう》の友の活躍《かつやく》を知るとき
どれほど　胸《むね》が弾《はず》むことか
悲《かな》しい知らせを聞くとき
どれほど　胸を痛《いた》めることか

この思いは
創立者でなければ
絶対に　わからない

私は
永遠に　諸君と共《とも》にいる！
私は
永遠に　諸君の味方《みかた》である！

しばしのうちに
雲は　東から西へと流れ
林の陰影《いんえい》が
少し　濃《こ》くなっていた

踏《ふ》みしめる
枯《か》れ草《くさ》の下には
大地から　若芽《わかめ》が萌《きざ》し

見上げた木々《きぎ》の枝《えだ》からは
小さな固《かた》い芽《め》が
寒風《かんぷう》に耐《た》えながら
今か　今かと
春を待ちわびていた

凛《りん》として立つ
並木《なみき》の凱旋門《がいせんもん》の向こうに
真《ま》っ赤《か》な夕陽《ゆうひ》を浴《あ》びて
創大《そうだい》の本部棟《とう》が
悠然《ゆうぜん》と　そびえて見えた

春――

それは
西暦《せいれき》　二〇〇〇年の春
武蔵野《むさしの》の丘《おか》に

再《ふた》び　麗《うら》らかな光《ひかり》が充《み》ち
至《いた》るところ　緑は息吹《いぶ》き
落花紛々《らっかふんぷん》の桜花《おうか》が　彩《いろど》る

私は　春を待つ

それは
創価の学友《がくゆう》が
二十一世紀の大空へ
舞《ま》いゆく時！
第三の千年のキャンパスに
新しい若き命を　迎《むか》える
胸躍《むねおど》る　開学三十周年の時！
そして
世界に　希望の輝《かがや》きを送る春《とき》！

私は　待つ

ひたすら　待っている
君たちの成長を！
君たちの勝利を！
君たちの栄光《えいこう》を！

わが二十一世紀に立ち向かう
創大生《そうだいせい》の光る瞳《ひとみ》を見つめつつ
二〇〇〇年　睦月《むつき》

21世紀の偉大《いだい》なる指導者・学生部の友に贈《おく》る

学才《がくさい》の威光《いこう》！　人生の勝利の翼《つばさ》を

二〇〇〇・六・三〇

快活《かいかつ》な日光《にっこう》が
わが友の前進を包《つつ》む！
胸《むね》燃《も》ゆる使命《しめい》の
わが友たちは
躍《おど》り進んで
苦渋《くじゅう》の社会の中に
潑剌《はつらつ》と翼を広げゆく！

人間群の魂《たましい》に
光《ひかり》を強く
与《あた》えんとしながら
しっかりとした
確信ある哲学《てつがく》と
仏法を持って
今日《きょう》も　進み歩《あゆ》む！

君も　あなたも！
幸運《こううん》の風に包まれながら

この長く大切な人生を
生き生きと　生き生きと
人生の剣を抜《ぬ》いて
不幸を打《う》ち払《はら》い
満開《まんかい》の花が咲《さ》きゆく
永遠《えいえん》の自分自身の歴史と
勝利の曲を作り給《たま》え！

君の向こうには
何が見えるか？
それを確《たし》かめながら
この人生を悔《く》いなく
正しき戦《いくさ》をしながら
枯《か》れ葉《は》を落とし
枯れ枝《えだ》を折《お》りながら
滾々《こんこん》と湧《わ》き出《い》ずる
水音《みずおと》を聞きながら
自身の生命を
再《ふたた》び選びながら
今日《きょう》も　運《うん》の強い
祈《いの》りを捧《ささ》げながら
歩《あゆ》み給え！

君の振《ふ》る舞《ま》いは
二十一世紀の
すべての人から
すべての国から
祝福《しゅくふく》されゆく勉学の
一歩一歩の学才《がくさい》の威光《いこう》を
欣然《きんぜん》と刻《きざ》みゆく日々で
あらねばならない！

学識《がくしき》にも秀《ひい》でたる君は
何ものにも負《ま》けてはならない！
悠然《ゆうぜん》と新世紀の指導者に
育《そだ》ちゆく種《たね》を蒔《ま》く
日々の地道《じみち》な作業《さぎょう》を
忘《わす》れないでもらいたい。

いま　君は
ありとあらゆる
青春の山々を登《のぼ》りゆく
先頭《せんとう》に立つ心を持つべきだ！
今日《きょう》の錬磨《れんま》の主題《しゅだい》は
「学問」であり
多くの友からの恩恵《おんけい》を
満喫《まんきつ》しゆく「栄光《えいこう》の座《ざ》」を
自負《じふ》していくことだ！

臆病《おくびょう》と怠惰《たいだ》の心の者は
名誉《めいよ》もなく　誓《ちか》いもなく
腰抜《こしぬ》けの汚名《おめい》を
浴《あ》びせられてしまう。

君の　その胸《むね》に秘《ひ》められた
眠《ねむ》っている
偉大《いだい》な秀才《しゅうさい》の英知《えいち》よ！
けだるい惰性《だせい》から目覚《めざ》めて
嵐《あらし》を呼《よ》ぶが如《ごと》く
頭を振《ふ》りながら
立ち上がってもらいたいのだ！

壁《かべ》に突《つ》き当《あ》たっても

負《ま》けないで
悪《あく》の華《はな》に
決して惑《まど》わされるな！

君には
君にしかない
流《なが》れ出《い》ずる涙《なみだ》があるのだ！
大《おお》いなる心を満《み》たす
勝利の使命《しめい》があるのだ！

強く　そして明るく
友と打《う》ち明《あ》け話《ばなし》をしながら
さまざまな誘惑《ゆうわく》の
幻影《げんえい》を乗《の》り越《こ》えて
崩《くず》れることのなき
自分自身の時代を
築《きず》き給《たま》え！

今日《きょう》も
すべてのものが
経験《けいけん》である。
今日も
すべてが
完全《かんぜん》な確信への戦いである。

その人間主義の誇《ほこ》り高き
勇気と行動を忘《わす》れない
君の決意の対象《たいしょう》の存在《そんざい》は
誰人《たれびと》が軽蔑《けいべつ》しようとも
絶対に必要な
人間にとって　致命的《ちめいてき》に
重要《じゅうよう》な道であるからだ。

「君よ
怒濤《どとう》の中で立つ
巌《いわお》のごとくあれ!(1)」とは
ある哲人皇帝《てつじんこうてい》の箴言《しんげん》である。

「能忍《のうにん》こそ成功《せいこう》の要諦《ようてい》なり」
これは『プルターク英雄伝《えいゆうでん》』の
好きな指針《ししん》である。

「幸福な人生の基盤《きばん》は
自由にして　高潔《こうけつ》
不屈《ふくつ》にして　強固《きょうこ》な心にあり(2)」とは
ローマの哲学者《てつがくしゃ》の一書から
学び取った言葉である。
これを　君たちに贈《おく》りたい!

君よ!
「勇気ある孤独《こどく》」であれ!
また　自分中心の
孤独であってはならない!
それは敗北《はいぼく》である。

残忍《ざんにん》な者たちを
友にするな!
正義の剣を持ち
正義の剣を与《あた》えてくれる
人間を求めよ!

聡明《そうめい》な友と友!
わが道を互《たが》いに
行き来しゆくことだ!

自《みずか》らが求めた友と
友情を喪失《そうしつ》せず
永遠《えいえん》に歩《あゆ》みゆくことを
忘《わす》れてはならない！

君よ！
君たちよ！
ソクラテス派の
哲学者《てつがくしゃ》よりも　英邁《えいまい》に
三世《さんぜ》不滅《ふめつ》の仏法という
究極《きゅうきょく》の哲学の真髄《しんずい》を
持ちゆくことに決闘《けっとう》せよ！
暴力《ぼうりょく》による多くの征服《せいふく》は邪道《じゃどう》！
「ダルマ（正しき法《ほう》）」による
世界への足跡《そくせき》は
万華鏡《まんげきょう》の勝利である！
共感《きょうかん》しながら共《とも》に
希望の彼方《かなた》に
立ち向かいゆく
変わらぬ友情の
友の名前を
永遠に忘却《ぼうきゃく》することなかれ！

多年《たねん》にわたる
勉学に進みゆく
真実《しんじつ》の美しい疲《つか》れ！
透明《とうめい》なる生命の輝《かがや》き
君は　君の友と共に
究極の英知《えいち》を求めゆく。
その心の流れは

君自身を征服《せいふく》した
唯一《ゆいいつ》最高の記念碑《きねんひ》と
輝《かがや》くにちがいない。

ああ
あの貧困《ひんこん》な時もあった。
そして
強烈《きょうれつ》な倦怠《けんたい》の時もあった。
しかし
私を無言《むごん》のうちに
甘《あま》く鋭《するど》く　励《はげ》ましてくれた母!
また高々《たかだか》と
松明《たいまつ》の炎《ほのお》のごとく
激励《げきれい》してくれた師《し》!

私の周《まわ》りには
おびただしい
敗北《はいぼく》の若者が去《さ》っていった。
だが　最良《さいりょう》の友は
不屈《ふくつ》の精神《せいしん》と共《とも》に
常に　未来を指《ゆび》さし
未来を登《のぼ》りゆく。
その数は　数千にわたる
書物の上を
登っていくような
決意をしていた。
去りゆく友は
幻滅《げんめつ》の人生であった。

我《われ》らの離《はな》れることのない
この学問の道は
そしてまた

正義の森は
あらゆる年月を
乗《の》り越《こ》えながら
虚栄《きょえい》を打《う》ち破《やぶ》った
真の真の春秋《しゅんじゅう》の
かけがえのない
勇気の歴史であった！
満足《まんぞく》と創造《そうぞう》の歴史であった！

虚飾《きょしょく》を破壊《はかい》し
邪義《じゃぎ》を卑《いや》しみ
誤《あやま》りなき確《たし》かなる
天の心に適《かな》った
驚嘆《きょうたん》すべき道である。
私は悔《く》いない！
私は勝った！

私は　たゆみなく進む！
私には停滞《ていたい》はない！

新しい時代のために！
新しい人生のために！
新しい歌を歌いながら！

この道こそ
栄光《えいこう》を永遠《えいえん》ならしめることを
知ったからだ！

その道には
最高の文化が
花咲《さ》いている！
その道には
正義の勝利の
革命の劇場《げきじょう》が見える。

我《われ》らは
この高みに立ち上がって
嫉妬《しっと》と邪悪《じゃあく》な世界を
悠然《ゆうぜん》と見下《みお》ろしていく!

悪《あく》の累積《るいせき》を解消《かいしょう》して
いかねばならぬような
悔《く》いある青春で
あってはならない。

人生最後の落日《らくじつ》を
眺《なが》める時に
喜《よろこ》びに堪《た》えない
大宇宙《だいうちゅう》の調和《ちょうわ》に守られ
荘厳《そうごん》な天の曲を聞きながら

「ああ　私の戦いは
宿命的《しゅくめいてき》なものであった!
果《は》てしなく続いた
この戦いに
私は満足《まんぞく》である!」と
誇《ほこ》り高く言える君であれ!

若き師子王《ししおう》たる君よ!
「前三後一《ぜんさんごいち》」の法理《ほうり》を
忘《わす》れてはならない。

新しき世紀を
追《お》い求《もと》める者の
勉学の結合《けつごう》は
生涯《しょうがい》にわたって
悔恨《かいこん》が残《のこ》ることはなく

誰《だれ》も　彼もが
君の　その瞳《ひとみ》を見ながら
「君は勝ちたり！」と
満足《まんぞく》の喝采《かっさい》を贈《おく》る。

君は　天高く舞《ま》い上《あ》がった！
青春の勝利の翼《つばさ》を得《え》た！

君よ！　響《ひび》きわたる
確信の声を張《は》り上げ
多くの書を読みながら
勝利と希望の山を
楽しそうに登《のぼ》りゆき給《たま》え！

二〇〇〇年六月三十日
学生部結成記念の日に寄せて

(1) マルクス・アウレーリウス『自省録』神谷美恵子訳、岩波文庫、参照。マルクス・アウレリウス『自省録　西洋古典叢書』水地宗明訳、京都大学学術出版会、参照

(2) セネカ『道徳論集』茂手木元蔵訳、東海大学出版会、参照

若き哲学《てつがく》の太陽・女子学生部の皆様に贈《おく》る

君も舞《ま》いゆけ！　青春の空へ

古《ふる》い時代は
どんどん去《さ》っていく。
虚栄《きょえい》で我《わ》が身《み》を
飾《かざ》りゆくだけの
人生も青春も
完全なるスピードで
何《なん》の遺産《いさん》も残《のこ》さず
去っていく。

皆さま方は
あの古い昔《むかし》の時代には
関係ない。
新しい舞台《ぶたい》へ
ただひたすらに
立派《りっぱ》な人生で
立派な大地を
力強《ちからづよ》く朗《ほが》らかに
歩《あゆ》んでいくのだ。

二〇〇〇・九・三〇

その生命には
常に栄光《えいこう》と幸福という
勝利の宝石《ほうせき》が
輝《かがや》いていかねばならない。

新しい時代には
新しい時代の
「人間革命」があるべきだ。
新しい決意で
新しい歌を歌い
新しい友と
新しい栄光の太陽と共《とも》に
新しい我《われ》らの青春の季節《きせつ》を
創《つく》り上《あ》げていくのだ。

愚《おろ》かであっては
人生の幸福はない。
弱くあっては
勝利はない。
断固《だんこ》として
強い信念《しんねん》と
決して負《ま》けることのない
深い哲学《てつがく》をもって!
退屈《たいくつ》の青春ではなく
生き生きとした建設と
自分自身の
滅《ほろ》ぼされることのない
価値《かち》ある人生を
創り上げていくのだ。
いつも魂《たましい》の放浪児《ほうろうじ》に

なってはいけない。
過《す》ぎゆく時は速《はや》い。
後世《こうせい》に不幸な
みすぼらしい自分自身を
残《のこ》してはならない。
断《だん》じて幸福になるのだ。

人間　誰びとも
苦《くる》しい時も
悲《かな》しい時も
スランプの時もある。

しかし
それを耐《た》え抜《ぬ》き
乗《の》り越《こ》えゆく人が
自分自身の勝利の歌を
歌い切っていける人なのだ。

負《ま》けるな
貴女《あなた》よ！
断《だん》じて退転《たいてん》するな！
快楽《かいらく》主義に走るな！
堅苦《かたくる》しい
見栄《みえ》の人生を生きるな！
十方《じっぽう》の仏菩薩《ぶつぼさつ》から
守られゆく中で
自分自身の人生の傑作《けっさく》を
完全《かんぜん》に創《つく》ることだ。

名声《めいせい》などなくていい。
財宝《ざいほう》も羨《うらや》むこともない。
これらは
愚《おろ》かな普通《ふつう》の人間が

示唆《しさ》しているだけのことだ。
完璧《かんぺき》なものは
この世《よ》に何もない。
しかし　その中で
崩《くず》れざる精神《せいしん》の完璧さを
幸福へ　幸福へと
歩《あゆ》み　生きる人生は
諸行無常《しょぎょうむじょう》の人生でなく
常楽我浄《じょうらくがじょう》の人生を
完璧に
創《つく》り上《あ》げることができるのだ。
我々《われわれ》の主題《しゅだい》は
仏《ほとけ》の御《ご》聖訓《せいくん》を
身《み》に体《たい》しながら

あやまりなき
宇宙《うちゅう》の法則《ほうそく》の大道《だいどう》を
歩んでいくことだ。

広宣流布に戦える！
これ以外に
これ以上に
人生の究極《きゅうきょく》の安楽《あんらく》の道はない。

最後の
そして最後の
人生の幕《まく》が降《お》りるまで
悲劇《ひげき》の舞台《ぶたい》の役者《やくしゃ》になるな！
常に　暗《くら》い瞳《ひとみ》をもち
不幸という醜《みにく》い
心を刺《さ》すような

闇《やみ》の中に入ってはならない。

「心こそ大切なれ」(1)とは
御聖訓《ごせいくん》である。

皆さまは　心に
金《きん》の輝《かがや》きを
銀《ぎん》の鋼《はがね》を
そしてまた　心の芯《しん》に
ダイヤの強さと
輝きをもって
燃《も》え　ひらめき！
飛《と》び　跳《は》ね！
歩き　走り！
生《い》き抜《ぬ》いて
青春を飾《かざ》るのだ。
思《おも》う存分《ぞんぶん》　いっぱいに
価値《かち》ある宝理《ほうり》を
身《み》に飾《かざ》っていくことだ。

青春は光《ひかり》である。
光は正義である。

その光があるうちに
純粋《じゅんすい》なる光がある間に
加速度《かそくど》をつけながら
汝《なんじ》自身の高みに立《た》ち現《あらわ》れる
勝利と幸福の姿《すがた》を
諸天善神《しょてんぜんじん》に見せ給《たま》え！

それには
躍動《やくどう》して
仏《ほとけ》の御聖訓のままに
動き

走り続けることだ。
その道こそ
完璧《かんぺき》なる
そして不滅《ふめつ》なる
宝《たから》に埋《うず》もれた
栄光《えいこう》に包《つつ》まれゆく
光道《こうどう》であるからだ。

二十一世紀！
それは
君たちの時代だ。
それは
君たちが生《い》き抜《ぬ》く時代だ。
それは
君たちが
満足《まんぞく》しきる人生を飾《かざ》りゆく
戦いの舞台《ぶたい》だ。

世間体《せけんてい》など
気にする必要などない。
どこまでも自分自身が
最高の宝を持っているのだ。
汝《なんじ》自身に生きることだ。
無限《むげん》の財宝《ざいほう》を持っているのは
自分なのだ。
そして
不滅の力《ちから》を持っているのも
自分なのだ。

重々《おもおも》しい曲など
忘《わす》れ去《さ》れ！
侘《わび》しい夢《ゆめ》など

忘《わす》れ去《さ》れ！
廃墟《はいきょ》のような名誉《めいよ》など
笑《わら》い飛《と》ばせ！

貴女《あなた》も
そしてまた
貴女も
正しい調《しら》べに囲《かこ》まれながら
常に晴《は》れ晴《ば》れと
翼《つばさ》に乗《の》って
大法《だいほう》の大空へ
舞《ま》い飛んでいくのだ。

貴女は
生まれながらにして
美しき王宮《おうぐう》の扉《とびら》を開いて

宝華《ほうげ》に包《つつ》まれ
とめどなく
希望に溢《あふ》れながら
智慧《ちえ》の輝《かがや》く道を
深い使命《しめい》をもって
歩き始《はじ》めたのだ。
いな
もはや走っているのだ。
帰《かえ》らぬ昔《むかし》を後悔《こうかい》しゆく
君であってはならない。

先哲《せんてつ》は言う。
「才知《さいち》ある畜生《ちくしょう》になるなかれ
才知ある人は哲学《てつがく》を持て」

貴女には

あらゆる限界《げんかい》を乗《の》り越《こ》えて
いつも星《ほし》のごとき
晴《は》れやかな
輝《かがや》きの力《ちから》があることを
知らねばならない。

いかなる
恐《おそ》ろしき力に対しても
常に勝利の天空《てんくう》まで
誰人《たれびと》をも
運《はこ》んでいく力があるのだ。

使命《しめい》ある貴女《あなた》よ！
歴史を飾《かざ》りゆく貴女よ！
自由に
そして迅速《じんそく》に
意義深《いぎぶか》き青春を送りゆく

友情を持つ貴女よ！
万法《ばんぽう》の哲学《てつがく》を
広めゆく貴女よ！
すべての人々に
不滅《ふめつ》の哲学を
広めゆく貴女よ！

常に
厳《きび》しく温《あたた》かく
大聖哲《だいせいてつ》は見つめている。
常に
諸天《しょてん》も　諸仏《しょぶつ》も
守りに護《まも》っている。
極致《きょくち》の使命を
誇《ほこ》りとした貴女に

無上《むじょう》の青春を
生《い》き抜《ぬ》く貴女《あなた》に
幸福と健康と建設あれ！
一つも無駄《むだ》のない青春を
生き抜く貴女を
父も　母も
万人《ばんにん》が見つめている。
英知輝《えいちかがや》く
女子学生部　万歳《ばんざい》！

二〇〇〇年九月三十日

女子学生部の
発足《ほっそく》五周年を祝《しゅく》し

友の幸福を祈《いの》り
夢《ゆめ》に挑戦《ちょうせん》しながら
新世紀を颯爽《さっそう》と
生き抜く皆さまに
この一詩《いっし》を捧《ささ》げます

（1）御書一一九二ページ

新世紀の指導者

英知《えいち》の学生部に贈《おく》る

二〇〇二・五・二四

青春の故郷《こきょう》の
日々の中にあって
喜《よろこ》びと苦《くる》しみ
すべてが自分自身の
歌と曲になっていく
君よ！

君は
王族《おうぞく》の

常に
彼の呼吸《こきゅう》の中には
わが使命《しめい》を
心に秘《ひ》めながら
人生の見事《みごと》なる
完結《かんけつ》を目指《めざ》して
英知の書が
動き回っている。

生まれでもない。
名家《めいか》の
生まれでもない。

しかし
わが夢《ゆめ》の
美しい彼方《かなた》には
あの貧《まず》しい家の
母がいる。
人々から蔑《さげす》まれた
父がいる。

あの　休息《きゅうそく》もしないで
朝から晩《ばん》まで
働《はたら》き過《す》ぎていた
母のことを念《おも》い

私の人生の
新《あら》たな転機《てんき》は来た。

私は
私自身に誓《ちか》った。
貴《とうと》き目標《もくひょう》に向かって
何ものをも避《さ》けないで
前進することを
決意した。

あの　目標を持たず
唯《ただ》ぐるぐると回り
過《す》ぎていく
学生時代は真《ま》っ平《ぴら》だ。
怠惰《たいだ》の中に
沈《しず》んでいく青春は

絶対に私は選ばない。

私は
苦痛《くつう》と快楽《かいらく》を
超克《ちょうこく》しながら
新世紀に相応《ふさわ》しき
人格《じんかく》を磨《みが》くために
勉学に
戦い勝ってみせる。

新《あら》たに来る日を
そして　また
新たに来る日を
必《かなら》ず私は
亡《な》き父のために
老《お》いたる父のために
亡き母のために
老いたる母のために
そして　皆に
喜《よろこ》びを与《あた》えゆくために
私の運命《うんめい》に向かって
勉学に惜《お》しみなく励《はげ》む。

そこに
私を支《ささ》えてくれた
人に対する
報恩《ほうおん》があるからだ。
そして　また
その方々の幸福が
広がることを願《ねが》うからだ。

私は新しい夢《ゆめ》を持つ。

その決意の夢《ゆめ》と
必《かなら》ずや無量《むりょう》の
価値《かち》ある収穫《しゅうかく》を
勝ち取ってみせる。

ゲーテは洞察《どうさつ》した。
「学問と芸術《げいじゅつ》を
持っているものは、
同時《どうじ》に宗教を持っている(1)」

さらに　また
「人間は、
宗教的である間だけ
文学と芸術において
生産的《せいさんてき》である(2)」

昼は安い給料《きゅうりょう》を貰《もら》い
夜は疲《つか》れた身《み》で
夜学《やがく》に通《かよ》いゆく
誇《ほこ》り高き魂《たましい》の勝者《しょうしゃ》
苦学生《くがくせい》よ！

家が貧《まず》しきゆえに
父の病《やまい》
母の病などで
医療費《いりょうひ》等も嵩《かさ》み
学資《がくし》を
母に頼《たの》む事《こと》ができなかった
苦《くる》しい
あの日　あの時。
誰《だれ》にも言わず

熱《あつ》い涙《なみだ》を見せながら
そっと出してくれた
あの時の学費《がくひ》の
重みの感覚《かんかく》。

父は遺言《ゆいごん》の如《ごと》く語《かた》った。
「有名な学校に
行くのも良《よ》い。
しかし
悪い事《こと》だけは
一生涯《いっしょうがい》するな！」

この一言《ひとこと》は
今もって
自分自身の魂《たましい》の奥底《おくそこ》に
炎《ほのお》と燃《も》えている。

「人間が
ほんとに悪くなると、
人を傷《きず》つけて
喜《よろこ》ぶこと以外に
興味《きょうみ》を持たなくなる」(3)とは
ゲーテの誡《いまし》めである。

活発《かっぱつ》な魂の私には
前途《ぜんと》が洋々《ようよう》と
開かれゆく
大舞台《おおぶたい》がある。
世界と人類《じんるい》も
私とは一つなのだ。

ゆえに

私の夢《ゆめ》は大きく
不思議《ふしぎ》な力《ちから》となって輝《かがや》き
満《み》たされていく。

罪深《つみぶか》い
多くの地獄《じごく》の行列《ぎょうれつ》のような
時代があったとしても
そして
毒薬《どくやく》を撒《ま》き散《ち》らす
愚《おろ》かしい
病《や》んだ時代があっても
私は
知性《ちせい》という
輝かしい日の光《ひかり》をもって
冷静《れいせい》に
すべてを見つめている。

人知れぬ
英知《えいち》と情熱《じょうねつ》は
貧《まず》しき人々のために
不幸な人々のために
罪重《つみおも》き人々のために
苦《くる》しみ傷《きず》ついた人々のために
そして　あの悲《かな》しげな
苦悩《くのう》と戦っている人のために！

私は
その人たちのために
来る年も　また来る年も
青春の帝王《ていおう》となりて
不屈《ふくつ》に粘《ねば》り強く
共《とも》に前進の曲を

生《い》き抜《ぬ》くための歌を
声高らかに
兄弟として歌うのだ。

智慧《ちえ》もなければ
能力《のうりょく》も発揮《はっき》できない人もいる。
真正直《ましょうじき》で
学問のない人もいる。
秀才《しゅうさい》でありながら
学校を出ていない人もいる。

しかし誰人《たれびと》も
最後の一歩まで
皆　自分一人で
歩《あゆ》まねばならない。

最後に
誰《だれ》が勝つか。
誰が負《ま》けるか。
それは誰もわからない。

さあ！
目標《もくひょう》も持たずに
歩いた人よりも
目標を持って
確実《かくじつ》に歩む人の方《ほう》が
どれほど偉大《いだい》であるのかを
知らせるのだ。

ゆえに
私の道は
険《けわ》しくとも

正しい道だ。
学問の道だ。

君よ
嫉妬《しっと》に狂《くる》った中傷《ちゅうしょう》など
意《い》に介《かい》すな！
不幸を喜《よろこ》ぶ
愚《おろ》かな人間の
狂乱《きょうらん》ぶりなど
笑《わら》い飛《と》ばせ！

古今東西《ここんとうざい》
全世界にあって
時代を変革《へんかく》しゆく
大運動の起点《きてん》は
ことごとく

学生運動にあった。
いかなる獰猛《どうもう》な
権力者たちも
この知性《ちせい》と生命を賭《か》けて
戦いゆく火の勢《いきお》いには
誰人《たれびと》も敵《かな》う者はいなかった。

知性は
社会を変革《へんかく》し
人類《じんるい》を変革し
時代を変革する力である。

この学生たちの
奥深《おくぶか》くして壮大《そうだい》な
感動《かんどう》と決心《けっしん》の運動には

いかなる指導者が
いくら厳《きび》しき目をもっていても
最終的には
皆　頭を下げた。
その若き天才的《てんさいてき》な
洞察力《どうさつりょく》と行動力によって
人々は喜《よろこ》んで
世界の方向性を知る。

この権勢《けんせい》も無《な》い学生たちは
不特定《ふとくてい》な足並《あしな》みから
未《いま》だ公権力《こうけんりょく》も持たずして
時代変革《へんかく》のために
彼らを敵視《てきし》する背後《はいご》の権力を
見事《みごと》に打《う》ち倒《たお》してきた。

国王《こくおう》も
大統領《だいとうりょう》も
そして
いかなる政治家も
正義の力学的《りきがくてき》行動には
勝《まさ》るものではないことを
彼らは
深く打《う》ち込《こ》んだ。

若き君よ
未《いま》だ探検《たんけん》されない
生命の奥地《おくち》へ
そして
世界の奥地へ
また真理《しんり》の奥地へ
探究《たんきゅう》して行き給《たま》え！

君たちの
正義と勇気の
強大《きょうだい》なる友好の連帯《れんたい》には
野蛮《やばん》な毒《どく》を塗《ぬ》った
妨害《ぼうがい》の塀《へい》もあるだろう。

しかし
正義の馬上《ばじょう》の
前進しゆく労苦《ろうく》の旅《たび》の
彼方《かなた》には
雄大《ゆうだい》なる希望の大草原《だいそうげん》が
広がっている。

君たちを苦《くる》しめた
裏切り者《うらぎもの》の彼方には

もはや廃絶《はいぜつ》された権力と
地位《ちい》を追《お》われた貧困《ひんこん》の魂《たましい》と
そして
厳《きび》しく自分自身を裁《さば》く
処刑台《しょけいだい》が待っている。

必《かなら》ず
正義の君は
勝つのだ！

正義のために生《い》き抜《ぬ》いた
勇《いさ》ましい勲功《くんこう》は
君の魂のなかに
永遠《えいえん》に
光り輝《かがや》くだろう。

彼らには
地獄《じごく》と脅威《きょうい》
誘惑《ゆうわく》と滅亡《めつぼう》
陰険《いんけん》と敗北《はいぼく》。

君たちには
平穏《へいおん》と勝利
安泰《あんたい》と歓喜《かんき》
栄光《えいこう》と連帯《れんたい》！

そして
正義の仲間《なかま》たちが
永久《えいきゆう》に響《ひび》き渡《わた》る
勝鬨《かちどき》をあげる。

あの危険千万《きけんせんばん》な

殺意《さつい》に満《み》ちた
中傷非難《ちゆうしようひなん》の武器《ぶき》など
決意も固《かた》き我《われ》らは
何《なん》の脅威《きようい》も感じない。

我らの仲間は
絶対に勝利することを
確信しているからだ。
完全《かんぜん》に邪悪《じやあく》を打《う》ち破《やぶ》ることを
確信しているからだ。

おお
我らは
動かされて
闘《たたか》うのではない。
正義のためには

冒険《ぼうけん》をするのだ。

あの忘却《ぼうきゃく》された
永遠性《えいえんせい》の次元《じげん》から
豁然《かつぜん》と目を未来に向け
悠久《ゆうきゅう》なる生命の
無量《むりょう》の大花《たいか》を咲《さ》かせながら
王者《おうじゃ》の如《ごと》く
歴史を刻《きざ》み飾《かざ》りゆくのだ。

人間の葛藤《かっとう》の歴史には
一時は
野蛮《やばん》な連中《れんちゅう》が
勝利することも
あるかもしれない。

しかし
英知《えいち》と正義に輝《かがや》く
名もない人間が
壮大《そうだい》な歴史の道を
運命《うんめい》づけられたように
勝ち開いていくのだ。

広宣流布とは
宗教の
究極《きゅうきょく》の目的であり
使命《しめい》であり信念《しんねん》だ。

かつて
キリスト教においても
イスラム教においても
ユダヤ教においても

ヒンズー教においても
それぞれの広宣流布があった。

その過程《かてい》には
残念《ざんねん》ながら
戦争の歴史もあった。
多くの争《あらそ》いと
不幸な戦いが続いた。

しかし
日蓮仏法の正法正義《しょうほうしょうぎ》の
信念《しんねん》と精神《せいしん》を受《う》け継《つ》いだ
我《われ》らの未来に
同じ道はない！

知性《ちせい》とは
人間が人間として
最高の価値《かち》を生《う》み出《だ》し
平和と相互《そうご》の友情を
連結《れんけつ》させるためにある。

知性とは
人間を
幸福のために賢《かしこ》くし
そして　社会を
人間の幸福のために
再編成《さいへんせい》させゆく
智慧《ちえ》の行動である。

知識を深めることは
智慧を高めることである。
知識それ自体は

幸福ではない。
その知識を
智慧《ちえ》に押《お》し上《あ》げてこそ
幸福と平和が
具現化《ぐげんか》されるのだ。

書物《しょもつ》は
闇《やみ》を照《て》らし
真実《しんじつ》の人間としての
正義の天命《てんめい》の道を
歩《あゆ》む光《ひかり》だ。

そして
愚劣《ぐれつ》な巧詐《こうさ》を排除《はいじょ》し
高く奥深《おくぶか》い人間の実在《じつざい》を
発光《はっこう》させていくのだ。

その彼方《かなた》には
我《われ》らが選んだ未来がある。

学問には
泣《な》き言《ごと》や
恨《うら》みに満《み》ちた
砂《さ》漠《ばく》の道はない。
いかに賢明《けんめい》に生きるか
いかに正しく生きるかを
天明《てんめい》が輝《かがや》き
照《て》らしてくれるものだ。

君よ
淡《あわ》く空《むな》しい
やがて消《き》えゆく
灰《はい》と化《か》す

青春を生きるな！

そこには
堅固《けんご》な学問という夢《ゆめ》が
一つもないからだ。
黙殺《もくさつ》されゆく愚痴《ぐち》が
渦巻《うずま》いているからだ。

学ばざる者は卑《いや》しく
自《みずか》らが自らを
滅《ほろ》ぼしていくだろう。

おお
落日《らくじつ》の如《ごと》く
明日《あす》の希望を失《うしな》った
君とはなるな！

終わりというものは
永劫《えいごう》にないのだ。

必《かなら》ず遙《はる》かに
輝《かがや》かしき光彩《こうさい》を放《はな》ちゆく
貴重《きちょう》な自分自身の
黄金《おうごん》の生命が
撥剌《はつらつ》と行動を
開始していくことを
忘《わす》れまい。

君たちよ
君の魂《たましい》は
何かに呼応《こおう》せる
生命たれ！
何かに貢献《こうけん》する

人間たれ！
あのエゴの塊《かたまり》の
人間だけにはなるな！
あれは
人間の貌形《かおかたち》をした
魔物《まもの》だからだ。

君よ
学《がく》の長剣《ちょうけん》を抜《ぬ》いて
一生涯《いっしょうがい》
邪悪《じゃあく》と戦い抜け！
君の武器《ぶき》の中には
青春の
正義の叙事詩《じょじし》が美しい。

朝の太陽が
君の正義の剣に
反射《はんしゃ》している。

私は
君の巨大《きょだい》な英姿《えいし》を
永遠《えいえん》に
忘却《ぼうきゃく》することはない。

惑《まど》うことなく
学問の城《しろ》に入り
学問の城から
勝利のために
来《きた》るべき戦闘《せんとう》の
宝剣《ほうけん》を抜き給《たま》え！

傷《きず》つけられても
怯《おび》えるな！
学問で磨《みが》き上《あ》げられた
君の柔《やわ》らかな
瑠璃《るり》の光《ひかり》を放《はな》った
夢《ゆめ》持つ生命は
不滅《ふめつ》なり！
不可能《ふかのう》はない。

今日《きょう》も
君よ！
永遠《えいえん》の人生の
勝利のために
学問と正義の宝剣《ほうけん》を磨《みが》け！

二〇〇二年五月二十四日

（1）、（2）、（3）『人生の知恵 4 ゲーテの言葉』高橋健二訳編、彌生書房

わが英知《えいち》の女子学生部を詩《うた》う

幸福と平和の追求《ついきゅう》の勝利者たれ！

二〇〇四・七・二三

私は
決して後悔《こうかい》しない
一日を送りたい。

私は
充実《じゅうじつ》した希望と
生きがいの溢《あふ》れる
青春を生きたいのだ。

私は
自分自身の
勝利と栄光《えいこう》の
誇《ほこ》り高き人生を
送りたいのだ。

そのために
私は
宇宙《うちゅう》の大法則《だいほうそく》である

妙法の信仰に徹《てっ》した。
誰人《たれびと》が何《なん》と言おうが
この大法理《だいほうり》は
永遠不滅《えいえんふめつ》の
絶対的幸福の道
なのである。

名聞《みょうもん》に生きる学者
名利《みょうり》に励《はげ》む書物《しょもつ》
低次元《ていじげん》な書
売名的《ばいめいてき》な知識人の書
売《う》らんがための
流行的《りゅうこうてき》な書
嘘八百《うそはっぴゃく》を並《なら》べ立《た》てた
人権蹂躙《じんけんじゅうりん》の書——

アメリカの第三代
ジェファソン大統領《だいとうりょう》は
〝言論の有用性《ゆうようせい》を破壊《はかい》する
破廉恥《はれんち》な
虚偽《きょぎ》の精神《せいしん》〟(1)に
警鐘《けいしょう》を打《う》ち鳴《な》らした。

賢明《けんめい》な
そして真実《しんじつ》にして
後悔《こうかい》のなき人生の大道《だいどう》を
私たちは生きるのだ。

古来《こらい》
法華経だけが
男女平等《びょうどう》を貫《つらぬ》き通した

仏法であった。

御聖訓《ごせいくん》に云《いわ》く
「末法《まっぽう》にして
妙法蓮華経の五字を
弘《ひろ》めん者は
男女《なんにょ》はきらふべからず、
皆 地涌《じゆ》の菩薩《ぼさつ》の
出現《しゅつげん》に非《あら》ずんば
唱《とな》へがたき題目なり(2)」

絶対の平和と正義の
軌道《きどう》であり
永遠不滅《えいえんふめつ》の大法《だいほう》である
法華経を胸《むね》に
私たちは生きる。

世界の哲学《てつがく》の最高峰《さいこうほう》以上の
生命の幸福への
極致《きょくち》を説《と》き明《あ》かした
御書に生きる。

若き女子学生部よ!
素晴《すば》らしき
女人《にょにん》の先端《せんたん》を
世界の先端を生き抜《ぬ》き
切り開いていく
女子学生部よ!
貴女《あなた》たちの人生は
誠《まこと》に誠に素晴《すば》らしい。

幸福は
彼方《かなた》から

やってくるものではない。
幸福とは
貴女方《あなた》の前進と共《とも》に
後から
必《かな》ず　ついてくるものだ。

哲人トルストイは洞察《どうさつ》した。
「真《しん》の幸福は、
常に我等《われら》の手中《しゆちゆう》にある。
それは
影《かげ》のように、
善《よ》い生活の後から
ついて来る」(3)

揺《ゆ》るぎない幸福は
自分自身の
強き正しき努力の
後《うし》ろに　ついてくるものだ。

負《ま》けるな！
決して負けるな！
勝つのだ！
幸福のために
絶対に勝つのだ！

自分の幸福は
誠実《せいじつ》と賢《かしこ》い
人生の生き方で決まる。
一人も
不幸になってはならない。
断《だん》じてなってはならない。
それが仏法だ。

自分が幸福になるための
仏法なのだ。
信仰なのだ。

平凡《へいぼん》の中に
幸福という賢人《けんじん》の道を
知っている女性！
埋《うず》もれていくような人々の
多い社会の中で
「心こそ大切なれ」
という魂《たましい》が
不滅《ふめつ》のダイヤのごとく
光り輝《かがや》いている女性！

その人は
すでに勝ったのだ！

いな
永遠《えいえん》に勝ったのだ！

長い人生は
さまざまな宿命的困難《しゆくめいてきこんなん》に
直面《ちよくめん》する。
苦難《くなん》の宿命と
戦わねばならない
時がある。

負《ま》けないことだ。
断《だん》じて
負けないことだ。
正しき祈《いの》りを
持った者は
正しき幸福と

正しき勝利の目標《もくひょう》に
必《かなら》ず　たどりつくからである。

目先《めさき》に悩《なや》み惑《まど》い
前進を忘《わす》れるな！
強い心で
「仏法の大道《だいどう》」即《そく》
「社会の大道」を
歩《あゆ》み抜《ぬ》く人こそ
菩薩《ぼさつ》であり
仏《ほとけ》となるのだ。

この正しき仏法を
その時代
その時代における
社会も国家も
観念論《かんねんろん》として
脇《わき》に置《お》いてしまった。
その思想《しそう》の狂《くる》いに
不幸な不平等《ふびょうどう》が始《はじ》まり
紛争《ふんそう》が始まり
戦争となってしまったのだ。

菩薩とは
そして仏とは——
自分自身の
正義と信念《しんねん》から
人々のために
社会のために
平和のために
絶対に戦争のなき世代《せだい》を
作り上げる

高邁《こうまい》なる信仰という
最高の
仏法と哲学《てつがく》と思想《しそう》を持った
旗手《きしゅ》の連帯《れんたい》である。
その連帯が
女子学生部だ！

皆が
菩薩《ぼさつ》である。
皆が
仏《ほとけ》になりゆく
最高無二《むに》の
人類《じんるい》の宝《たから》なのである。

「いつも退屈《たいくつ》な人は
価値《かち》なき
人間ではないか」と
言った詩人《しじん》がいる。

「規則《きそく》正しい生活
そして
規則正しい信仰がある人は
幸《しあわ》せである。
その進みゆく道こそが
正義と幸福の道なのだ」と
言った哲学者がいる。

その人の人生は
限《かぎ》りなく希望があり
崇高《すうこう》だ。
その人の
広宣流布への戦いは

快《こころよ》い
永遠《えいえん》の歓喜《かんき》の
春の日のようである。

自由を欲《ほっ》するために
孤独《こどく》の苦《くる》しみを
味《あじ》わう人も多い。
わがままを自由と思い
その自由が
自身の孤独の悩《なや》みを
いっそう苦しめていることを
知らぬ
愚《おろ》かな青春も多い。

組織《そしき》を嫌《きら》い
スクラムを避《さ》け
わがまま放題《ほうだい》の結論《けつろん》は
苦悩《くのう》に沈《しず》み
社会から沈み
仲間《なかま》からも沈んでしまう。
真実《しんじつ》の友のなき
独《ひと》りぼっちの寂《さび》しさを
侘《わび》しく哀《あわ》れな自身に
重《かさ》ねるだけだ。

良《よ》き友人を持つことは
幸《しあわ》せである。
良き先輩《せんぱい》を持つことも
幸せである。
人のために戦うことは
さらに幸《しあわ》せである。

平和のために戦う人は
有名な権力者たちよりも
はるかに幸せであり
偉《えら》いのだ。

結婚《けっこん》は
急《いそ》ぐな！
焦《あせ》るな！
そして賢《かしこ》く
皆に祝福《しゅくふく》されながら
勝つのだ！

結婚が早いから
幸せとは言えない。
結婚が遅《おそ》いから
不幸《ふしあわ》せとも言えない。

一人で
生《い》き抜《ぬ》いたからといって
不幸《ふこう》ではない。

使命《しめい》を持って
生き抜く人は幸せである。
目的を持って
学ぶ人は幸せである。
見栄《みえ》のために学ぶ人は
利己《りこ》主義であるからだ。

フランスの女性作家
スタール夫人は喝破《かっぱ》した。
「虚栄《きょえい》の心に基《もと》づく
一切のことは、
必然的《ひつぜんてき》に

束《つか》の間《ま》のものだ(4)」

知識を広げることは
幸《しあわ》せである。
しかし知識は
幸福には直結《ちょっけつ》しない
場合がある。

「心こそ大切」である。
邪険《じゃけん》な心
傲慢《ごうまん》な心
嫉妬《しっと》の心
欲深《よくふか》の心
見栄《みえ》っ張《ぱ》りの心
俗化的《ぞっかてき》な
低次元《ていじげん》のことしか
考えぬ心。

それに対して
真実《しんじつ》の同志《どうし》を思う心
親を思う心
正しき人を讃嘆《さんたん》する心
悲惨《ひさん》にして不幸な人々を
哀《あわ》れみ
救《すく》いゆかんとする
強い心!

仏法の真髄《しんずい》は
「さいわいは
心よりいでて
我《われ》をかざる(5)」と
説《と》かれている。

創価の大勝利は
女子部の活躍《かつやく》が
特筆《とくひつ》すべき歴史を創《つく》った。
なかんずく
女子学生部の活躍は
光り輝《かがや》いている。

広宣流布の
偉大《いだい》な原動力《げんどうりょく》となった。
世界平和への
崇高《すうこう》なる青春の魂《たましい》の炎《ほのお》は
燃《も》え上《あ》がった。
美しく尊《とうと》く!
そして
大宇宙《だいうちゅう》の諸天善神《しょてんぜんじん》が

大拍手していた。

この
仏意仏勅《ぶついぶっちょく》に生き抜《い》《ぬ》く
尊《とうと》き乙女《おとめ》たちを
諸天善神が護《まも》りに護り
絶対に幸福に
させないわけがない。
これが
久遠元初《くおんがんじょ》からの
誓《ちか》いである。

女子部
そして女子学生部の
出身者《しゅっしんしゃ》は
日本の次元《じげん》においても

世界の次元《じげん》においても
有名無名《むめい》を問《と》わず
どれほど数知《かずし》れず
幸福城《こうふくじょう》と勝利城の
女王《じょおう》となってきたことか。

私たちは
妙法という希望を胸《むね》に
何ものにも勝《か》ち抜《ぬ》ける力《ちから》を
持っているのだ。

いくら
私たちを苦《くる》しめようと
吹《ふ》き鳴《な》らしてくる
風があろうとも
一気《いっき》に

強き信念《しんねん》で
打《う》ち払《はら》ってみせる。

抽象的《ちゅうしょうてき》な言葉だが
人生と社会は
損《そん》と得《とく》の戦いだ。
悪《あく》と善《ぜん》との戦いだ。

十四世紀アラブの大歴史学者
イブン・ハルドゥーンは
書《か》き綴《つづ》っている。
「善を引《ひ》き起《お》こすものを求め、
悪や害《がい》の原因《げんいん》を避《さ》けるのが
われわれの義務《ぎむ》である」(6)

ゆえに

賢明《けんめい》な知性《ちせい》の貴女方《あなた》は
悪《あく》に負《ま》けるな！
悪に囚《とら》われるな！
悪を断《た》ち切《き》れ！
悪に勝っていくのだ！

そこに
知性と幸福の
勝利の女王《じよおう》は
永遠《えいえん》の笑《え》みに輝《かがや》くのだ。

失敗《しっぱい》しても
男性は
立ち上がる力《ちから》が大きい。
女性は
深く傷《きず》ついてしまう
場合が多い。

勝ち抜《ぬ》くのだ。
悪に勝ち抜くのだ。
その中に
断《だん》じて
永遠に勝ち抜ける幸福が
待っているからだ。

何《なん》のための人生か！
自分自身と戦い
自分自身の努力で
この満足《まんぞく》と歓喜《かんき》の幸福を
勝ち取りゆくために
智慧《ちえ》と知識と
努力があるのだ。

いま

さまざまな状況《じょうきょう》から
苦悩《くのう》の夜も
あるかもしれない。
涙《なみだ》を流す時も
あるかもしれない。
これが
厳《きび》しき社会であり
人生だ。

しかし
貴女《あなた》よ！
苦《くる》しみも悩《なや》みも
永遠《えいえん》の幸福への
予感《よかん》と信じていくことだ。

新しき
勝利の人生の展望《てんぼう》は
壮麗《そうれい》なる祝福《しゅくふく》をもって
貴女たちに
向かっていることを
決して忘《わす》れるな！

朗《ほが》らかに
そして昂然《こうぜん》と
面《おもて》を上げて歌うのだ。
勝利の歌を
自分自身の幸福の歌を！

「諸行無常《しょぎょうむじょう》」
これは
厳《きび》しくして虚《むな》しき
人生の実相《じっそう》である。

「常楽我浄《じょうらくがじょう》」

この偉大《いだい》なる
幸福の人生を
生きるために
私たちは
信仰を持った。
ゆえに
幸福の人生であり
真《しん》の勝利者なのである。

二〇〇四年七月二十三日

（1）ソール・パドヴァー編『ジェファソンの民主主義思想』富田虎男訳、有信堂、参照
（2）御書一三六〇㌻
（3）『トルストイ全集 第18巻』深見尚行訳、岩波書店
（4）「自殺についての省察」海老坂武訳、『世界人生論全集 10』所収、筑摩書房
（5）御書一四九二㌻
（6）『歴史序説（四）』森本公誠訳、岩波文庫

21世紀の花　爛漫《らんまん》　大切な女子学生部に贈《おく》る

学びゆく乙女《おとめ》に　幸《さち》よ　多かれ！

二〇〇六・七・二八

学びゆく女性は
幸福への世界を広げる。
学びゆく女性は
人生の正しき行路《こうろ》を
知りゆくことができる。
人生の尊《とうと》き足跡《あしあと》。
いな
人によっては
人生の苦悩《くのう》と残虐《ざんぎゃく》な足跡。
因果《いんが》の理法《りほう》は厳《きび》しい。
いかに
人生はあるべきか。
いかに
人生は勝ちゆけるのか。
幸福と勝利の法則《ほうそく》は
いずこにあるのか。

幼少《ようしょう》時代は
幸福な家庭であっても
ひとたび社会に出て
意義《いぎ》ある青春の山を
断固《だんこ》として
登《のぼ》りゆけるかどうか。

その彼方《かなた》にある
現実の荒海《あらうみ》の大闘争《だいとうそう》の中に
生《い》き抜《ぬ》く時に
無惨《むざん》な敗北者《はいぼくしゃ》となっている
なんと多くの人びとよ。

ある人は
苦悩《くのう》の生活の中を
のたうち回る。
ある人は
病弱《びょうじゃく》に悩《なや》み
何《なん》のために生きてきたのかと
来る日も　来る日も
歎《なげ》き悲《かな》しむ。

ある人は
不慮《ふりょ》の事故《じこ》に遭《あ》い
宿業《しゅくごう》を抱《かか》えて
汝《なんじ》自身を呪《のろ》いながら
生き切ろうとする
痛恨《つうこん》の苦《くる》しみの魂《たましい》よ。

健康と病弱《びょうじゃく》
幸福と不幸

建設と堕落《だらく》
正義と狂暴《きょうぼう》
戦争と平和
天国《てんごく》と地獄《じごく》——
人生行路《じんせいこうろ》には
さまざまな落《お》とし穴《あな》がある。

幸福に　幸福に
平和に　平和にと
祈《いの》り念《ねん》じながらも
不幸の暗《くら》い嵐《あらし》に出遭《であ》う。

大事な父を
希望の兄を失《うしな》い
幸福のための夫婦《ふうふ》の人生を
無惨《むざん》に破壊《はかい》され

地獄の苦《くる》しみを
受けねばならぬ
業深《ごうふか》き人間の
厳《きび》しき因果律《いんがりつ》よ！

人生は
幸福と不幸との戦いである。
人生は
正義と邪義《じゃぎ》との戦いである。
そして
善《ぜん》と悪《あく》との戦いである。
宿命《しゅくめい》との戦いである。
人間革命の戦いである。

戦い抜《ぬ》いた人
学び抜いた人が

勝利者の大道《だいどう》へと
歩《あゆ》み進む。
足どりも軽《かる》い。
険《けわ》しき山河《さんが》がありても
すべてを悠々《ゆうゆう》と
汝《なんじ》自身の幸福へと
深く人間の価値《かち》を
知りながら進む。

そこには喜《よろこ》びがある。
そこには満足《まんぞく》がある。
そこには後悔《こうかい》はない。
そこには痛快《つうかい》な
諸天《しょてん》に囲《かこ》まれた
勝者《しょうしゃ》の姿《すがた》がある。

王宮《おうぐう》に生まれても
幸福の達人《たつじん》にはなり得《え》ない。
著名《ちょめい》な名門《めいもん》の家に生まれても
必《かなら》ずしも
幸福はついて来《こ》ない。
巨万《きょまん》の富《とみ》のある環境《かんきょう》にあっても
不滅《ふめつ》にして満足《まんぞく》の幸福は
絶対にあり得ない。
これが現実だ。
これが歴史だ。
これが人生だ。

若々しく
希望の光《ひかり》に包《つつ》まれた
貴女《あなた》の闘争《とうそう》の力《ちから》こそが
すべてを

幸福に変えていくのだ。

それが
人生と宇宙《うちゅう》の法則《ほうそく》にかなった
若き躍動《やくどう》の
春の命であるからだ。
その先には
あらゆる命運《めいうん》を乗《の》り越《こ》えて
確固《かっこ》たる
広大《こうだい》にして幸福な空間《くうかん》がある。

春四月
掲《かか》げられた
桜の絵《え》を見ながら
私は語《かた》った。
「木も大きな花を咲《さ》かせ
皆の心を楽しませてくれる。
人間も
何か人のために
ならねばならない」

私は即座《そくざ》に
その絵の脇《わき》に
「春だ
　　桜だ
　　　　人生だ」
と認《したた》めた。

幸不幸《こうふこう》は
人生の戦いだ。
宿命《しゅくめい》との戦いに
勝ちゆく人生が

尊《とうと》いのだ。

それには
学ぶことだ。
戦うことだ。
勝つことだ。
前進することだ。
忍耐強《にんたいづよ》く歩《あゆ》み抜《ぬ》くことだ。

弱い自身の生命を
強力《きょうりょく》な生命に変えゆく
人間革命をすることだ。
幸福は
魂《たましい》の中にあるからだ。

イギリスの大詩人《だいしじん》
バイロンは言った。
「知識は幸福にあらず」

古代ギリシャの大哲学者《だいてつがくしゃ》
アリストテレスは語《かた》った。
「智慧《ソフィア》は幸福をつくりだす[1]」

学ぶことは知識である。
人生観　社会観
世界観を広げるために
それはそれは
大事な学問である。

その学問で
資格《しかく》をとることは
重要《じゅうよう》なことであり

社会的には
通用《つうよう》するけれども
幸福と
必《かなら》ずしも一致《いっち》するとは
言えない。

「知識」は
幸福の源泉《げんせん》であるべき
「智慧《ちえ》」を引き出す
ポンプの役割《やくわり》である。
「知識」が必ずしも
「智慧」の顕現《けんげん》ではないと
恩師《おんし》は厳然《げんぜん》と結論《けつろん》されている。

人生の大《おお》いなる課題《かだい》は
幸福になることだ。

幸福になるためには
強く生《い》き抜《ぬ》かねばならない。
幸福になるためには
正しく生きねばならない。

そして
幸福になるためには
親を大切にし
善《よ》き友を持ち
善き先輩《せんぱい》を持つことだ。

さらにまた
幸福になるためには
聡明《そうめい》に生きることだ。
正しい意見を
実行《じっこう》することだ。

邪知《じやち》の魔物《まもの》には
絶対に近づいてはならない。

幸福は
太陽の如《ごと》く明るく
愉快《ゆかい》であり楽しい。

不幸は
暗闇《くらやみ》の如く
陰湿《いんしつ》な人びとから
馬鹿《ばか》にされ
自暴自棄《じぼうじき》になりゆく
哀《あわ》れな姿《すがた》を
皆に見下《みくだ》され
笑われている。

イギリスの作家
シャーロット・ブロンテは
謳《うた》った。
「人生の与《あた》える喜《よろこ》びはすべて、
自《みずか》らの手でかちえて
初《はじ》めて確保《かくほ》される（2）」

人生の目的は
幸福になることだ。
幸福は
与えられるものではない。
正しい人生を生《い》き抜《ぬ》く
努力の結晶《けつしょう》から
勝ち取られるものだ。
そこに正しい信仰があり
そのための仏法である。

儚《はかな》い幸福は
幻《まぼろし》の如《ごと》く消《き》え去《さ》る。
信仰で築《きず》いた幸福は
一生涯《いっしょうがい》　永遠《えいえん》のものである。

そのために
青春の戦いがあるのだ。
そのために
その法則《ほうそく》を求め実践《じっせん》していく
決意が必要なのだ。

若き日に読んだ
ある学者の言葉が
私の胸《むね》の中に刺《さ》さっている。
「学ばずは卑《いや》し」
これが私の決意を深めた。

これまで光栄《こうえい》にも
私は戸田大学の卒業生として
世界各国から
二十六の国家勲章《こっかくんしょう》
そして世界の大学から
二百に及《およ》ぶ名誉学術称号《めいよがくじゅつしょうごう》を
拝受《はいじゅ》してきた。

さらにまた
「桂冠詩人《けいかんしじん》」
「世界桂冠詩人」等々の
称号も頂《いただ》いた。
その一つの原点《げんてん》は
この「学ばずは卑し」との
言葉であった。

真実《しんじつ》の喜《よろこ》びとは何か。
「御義《おんぎ》口《く》伝《でん》」には
「自《じ》他《た》共《とも》に
智慧《ちえ》と慈悲《じひ》と有《あ》るを
喜《き》とは云《い》うなり（3）」
と仰《おお》せである。

呪《のろ》われたような生命には
幸福は永遠《えいえん》に
逃《に》げ去《さ》ってしまうものだ。
だからこそ　人生を
確《たし》かなる幸福の方軌《ほうき》に
導《みちび》く哲学《てつがく》が必要である。
必《かなら》ず人間には
必要なのである。

いな
それよりも
深い哲理《てつり》である
永遠の生命を説《と》いた
大乗仏教《だいじようぶつきよう》が
厳然《げんぜん》とあることを
決して忘《わす》れてはならない。
また避《さ》けてはならない。

究極《きゆうきよく》の信仰のみが
幸福の
確かなる直道《じきどう》であることを
釈尊《しやくそん》は訴《うつた》えた。
末法《まつぽう》の救世主《きゆうせいしゆ》
大聖人も断言《だんげん》なされたのだ。

わが尊《とうと》き青春を歩《あゆ》みゆく
女子部の皆さま
女子学生部の皆さまは
一人も　もれなく
幸福の勝利者に
絶対になってもらいたい。

勝利を
そして
幸福の人生を
貴女《あなた》も
また貴女たちも
大《おお》いなる光《ひかり》を放《はな》ちながら
飾《かざ》ってもらいたい。

汝自身《なんじ》のために
そして
大切な家族のために
さらに
多くの同志《どうし》のために
世界の平和のために！

その人が
真実《しんじつ》の
国家の宝《たから》の人なのだ。
平和の宝の人なのだ。
人類《じんるい》の先駆者《せんくしゃ》の使命《しめい》を
持った人なのだ。
その人を
諸天善神《しょてんぜんじん》が
護《まも》らないはずがない。

今や
女子部の出身者《しゆっしんしゃ》
鼓笛隊《こてきたい》などで
訓練《くんれん》を受けた女性
なかんずく
女子学生部で
戦い切ったリーダーたちが
現在の大婦人部の
骨格《こっかく》をつくり
女性の世紀の人材《じんざい》と
光っている。

創価学会を支《ささ》え
満開《まんかい》の花を咲《さ》かせ
広宣流布の
完璧《かんぺき》な広々とした土台《どだい》を
築《きず》いてくれている。

小さな小さな種《たね》も
大木となる。
一人のさみしい存在《そんざい》と
思うことは
間違《まちが》いだ。
一念三千《いちねんさんぜん》を明《あ》かした
仏法の真髄《しんずい》は
わが心が
全宇宙《ぜんうちゅう》をも包《つつ》んでいると
説《と》いているからだ。

人民《じんみん》の母・鄧穎超《とうえいちょう》先生も
女子学生として立ち上がり

そして行動を開始した。
「私たちは
後に続く幾《いく》千幾万の
姉妹《しまい》たちの勝利のために
戦うのです(4)」

学べ！
自分自身の勝利のために。
学べ！
汝《なんじ》自身の幸福の歩《あゆ》みのために。
学べ！
人のため
平和のため
文化のため
人生を飾《かざ》るために。

そしてまた
学べ！
戦え！
人生は勝つのだ。
勝負《しょうぶ》だ！
敗北者《はいぼくしゃ》は地獄《じごく》だ。

勝利の宝冠《ほうかん》は
貴女《あなた》の頭上《ずじょう》に！
天光《てんこう》が輝《かがや》く
人間の女王《じょおう》となるのだ。

二〇〇六年七月二十八日

（1）『ニコマコス倫理学（上）』高田三郎訳、岩波文庫

（2）『シャーリー（上）』都留信夫訳、『ブロンテ全集 3』所収、みすず書房

（3）御書七六一ページ

（4）金鳳著『鄧穎超伝』人民出版社

学生部結成50周年記念指導集

正義の先陣

二〇〇七年八月三十一日　発　行
二〇一四年十月　三十　日　第五刷

編　者　学生部指導集編纂委員会
発行者　松　岡　資
発行所　聖教新聞社
〒一六〇-八〇七〇　東京都新宿区信濃町一八
電話　〇三-三三五三-六一一一（大代表）
印刷所　明和印刷株式会社
製本所　大口製本印刷株式会社

ISBN978-4-412-01364-3